# Praktische Erlebnispädagogik 2

**Neue Sammlung handlungsorientierter Übungen für Seminar und Training – Band 2**

3. überarbeitete Auflage

Annette Reiners
Illustrationen von Oliver Eger

ziel
Gelbe Reihe : Praktische Erlebnispädagogik

Dieser Titel ist auch als eBook erhältlich
ISBN 978-3-96557-116-7

Sie finden uns im Internet unter
www.ziel-verlag.de



Inhalt und Form des vorliegenden Bandes liegen in der Verantwortung der Autorin.

Bibliografische Information der Deutschen Nationalbibliothek
Die Deutsche Nationalbibliothek verzeichnet diese Publikation in der Deutschen Nationalbibliografie; detaillierte bibliografische Daten sind im Internet über *http://dnb.d-nb.de* abrufbar.

Printed in Germany

ISBN 978-3-96557-115-0 (Print)

Verlag: ZIEL – Zentrum für interdisziplinäres erfahrungsorientiertes Lernen GmbH
Zeuggasse 7–9, 86150 Augsburg, www.ziel-verlag.de
3. überarbeitete Auflage 2022

Gesamtherstellung: **FRIENDS** Menschen Marken Medien
www.friends.ag

Klimaneutral gedruckt auf enviro smart 80 g/m$^2$, aus 100% Altpapier, Zertifizierungen: Blauer Engel, FSC Recycled

Inhaltsverzeichnis

# Praktische Erlebnispädagogik 2

## 3.3 Perspektivenwechsel, Einstimmung und Wahrnehmung ............................ 93



## 3.4 Kommunikation, Argumentation und Entscheidung ............................ 121

## 3.5 Kooperation und Strategie ................ 157

# Einleitung und Danksagungen

Dies ist die überarbeitete dritte Auflage des Anschlussbuches zu dem Band „Praktische Erlebnispädagogik – Bewährte Sammlung motivierender Interaktionsspiele", das ich 1990 geschrieben habe und das seitdem über 100.000-mal verkauft wurde. Damals war es das erste deutschsprachige Buch, in dem erlebnispädagogische Übungen beschrieben wurden, worin wahrscheinlich auch der Erfolg dieses Fachbuches begründet lag. Besonders danken möchte ich an dieser Stelle deshalb auch meinem Freund und Mentor Prof. Dr. Jürgen Sandmann, der mich damals in seiner Weitsicht davon überzeugte, über das oben genannte Thema meine Diplomarbeit zu schreiben, und der dann den Mut hatte, dieses Werk auch zu veröffentlichen. In den vergangenen fast 20 Jahren jedoch habe nicht nur ich mich weiterentwickelt, sondern auch der „deutsche" Erfahrungsschatz in Bezug auf erlebnis- und handlungsorientierte Lernmethoden. Die Nordamerikaner sind uns in dieser Thematik schon seit Jahren – sowohl in der Praxis als auch in der Theorie – weit voraus. Dieser zweigleisigen Entwicklung soll dieses Buch Rechnung tragen.

Aus diesem Grund ist das vorliegende Werk folgendermaßen gegliedert: Zuerst skizziere ich die theoretischen Überlegungen zu einer professionellen Anwendung erlebnispädagogischer Übungen mithilfe eines Phasenmodells. Ich illustriere die einzelnen Bausteine des Phasenmodells mit Elementen eines tatsächlich durchgeführten Teamtrainings. Dabei greife ich lediglich die Teilaspekte des realen Teamtrainings heraus, die für die Verständlichkeit des Phasenmodells eine Relevanz besitzen. Der Gesamtauftrag und die Abwicklung des Trainings bestand jedoch auch aus weiteren Modulen mit unterschiedlichsten Methoden, auf die in diesem Rahmen nicht eingegangen werden muss. Im Anschluss an das Phasenmodell folgen weitere kurze Beispiele aus der Trainingspraxis, die die Spiel- und Variationsmöglichkeiten erlebnispädagogischer Übungen verdeutlichen.

Für den Theorieteil habe ich mich entschieden, mich nicht mehr über den Sinn und Nutzen handlungsorientierter Lernformen auszulassen. Ebenso wenig werde ich auf die Vorteile und Nachteile von Teamarbeit eingehen, obwohl der Fokus dieses Buches hauptsächlich auf diesen Kontext gerichtet ist. Über beide Themenkomplexe sind zahlreiche Bücher geschrieben und veröffentlicht worden. Ich gehe davon aus, dass ein Leser oder eine Leserin, der oder die sich für dieses Buch entschieden hat, sein bzw. ihr Grundinteresse zu jenen Inhalten bereits mit anderer Literatur[1] befriedigt hat oder befriedigen kann.

1 z. B. zu Teams: Katzenbach / Smith (1998): Teams. Heyne Business; zur Erlebnispädagogik: Heckmair, B. / Michl, W. (2018): Erleben und Lernen. Ernst Reinhard Verlag. Oder: Paffrath, F. H. (2017): Einführung in die Erlebnispädagogik. ZIEL-Verlag

Der Praxisteil dieses Buches besteht in den konkreten Beschreibungen erlebnispädagogischer Übungen. Die Übungen habe ich aus unterschiedlichsten Quellen zusammengestellt und sie nach Anwendungskriterien und Schwerpunkten sortiert. Die alphabethische Sortierung der Übungen innerhalb ihrer jeweiligen Kategorien dient als Nachschlagehilfe und der Übersichtlichkeit.

Wie üblich muss an dieser Stelle noch erwähnt werden, dass ich es aufgrund der Lesbarkeit des Buches vorgezogen habe, dort, wo es sich um Personen handelt, die männliche Schreibweise zu verwenden.

Mein Dank gilt in Bezug auf dieses Projekt meinem Freund und Berater Pit Forster, dessen waches Hirn mein Leben und damit unter anderem auch meine Sicht auf die Wirksamkeit erlebnisorientierten Lernens maßgeblich beeinflusst hat. Ein weiterer Dank geht an alle Kollegen, die bereitwillig ihre Überlegungen und Ideen zu diesem Buch beigetragen haben. Sie sind als Quellen an den entsprechenden Stellen genannt.

*München, August 2022*

# 1. Phasenmodell

# Wie gelingt eine erlebnispädagogische Intervention?

### Theoretischer Rahmen mit praktischen Konsequenzen

Für diejenigen Leser, die das Kapitel „Einleitung und Danksagungen" übersprungen haben, könnte es wichtig sein, Folgendes zu erfahren: Der Fokus dieses Buches richtet sich vorrangig auf die Einbindung erlebnispädagogischer Methoden in Workshops mit einem Teamentwicklungskontext. Insofern bezieht sich auch das hier vorgestellte Phasenmodell auf diesen Kontext. Die Anwendung auf andere Entwicklungsfelder und Themenbereiche ist aber auch möglich, sofern handlungsorientierte Lehr-Lern-Formen zum Einsatz kommen.

Die Grundlage meines Phasenmodells speist sich aus den Basisideen der Systemtheorie. Diese möchte ich hier nur in sehr verdichteter und knapper Form wiedergeben. Für eine weitergehende Beschäftigung verweise ich auf die einschlägige Literatur.[2]

Vom Standpunkt der Systemtheorie aus, ist die Einflussnahme eines Trainers auf die Lernerfolge der Teilnehmer begrenzt. Aus dem Blickwinkel des Coaches agiert ein Team als autonomes System, das sich durch Selbstorganisation und operationelle Geschlossenheit auszeichnet. Insofern ist eine direkte „instruktive Interaktion" zwischen Coach und dem System „Team" eigentlich unmöglich.

Diese Sichtweise auf ein Lehr-Lern-Geschehen widerspricht deutlich den gängigen Schulweisheiten: „Ein Lehrender, der sich schlauer als seine Lernenden deucht, weiß und bestimmt, was diese tun, erleben, denken und lernen und die Lernenden leisten diesem Folge." Aber selbst bei einer ausgesprochen hohen Kooperations- und Lernbereitschaft vonseiten der Lernenden ist dies aus Sicht der Systemtheorie nicht unmittelbar umsetzbar.

2 empfehlenswerte Literatur zur systemtheoretisch basierten Therapie und Beratung:
- Grundlagen:
  Wiener, Norbert (1963): Kybernetik. Econ-Verlag
  von Schlippe / Schweitzer (2003): Lehrbuch der systemischen Therapie und Beratung. Vandenhoeck & Ruprecht
- im Zusammenhang mit Management:
  Senge, Peter (2001): Die fünfte Disziplin. Klett-Cotta

Vielmehr sind hier die tatsächlichen Interventionsmöglichkeiten eines Beraters von indirekter Gestalt. Sie bestehen im „provozieren" von bereits existenten „Eigenzuständen" als auch in „Störungen" oder „Irritationen" des Geschehens. Auch neurophysiologisch verdichten sich die Hinweise, dass der Mensch lernt, indem er bereits aktive Neuronen mit neuen verknüpft oder bereits bestehende Faserverbindungen zwischen den Nervenzellen verstärkt. Es braucht also für das Lernen von neuen Inhalten hirnphysiologische Anknüpfungs- und Vernetzungsprozesse auf der Grundlage von bereits bestehenden Strukturen. Die Geschichte mit den Anknüpfungspunkten, vor allem denen emotionaler und mentaler Natur, erscheint auf den ersten Blick hin trivial. Natürlich braucht man Referenzerfahrungen, um neue Erfahrungen einsortieren zu können. Aber wie oft geschieht es trotzdem, dass Lerninhalte ignorant gegenüber dem Erfahrungsstand des Lernenden in ihn hineingetrichtert werden. Dies geschieht, weil der Lehrende, der Vorgesetzte, die Personalabteilung es für wichtig und / oder richtig hält. Da verwundert es nicht, wenn bei allem Aufwand, der betrieben wird, so wenig von dem angeblich vermittelten Wissen umgesetzt wird. Wir kommen bei dem Kapitel „Transfer" wieder darauf zurück.

Übersetzt für die Interventionsmöglichkeiten in dem hier vorgestellten handlungsorientierten Lehr-Lern-Kontext, könnten diese Überlegungen Folgendes bedeuten:

- Erfinden von Szenarien, die – in verdaulichen Häppchen serviert – denen des Arbeitsplatzes ähneln bzw. vergleichbare Strukturen aufweisen und ähnliche Handlungsmuster fordern (Provozieren von Eigenzuständen).
- Im Rahmen dieser Szenarien, die behutsame Veränderung erfolgskritischer Parameter wie zum Beispiel durch außergewöhnliche Rahmenbedingungen (draußen, mit verbundenen Augen und ungewohnten Ressourcen).

*„Die meisten Berater verstehen sich (jedoch,* Anm. d. Verf.*) als Problemlöser und Spezialisten für die Einführung von Veränderungen. Ihre Diagnose betrachten sie als Wahrheit, der sich das Unternehmen stellen muss. Sie halten Wandel für planbar und denken in eindeutigen Ursache-Wirkungs-Beziehungen ... Ein systemischer Berater geht von einem anderen Denkansatz aus: Er versteht sich in erster Linie als Impulsgeber, dessen Interventionen darauf zielen die Wahlmöglichkeiten des Systems zu erhöhen. Ob sich daraus neue Handlungsmuster ergeben oder nicht, bleibt dem Klientensystem überlassen. So gesehen ist eine Diagnose immer vorläufig und wird als Hypothese formuliert ... Ein systemisch denkender (und handelnder) Berater wird immer Distanz zum Klientensystem wahren und nicht einseitig Veränderungen propagieren. Stattdessen hat er immer im Blick, dass sich Systeme selbst organisieren und ein Gleichgewicht von Verändern und Bewahren bestehen muss." (Hauser 1994, S. 12).*[3]

3 Hauser, E. (1968): Erst die Lösung zeigt das Problem. Systemische Organisationsberatung in der Praxis. In: Systhema 8 (1), S. 11 – 15

Das mag für Trainer, die den Wunsch nach eindeutig plan- und steuerbaren Prozessen hegen, desillusionierend klingen. Schließlich hat ein pädagogischer Prozess ja auch den Anspruch zielgerichtet zu sein!

Dieser Anspruch wird jedoch auch aus systemischer Sicht vertreten. Nur kann hier das Ziel nicht von außen vorgegeben, sondern nur innerhalb des Systems erschaffen werden. Der Teamentwicklungscoach betritt die Bühne als „Experte für die Entwicklung von Kooperationsbeziehungen“[4], der den Prozess steuert und mit hilfreichen Methoden untermauert. Sein Bestreben ist es, eine Hinterfragung der individuellen, mentalen Modelle und Grundannahmen anzuregen, sodass „generatives“ Lernen möglich wird; ein Lernen also, in dessen Prozess gemeinsame Werte geschaffen und neue Wirklichkeiten erfunden werden. Der Beitrag des Beraters besteht dabei darin, zunächst als außenstehender Beobachter des Systems, die dem formulierten Ziel hinderlichen Interaktionsmuster zu erkennen. Daraufhin bildet er Hypothesen darüber, welche Dynamik diesen Mustern zugrunde liegt. Dementsprechend entwickelt und plant er die Szenarien, die eine Musterunterbrechung oder ein alternatives Interaktionsmuster ermöglichen. Während der Intervention beobachtet er die Auswirkungen derselben und diskutiert sie anschließend in der Reflexion mit den Teammitgliedern. Dabei überprüft er die alten Hypothesen, ergänzt sie, verändert sie und konzipiert den nächsten Handlungsschritt.

Die Verantwortung der Seminarleitung besteht also in dem professionellen Design des Trainings und der einzelnen Lernsituationen nach bestem Fachwissen und eruierbarem Kenntnisstand, jedoch wird den Teilnehmern gleichzeitig die Freiheit gewährt, dieses Design vollkommen zu ignorieren bzw. anders als geplant zu interpretieren und zu nutzen. Dies stellt hohe Ansprüche an die operative Flexibilität eines Coaches. Entsprechend bedeutsam sind deshalb die coachseitig wirksamen mentalen Modelle mit den dazugehörigen praktischen Konsequenzen.

In diesem Sinne: Packt man also die im zweiten Teil des Buches vorgestellten Übungen kreativ und flexibel an, so bilden sie eine überaus potenzialträchtige Grundsubstanz. Durch das hohe Maß an Komplexität ist es bei fast allen Übungen möglich, teamrelevante Faktoren abzubilden. Gleichzeitig ist ihre Strukturähnlichkeit zu „handelsüblichen“ Prozessen so gut darstellbar, dass die Simulation ein gewisses Maß an Alltags-„Nähe“ erhält. Demnach ergeht ein Designauftrag an den Coach, eben jene Spielregeln, Rahmenbedingungen und Metaphern einzublenden, die die spezifischen Fragestellungen auf den Punkt bringen und ein konkretes Probehandeln im strukturähnlichen Raum (gefahrlos = konsequenzenfrei) ermöglichen.

4 von Schlippe / Schweitzer (2003): Lehrbuch der systemischen Therapie und Beratung. Vandenhoeck & Ruprecht, S. 277f.

### 1. Phase: Situationsdiagnose

Um ein bedarfs- und situationsspezifisches Trainingsdesign entwickeln und seriös durchführen zu können, bedarf es im Vorfeld der Entwicklungsmaßnahme einer Auftragsklärung, einer Diagnose der momentanen Teamsituation, der dort dominanten Fragestellungen und einer daraus abgeleiteten qualifizierten Hypothese über mögliche Veränderungsprozesse.

Je genauer in der Phase der Situationsdiagnose gearbeitet wird, desto maßgeschneiderter werden die Seminarinhalte den Teilnehmern passen. „Passen" bedeutet in diesem Zusammenhang, dass die Teilnehmer den Bezug zwischen ihren Themen und dem Lernszenarium im Seminar wahrnehmen.

In der Regel geht die Anfrage nach einem Teamentwicklungsseminar von dem Vorgesetzten des Teams oder von der Personalabteilung und nur selten vom Team selbst aus. Insofern ist das Bewusstsein wichtig, dass der Bedarf an dem Training oder der Entwicklungsmaßnahme beim Vorgespräch auch nur aus dieser einen Sicht beschrieben wird.

Für eine ausführliche Diagnose der Teamsituation sind in der Vergangenheit zahlreiche Tools und Fragebögen entwickelt worden, die sowohl vom Vorgesetzten ausgefüllt als auch an die Teilnehmer im Vorfeld der Trainingsmaßnahme verteilt bzw. verschickt werden können.[5] Im Sinne eines 360°-Feedbacks können Einschätzungen zum Stand des Teams unter unterschiedlichen Gesichtspunkten ebenfalls von Kunden und anderen internen Teams oder Führungskräften abgegeben werden.

Um einen ersten Eindruck über den Hintergrund der Anfrage zu bekommen, empfehle ich zumindest die nachstehend aufgeführte Checkliste zu beachten bzw. abzufragen.

5 z. B. der „Team Circle" von der Firma Wildenmann Tools & Services, Karlsbad

**Vorgespräch / Checkliste**

- Auftraggeber / Abteilung / Firma?
- Ansprechpartner?
- Gibt es einen festgelegten Zeitrahmen oder entscheidet sich der Zeitbedarf nach der Erhebung des Bedarfs?
- Teilnehmerkreis: Anzahl, Altersspektrum, Geschlechterverteilung, Berufsbild?
- Teilnehmer: zu antizipierende Erwartungen, Trainingsvorerfahrungen, Bedürfnisse?
- In welcher Phase ist das Team – Orientierung, Positionsklärung, Konsolidierung, Differenzierung – und wie lange existiert es in dieser Zusammensetzung schon / noch?
- Eingebundenheit in die Organisation / das Organigramm?
- Welche Rahmenbedingungen und Stressoren kennzeichnen die Arbeitssituation des Teams – Zeit-, Qualitäts-, Quantitäts-, Konkurrenzdruck, Frustrationstoleranz, Ausdauer, Kundenkontakte?
- Warum ein Training für diese Gruppe? Von wem geht die Initiative aus? Warum gerade „die"? Warum gerade jetzt? Gibt es ein aktuelles Thema / Problem? Ist das Training eine Belohnung / Strafe? Wird es durchgeführt, weil neue Aufgabenfelder / Projekte anstehen? Wird es präventiv oder kurativ durchgeführt? Gibt es ein übergreifendes PE-Konzept?
- Spezifizierungsfragen:[6] Wie könnte das Thema / Problem beschrieben werden?
  Woran wird es sichtbar / messbar?
  Unter welchen Bedingungen tritt es auf?
  Wann tritt es nicht oder weniger auf?
  Was sind die Konsequenzen dieses Themas / Problems?
  – für den / die Akteur / e
  – für die Firma,
  – für den Kunden
  – für ...
  Wer oder was leidet/profitiert unter/von diesem Problem?
- Wurde dieses Thema schon einmal in Angriff genommen (wie und mit welchem Resultat)?
- Was sind die Kriterien, an denen der „Erfolg" des Trainings gemessen wird?
- Welche Möglichkeiten bestehen, um das Team nach dem Training in der Umsetzung der Lernerfahrungen zu unterstützen?
- Wie sind die Befugnisse des Teams für Entscheidungen, die im Workshop erarbeitet werden?

6 hier sei auch auf das breite Fragenspektrum aus der Systemischen Beratung verwiesen.

Da die Teilnehmer für die Bearbeitung ihrer Themen des Workshops verantwortlich sind, ist es nicht zwingend notwendig, dass der Trainer ein Experte in der inhaltlichen Arbeit des zu beratenden Unternehmens ist. Für den Transfer und für praxisnahe Querverweise ist es jedoch hilfreich, sich auch mit den Kernprozessen und Kommunikationsstrukturen vertraut zu machen.

***Fortlaufendes Beispiel:***

*Der Abteilungsleiter einer Firma beschreibt im Vorgespräch folgende Situation:*

*Vor vielen Jahren hatte bei der Inbetriebnahme eines Produktes, an dem seine Abteilung mitgearbeitet hatte, ein entscheidender Mangel an diesem Produkt sowohl Millionen an Geld als auch Menschenleben gekostet. Der Grund für das Versagen des Produktes hatte nichts mit den von jener Abteilung eingebrachten Dienstleistungen bzw. Teilprodukten zu tun. Dennoch zeigte sich bei der Analyse des Objektes, dass auch ein Fehler bei dem Produktteil, den diese Abteilung gefertigt hatte, erfolgt war. Daraufhin stürmte der Vorgänger unseres Auftraggebers in die Werkhalle und brüllte: „Bringt mir den Kopf desjenigen, der dafür verantwortlich ist ...!" Seit diesem Auftritt, selbst nach dem Personalwechsel auf der Leitungsebene, kam es in dieser Abteilung immer wieder vor, dass Fehler im Herstellungsprozess vertuscht und erst mehrere Arbeitsschritte später festgestellt wurden. Diese nachträgliche Regulierung der „Fehler" verursachte nicht nur immense Mehrkosten, sondern verschlechterte auch mehr und mehr das Betriebsklima.*

*Zusätzlich erschwerend für eine optimale Teamarbeit, arbeiteten die Mitarbeiter an zwei verschiedenen Standorten. Bei Testläufen trafen sich Mitarbeiter beider Standortteams an einem dritten Ort im Ausland, wobei hier jedes Mal – nach Meinung des Abteilungsleiters – deutlich erkennbar war, z. B. an Sitzordnungen beim Abendessen, wer an welchem Ursprungsstandort arbeitete. Wenn erst an diesem dritten Standort frühere Fehler im Produktionsprozess festgestellt wurden, bedeutete dies selbstredend eine Potenzierung der Probleme sowohl zwischenmenschlich als auch materiell.*

## 2. Phase: Vereinbarung des Zielkorridors und der Themen der Teamentwicklung

Bei der Festlegung der spezifischen Rahmen- und Lernziele der Intervention und den Kriterien zur Messung derselben, geht es um den Nutzen, den der Auftraggeber und das Team aus der Veranstaltung ziehen wollen.

Glaubt man der Erkenntnistheorie der Konstruktivisten gibt es eine so genannte „Realität" nicht. Das, was wir „Wirklichkeit" nennen, wird erst und individuell in unseren Köpfen konstruiert. Dies geschieht, indem wir unseren Wahrnehmungen durch einen Abgleich zwischen Bekanntem und Neuem, Sinn, Bedeutung und Wert verleihen. Insofern nimmt jedes Individuum unterschiedliche Nuancen einer Situation wahr und interpretiert sie aller Wahrscheinlichkeit nach ein wenig anders als andere Menschen, die die gleiche Situation erleben. Dieses Spektrum steht in direkter Abhängigkeit zu den individuellen Biografien, Lebenserfahrungen, Kultureinflüssen etc.

Übergeordnetes Ziel einer Teamentwicklungsmaßnahme ist die Konstruktion einer „intersubjektiven Realität" zwischen den Teammitgliedern. Einer Realität also, die im gemeinsamen Konstruieren von Wirklichkeit entsteht. Teamkompetenz steht in diesem Sinne daher für die Bereitschaft und Fähigkeit, die eigenen handlungsleitenden mentalen Modelle und Realitätskonstruktionen kritisch zu reflektieren und gemeinsam die festgelegten Normen und Spielregeln im Team immer wieder zu überprüfen und an neue Situationen anzupassen. Diese Kompetenz wird sichtbar an Verhaltensweisen, die einer effektiven Zusammenarbeit Gestalt verleihen. „Effektivität" bezieht sich hierbei aus der systemischen Sicht sowohl auf die Nützlichkeit von Verhaltensweisen, die an der subjektiven Zufriedenheit des einzelnen Arbeitnehmers gemessen werden können, als auch auf die gelungene Performance und Produktivitätssteigerung des Teams selbst[7].

Annäherungsversuche zu diesem Grobziel können je nach oben beschriebener Situationsdiagnose mit folgenden Schwerpunkten vollzogen werden:

- der Teamentwicklungsstand (auf der Beziehungs- und Leistungsebene)
- die Teamkompetenzen (Teamskills, Performanceskills, Team-Management-skills)
- die Team-Performance (Ressourceneinsatz, Kundenzufriedenheit, Qualität der Ergebnisse)
- das Teamklima (Handlungsbereitschaft, Konfliktbereitschaft, Tabus etc.)
- die Team-Leadership (Informationspolitik, Ressourceneingabe, Fähigkeit zur Mobilisierung und Befähigung der Mitarbeiter etc.)

7 Nefiodow (2001), L. A.: Der sechste Kondratieff, S. 149ff

Ein in der Diagnose möglicherweise wahrgenommenes Ausgangsthema dient hierbei als Impuls und Richtschnur. Dies kann durch folgende Fragen unterstützt werden:

- Wo wollen Sie hin?
- Wie genau wird das aussehen? (Überprüfbarkeit und Operationalisierbarkeit – was soll sichtbar / hörbar / spürbar anders sein?)
- Woran würde ein Außenstehender erkennen, dass sich etwas verändert hat?
- Was davon liegt im Einflussbereich des Teams (fachliche, persönliche und finanzielle Ressourcen)?
- Und: Passt das Ziel zur Unternehmenskultur, lässt es sich mit den Zielen der Firma vereinbaren?

Ebenso wie bei der Beschreibung der Ausgangssituation ist es auch hier nützlich, möglichst alle an der Trainingsmaßnahme Beteiligten in den Formulierungsprozess mit einzubeziehen. Die Wirksamkeit einer Intervention oder eines Trainings erhöht sich entscheidend, wenn das Ziel von den Beteiligten mitformuliert und für sie attraktiv ist. Schon der Zielklärungsprozess kann eine Intervention an sich sein: durch einen Perspektivenwechsel, durch eine Neuinterpretation und -formulierung der Fragestellung und durch die eventuelle Entwicklung von Ideen zur Zielerreichung.

Aller Wahrscheinlichkeit und Erfahrung nach, hat der Auftraggeber bereits vor seiner Anfrage an den Coach eine mehr oder minder konkrete Vorstellung davon entwickelt, welchen Einfluss die Intervention auf die Prozesse am Arbeitsplatz haben sollte. Im Idealfall hat er dieses Ziel mit seinem Team gemeinsam erarbeitet und lediglich der Weg zur Erreichung ist noch unklar.

Insofern ist es ausgesprochen empfehlenswert wenigstens die folgenden Fragen im Vorfeld zu stellen und für den oben genannten Prozess eine Extraportion Zeit zu investieren.

- „Wer hat die Initiative für dieses Training ergriffen? Was könnte seine besondere Hoffnung / sein besonderer Wunsch sein?
- „Inwieweit sind die Teilnehmer des Trainings in den Prozess der Zielformulierung involviert und wie wird / wurde das Training den Teilnehmern kommuniziert?"
- „Wer im Team – Führungskräfte inklusive – ist zu mehr als 50 Prozent an was für einer Veränderung interessiert?"
- „Gibt es die Möglichkeit, die Teilnehmer vor dem Seminar zu treffen und dringende Fragen zu klären?"
- „Ist eine Betriebsführung möglich?"
- „Wer übernimmt die Nachbereitung bzw. die Verantwortung der Umsetzung?"

Wenn ein Treffen mit den Teilnehmern im Vorfeld des Workshops nicht möglich ist, empfiehlt es sich, den Zielkorridor möglichst breit formuliert zu lassen. Die allgemeine „Verbesserung der Zusammenarbeit" lässt mehr Spielräume als beispielsweise „die Entwicklung von Kommunikationsregeln bei Meetings". Diese Spielräume sind wichtig, damit das Team innerhalb der Zielkoordinaten im Workshop seine eigenen spezifischen Fragestellungen thematisieren kann.

Spätestens zu Beginn des Workshops wird also – basierend auf den im Vorfeld mit der Personalabteilung oder der Führungskraft getroffenen Vereinbarungen und Zielen – ein gemeinsames Verständnis zwischen Trainer und Teilnehmer über den Sinn, die Ziele und die Vorgehensweise erarbeitet.

Eventuell empfiehlt es sich sogar, einen Diagnosetag an den Anfang des Workshops zu stellen, um die konkreten Entwicklungsthemen gemeinsam mit den Beteiligten zu identifizieren.

Letztendlich sollte sich aber jeder Trainer bewusst sein, dass die Entwicklung von Zielformulierungen und auch die Zielabstimmungen fortlaufende, sich mit dem Fortschreiten des Trainings wandelnde Prozesse sein können, die sich gerade durch die intensiven Erfahrungen im Training weiter ausdifferenzieren, verdichten oder auch verändern können.

***Fortsetzung Beispiel:***

*In dem Beispiel ging die Initiative von dem Abteilungsleiter aus, der in der Vorbesprechung die folgenden Ziele formulierte:*

*1) Verbesserung der Zusammenarbeit durch besseres Kennenlernen der anderen*
*2) Entwicklung eines Zusammengehörigkeitsgefühl als standortübergreifendes Team*
*3) Entwicklung einer konstruktiven Lern- und Fehlerkultur*

*Eine Betriebsführung durch die Fertigungshallen eines Standortes war möglich, allerdings waren die Mitarbeiter bereits im Feierabend. Da deswegen die zukünftigen Teilnehmer über ihre Themenwünsche für den Workshop nicht persönlich befragt werden konnten, beschlossen die Coaches, zu Beginn des Workshops Szenarien mit den Themenschwerpunkten „Kooperation" und „Umgang mit Fehlern" anzubieten.*

## 3. Phase: Planung der Intervention. Szenarien wählen und auskleiden

Dieses Buch legt seinen Schwerpunkt auf handlungsorientierte bzw. erlebnisintensive Lernformen. Insofern wird hier auch nur auf diesen Aspekt und die sinnvolle Anwendung dieser Methoden näher eingegangen.

Mit den meisten Kooperationsübungen im zweiten Teil dieses Buches können – wie oben schon erwähnt – ohne großen zusätzlichen Designaufwand die gängigen Themen, die in der Teamarbeit Relevanz besitzen, abgebildet und beleuchtet werden. Das heißt, der Seminarleiter kann die Übungen anbieten und dann mit dem Team die Themen, die sich in der Übung als relevant erweisen, auf ihre Bedeutung in den originären Arbeitszusammenhängen hin diskutieren und auswerten.

Bei der Auswahl der praktischen Übungen kann der Seminarleiter jedoch auch differenziertere Überlegungen anstellen, die einerseits ein gewisses Maß an Spekulation beinhalten, andererseits aber auch die Chance genau die Bedürfnisse des Teams zu treffen:

- Welche Metaphern und Motive drängen sich bezüglich der bisher identifizierten Problem- oder Fragestellung des Teams auf?
- Welche Übung könnte erfahrungsgemäß diese Fragestellung abbilden?
- Mit welcher Übung könnte ein gewünschtes Verhalten gefördert oder provoziert werden?
- Welche Fähigkeiten werden durch die Übung gefördert, die Teammitglieder am Arbeitsplatz brauchen könnten?
- Welche Lösungen hält die Übung bereit?
- Entsprechen die Lösungen den bisher formulierten Zielen?

Um diese Frage adäquat zu beantworten ist ein relativ großer Erfahrungsschatz mit möglichen Übungen notwendig. Nach der Auswahl einer passenden Grundform kann der Seminargestalter überlegen, an welchen „technischen" Parametern er „herumschrauben" möchte, um die Übung abzustimmen. Hier bieten sich an:

- die Einschränkung der Wahrnehmung (Augen verbinden)
- die Einschränkung der Kommunikation (flüstern, schweigen, begrenzte Besprechungsphasen)
- die Einschränkung der Beweglichkeit (enger Raum, zusammengebundene Hände / Füße, bestimmte Körperteile dürfen nicht benutzt werden)
- die Einschränkung der Ressourcen (Zeit, Material, Personen, Raum, Geografie usw.)
- die Veränderung der Gruppengröße (wie viele Teilnehmer / wie viele Beobachter)
- die Veränderung der Anzahl beteiligter Faktoren, z. B., wie viele Gegenstände geborgen werden müssen)
- die Veränderung der dynamischen Komplexität (z. B., wie viele verschiedene Entscheidungen müssen getroffen werden, die sich gegenseitig beeinflussen und zudem auf unterschiedlichen Zeitachsen ablaufen)

Eine letzte Überprüfung des Designs wird vorgenommen, indem man die folgenden Fragen für sich reflektiert:

- Ermöglicht die Übung jetzt die Wahlmöglichkeiten, die auch am Arbeitsplatz eine Rolle spielen können?
- Sind die gewollten Notwendigkeiten von Entscheidungen, Planungen, Strategien für den Weg zum Ziel im Rahmen der Übung grundsätzlich möglich?
- Werden jetzt die Stressoren der Arbeitsplatzsituation in der Ausgangssituation der Übung, den Spielregeln oder den Materialen befriedigend abgebildet?
- Können die Teilnehmer die Ressourcen der Arbeitsplatzsituation innerhalb der Spielregeln einbringen?
- Verstärkt die Wortwahl für das Setting, für einzelne Ressourcen etc. die Metaphorik der Übungssituation ausreichend?

***Fortsetzung Beispiel:***

*Um das gegenseitige Kennenlernen und die Entwicklung eines Zusammengehörigkeitsgefühls zu unterstützen, wurden die Teammitglieder für diverse Kooperations- und Strategieübungen in wechselnde und standortgemischte Kleingruppen aufgeteilt. Auf dieses Ziel wird jedoch nicht mehr weiter eingegangen werden.*

*Eine der Übungen, die die Trainer den Teams zum Thema „Umgang mit Fehlern" angeboten haben, war das „Spinnennetz". Dies ist eine klassische Übung aus der Erlebnispädagogik, bei der sich die Teilnehmer gegenseitig durch ein zwischen zwei Bäumen gespanntes Netz heben müssen, wobei jedes Loch nur einmal benützt werden darf. Das Netz oder die Bäume dürfen dabei zu keinem Zeitpunkt berührt werden. In der Grundübungsform muss bei Berührung die Gesamtgruppe wieder von vorne beginnen.*[8]

*Neben der gemeinsamen Bewältigung der Aufgabe stand die Qualitätsorientierung bei dieser Übung im Vordergrund. Deshalb wurde dem Team für die Ausführung der Aufgabe kein Zeitlimit gesetzt. Zeit war in diesem Sinne also eine Ressource. Dies entsprach der Arbeitsrealität des Teams. Dort spielte ja die Ergebnisqualität eine wesentlichere Rolle als der Zeitdruck.*

*Die Spielregel, bei einer Berührung des Netzes lediglich nur den letzten Schritt wiederholen zu müssen, sollte abbilden, dass eine sofortige Meldung einer Berührung und eine Korrektur des Schrittes nur verhältnismäßig „sanfte" Konsequenzen nach sich ziehen. Hintergedanke war, somit der Tabuisierung und Vertuschung von Fehlern den Wind aus den Segeln nehmen.*

8 ausführliche Originalbeschreibung in Reiners, A. (2003): Praktische Erlebnispädagogik – Neue Sammlung motivierender Interaktionsspiele. ZIEL-Verlag.

*Zusätzlich haben nicht – wie sonst üblich – die Coaches die Berührungen des Netzes angezeigt, sondern lediglich das Produkt am Schluss der Übung nicht angenommen, wenn während des Prozesses Berührungen der Schnüre stattfanden. Dies zwang das Team ein eigenes Qualitätsmanagementsystem zu installieren.*

*Die Seminarleitung überlegte auch, ob sie aus Beweisgründen eine Videokamera mitlaufen lassen sollten, entschloss sich aber, dies nur auf Anfrage des Teams zu tun, was nicht geschah.*

**4. Phase: Aktion!**

Für die Durchführung eines Workshops ist es wichtig und gängig großen Wert auf eine gelungene Eröffnung eines Seminar zu legen. Dazu gehört bzw. gehören:

- die Begrüßung der Teilnehmer und die Vorstellung des Coaches,
- die Orientierungshilfen über den Ablauf des Seminars: Welche Themen werden bearbeitet – wie bzw. mit welchen Methoden – und wozu bzw. worin wird ein möglicher Nutzen für die Teilnehmer liegen
- die Arbeitszeiten und Pausen
- die Verabredung von Spielregeln und Umgangsformen usw.

Spätestens jetzt ist deshalb auch der Zeitpunkt gekommen, von den Teilnehmern ihre spezifischen Hoffnungen, Erwartungen und Themen zu erfahren. Dies kann durch klassische Moderationstechniken wie zum Beispiel der Kartenabfrage[9] geschehen, durch Diskussion im Plenum, durch Erarbeitung von Themen in Kleingruppen und / oder durch Kooperationsübungen, die hier als Impulsgeber und Diagnoseinstrument dienen können.

Bei manchen Teams kann es sinnvoll sein, zu Beginn des Workshops oder vor einer Übung die möglichen Widerstände der Gruppe proaktiv zu würdigen. Die Strategie „Widerstand würdigen" antizipiert mögliche Offensiven und entzieht ihnen dadurch Energie. Es gibt eine Vielzahl von Gründen, warum Teilnehmer in einen Seminar eine ablehnende Haltung einnehmen. Dies kann beispielsweise der Fall sein, wenn es der Wunsch des Vorgesetzten war, dass das Team an diesem Workshop teilnimmt und dieses noch gar nicht so richtig weiß, ob es überhaupt hier sein will. Es ist am leichtesten, mit derartigen Phänomenen umzugehen, wenn dies so früh wie möglich erfolgt, z. B. in einem Eröffnungsmonolog, dessen Sprachmuster helfen können, mögliche Widerstände implizit anzusprechen[10]. Hier ein mögliches Beispiel:

9 empfehlenswertes Buch zu Moderationstechniken ist das von Hartmann, Rieger, Luoma (2001): Zielgerichtet moderieren. Beltz-Verlag, Weinheim und Basel.

10 Winteler, Adi (2004): Professionell lehren und lernen. Praxishandbuch für Universität und Schule. Wissenschaftliche Buchgesellschaft

| Text | Erläuterung |
|---|---|
| Ich weiß nicht, meine Damen und Herren, mit welchen Erwartungen oder auch Hoffnungen die Einzelnen von Ihnen heute hierher in diesen Workshop gekommen sind. | jeder hat Hoffnungen, Erwartungen, die Hoffnungen sind unterschiedlich |
| Bisher kenne ich keinen / nur einige von Ihnen gut genug und kann deshalb zunächst nur vermuten, auf welche persönliche Weise Sie den Informationsaustausch und die unterschiedlichen Wissensbestände nutzen wollen. | jeder entscheidet, wie er Infos und Wissen nutzen will |
| Ich stelle mir vor, dass es darum geht gemeinsam herauszufinden, wie Sie unsere vielfältigen Kompetenzen optimaler verschalten können und wie die diversen Möglichkeiten und Handlungsspielräume passender genutzt werden können. | Es sind vielfältige Kompetenzen vorhanden.<br>Wir haben Möglichkeiten und Spielräume. |
| Ich weiß nicht, wo wir vielleicht mit Erstaunen und Überraschung feststellen werden, dass es da noch Möglichkeiten und Wege gibt, von denen bisher keiner geträumt hat. | Eingebettete Frage<br>Topoi, Überraschung, Erstaunen, Traum |
| Ich kann mir ebenso gut denken, dass jemand von Ihnen noch skeptisch ist und erst einmal die Sache auf sich zukommen lassen will und zunächst nur zuhören und zuschauen möchte, um sich anregen zu lassen. | implizite Erlaubnis: Skepsis geht in Ordnung – kausale „und"-Verknüpfung – Anregung ist die Folge |
| Wie auch immer sich die verschiedenen Ziele dieses Trainings im Lauf der Entwicklung wandeln oder verschieben werden, wir können auf sehr unterschiedliche, intelligente und kreative Weise darauf reagieren, um entsprechend weiterzukommen. | Es gibt unterschiedliche Ziele.<br>Ziele verändern sich im Laufe eines Projekts.<br>Vielfältige Reaktionsmöglichkeiten<br>Wir kommen weiter. |
| In manchen Phasen, und ich weiß natürlich heute noch nicht, wann genau das der Fall sein wird, werden wir sehr effektiv vorankommen und in anderen Abschnitten wird es mehr Zeit in Anspruch nehmen, um passende Lösungen und geeignete Maßnahmen umzusetzen. | Eingebettete Frage<br>Unterschiedliche Zeitwahrnehmung<br>Lösungen und Maßnahmen werden umgesetzt. |
| Um Ihnen einen ersten Eindruck meiner Vorgehensweise zu vermitteln, möchte ich Sie einladen, der folgenden Geschichte / dem folgenden Modell / der folgenden Übung Ihre Aufmerksamkeit zu schenken. | Einladung |

Diese Beispielsätze erfüllen die folgenden Grundbedingungen:

- Implizite und explizite Bestätigung des individuellen Entscheidungsspielraums und der Wahlfreiheit des einzelnen Teilnehmers.
- Spontane und unbewusste Veränderungen und Lernprozesse werden erwähnt. Sie berühren die Wahlfreiheit nicht, die Veränderung geschieht ganz von selbst (z. B. bei „Überraschung" und „Erstaunen").
- Jedem Teilnehmer steht es frei, wie er die indirekten und impliziten Aufforderungen und Suggestionen interpretieren und wie er darauf reagieren will.

Neben der Würdigung von Widerstand ist der Umstand zu berücksichtigen, dass es die Teilnehmer an Workshops der Erwachsenenbildung oft nicht mehr gewohnt sind, zu „spielen". Die handlungsorientierten Lernformen bestehen nicht aus bloßen Spielen nur um der Lust willen. Sie fordern durch ihre Komplexität ein hohes Maß an Konzentration und Ernsthaftigkeit. Jedoch ist die Lustkomponente, Neues auszuprobieren, über Grenzen zu gehen, Ungewohntes spielerisch zu erforschen etc. durchaus ein Faktor, der die Wirksamkeit und Intensität erlebnispädagogischer Übungen wesentlich mitbestimmt.

Deswegen kann es unter Umständen hilfreich sein, die Teilnehmer langsam an diese Lernform, die ein hohes Maß an Eigenaktivität des Lernenden fordert, zu „gewöhnen". Man kann mit einfachen Kommunikations- und Kooperationsübungen starten und schrittweise die Komplexität und die Anforderung erhöhen. Manchmal ist es aber auch sinnvoll mit einer „Knallerübung" zu beginnen, um den Teilnehmern ein Gefühl für das Lernpotenzial der Szenarien zu vermitteln.

Dies zunächst zu den Überlegungen und möglichen Schritten, die schon im Workshop, aber noch vor der Aktivität stattfinden. Nun zu der eigentlichen Durchführung der Intervention, angefangen bei der Präsentation bis hin zur Reflexion:

Für die Einleitung eines Szenariums kann ein Seminarleiter unter folgenden Möglichkeiten wählen:

1. Die realistische Präsentation der Aufgabe, am Beispiel Spinnennetz: „Hier sind ein paar Schnüre zwischen die Bäume gespannt. Sie müssen von einer Seite auf die andere gelangen. Der Weg geht nur zwischen den beiden Bäumen hindurch. Jedes Loch dürfen Sie nur einmal benützen. Die Schnüre dürfen auf keinen Fall berührt werden. Im Falle einer Berührung, muss die gesamte Gruppe wieder von vorn beginnen. 45 min Zeit.
2. Eine spielerische Einleitung der Übung: Sie stehen hier im Märchenwald. Vor Ihnen liegt die nächste Herausforderung: Das Spinnennetz der giftigsten Spinne, der schwarzen Witwe. Wird das Netz durch Berührung erschüttert, saust die Spinne herunter und stößt ihre giftigen Zähne unerbittlich in den Körper ihres Opfers.
3. Der metaphorische oder isomorphe (strukturähnliche) Einstieg, wie nachstehend in dem Beispiel nacherzählt.

Ein weiterer, überlegenswerter Schritt ist, ob man die Lernerfahrung durch eine Vorverlagerung der Reflexion unterstützen möchte, indem im Sinne eines „Frontloadings" [11] schon bei der Präsentation mögliche Lernfelder angesprochen werden. Dies kann in Ansagen geschehen, z. B. „Bei dieser Übung geht es vor allem darum, die Entstehung von Tabus zu vermeiden bzw. wenn bereits entstanden, sobald bemerkt, gleich anzusprechen." Der Seminarleiter kann ein „Frontloading" aber auch in Form von Fragen durchführen, indem er beispielsweise fragt: „Was glauben Sie, werden Sie aus dieser Übung lernen können?", „Welche Verhaltensweisen machen einen Erfolg bei dieser Übung wahrscheinlicher und wie können diese ausgebaut werden?", „Welche Verhaltensweisen machen einen Erfolg bei dieser Übung unwahrscheinlich und wie können diese vermieden werden?".

Bei der Präsentation der Aufgabe steht der Seminarleiter im Vordergrund. Neben der Wahl der Präsentationsform, stellt er die Vorgaben, Regeln und Sicherheitsaspekte der Übung vor.

In der Aktionsphase hingegen verlässt er die Bühne und übergibt den Taktstock dem Team. Der Seminarleiter ist in dieser Phase für den Erhalt der Sicherheit verantwortlich und übt sich ansonsten in Aufmerksamkeit, Geduld und Zurückhaltung.

***Fortsetzung Beispiel:***

*Die Trainer haben sich für eine metaphorische Einleitung entschieden und die Übung „Spinnennetz" folgendermaßen vorgestellt:*

*„Dies ist Ihre Fertigungsmaschine. Ihr zu erstellendes Produkt setzt sich aus zwölf unterschiedlichen Produktionsschritten zusammen. Ein Produktionsschritt wird symbolisiert durch das Heben einer Person durch die Fertigungsmaschine. Die Unterschiedlichkeit der Produktionsschritte wird veranschaulicht durch die Benützung unterschiedlicher Öffnungen der Maschine. Die einzelnen Produktionsschritte müssen einwandfrei durchgeführt werden. Die ordnungsgemäße Durchführung ist dann gewährleistet, wenn die gesamte Fertigungsmaschine von niemandem und nichts berührt wird. Erfolgt ein Fertigungsschritt nicht einwandfrei, muss er wiederholt werden, ansonsten wird Ihnen der Kunde, der hier durch den Coach vertreten wird, das Produkt nicht abnehmen. Jeder Fertigungsschritt kostet 10000 €."*

*Nun, was geschah wirklich? In der ersten Runde wurde die Regel, unterschiedliche Öffnungen zu benutzen, eingehalten. Das Netz wurde hingegen ungefähr zwölfmal, also bei jeder Person, berührt und obwohl es mehrere Personen bemerkten, wurde kein Fertigungsschritt wiederholt. Niemand informierte die anderen über seine Beobachtungen. Aufgrund der Berührungen verweigerte der Trainer als Kunde die Annahme des Produkts nach Fertigstellung.*

11 Priest, S. / Rohnke, K. (2000): The Best 101 Corporate Team-Building Activities We Know!

*Bei der zweiten Runde wurde vom Team ein Teilnehmer abgestellt, um auf Berührungen an der Fertigungsmaschine zu achten. Dieser Teilnehmer wurde offiziell mit einer Fehlermeldekompetenz ausgestattet. Nach seiner vierten Berührungsmeldung wurden die folgenden nur noch mit Augenrollen und Seufzen zur Kenntnis genommen. Daraufhin kündigte der Qualitätsmanager. Das Team änderte zwangsläufig das System erneut, indem sich nun verschiedene Teilnehmer als Qualitätsmanager abwechselten. Die Coaches hatten indessen noch ein Gesamtbudget eingeführt, das sich auf maximal 180.000 € belief und damit sechs Wiederholungen von Fertigungsschritten beinhaltete. Dieses wurde bei der dritten Runde nicht mehr überschritten.*

**5. Phase: Reflexion**

Im Grunde genommen gehört die Reflexion noch zur Durchführung der Intervention. Da sie jedoch ein weiteres Kernstück ist, bekommt sie hier ein eigenes Kapitel.

Hier übernimmt der Seminarleiter wieder den Taktstock in Form eines Moderators, der das Gespräch thematisch fokussiert. Für den Inhalt der zu besprechenden Themen bleibt die Verantwortung jedoch bei den Teilnehmern. Wiederum geht es darum, ein Lern- und Erfahrungsfeld, diesmal auf der Metaebene, zu öffnen.

Eine Reflexionsrunde beinhaltet übrigens an sich schon soziales Lernen, denn sie fordert die Teilnehmer in den Fähigkeiten des Zuhörens, des Sich-Ausdrückens, des Sich-in-andere-Einfühlens, des Feedback-Gebens und -Nehmens etc. heraus. Manchmal kommt es hier zu einer ganz individuellen Lernerfahrung. Und das ohne pädagogische Absicht!

Hauptziel einer Reflexionsrunde ist zum einem eine Erkenntniserweiterung durch die Verbalisierung der Erfahrungen, die in der Übung gemacht worden sind und – daraus resultierend – die gegenseitige Befruchtung durch diesen Austausch.

Wer kennt das nicht? Man liest in einem Buch eine interessante Theorie und versucht anschließend, das Gelesene jemand anderem zu erklären. Während man in sich selbst nach eigenen Worten und Formulierungen sucht, um das Gelesene zu beschreiben, tauchen wie von Geisterhand neue Fragen in einem auf. Manchmal wächst auch die Erkenntnis, dass man den einen oder anderen Punkt doch noch nicht genau verstanden hat.

Im Diskurs oder auch durch die Fragen anderer vollzieht sich gleichzeitig der Prozess der Einordnung des Gelesenen oder Erlebten in das eigene Vorwissen und in die bisher gemachten Erfahrungen. Mitunter klärt sich im wahrsten Sinne des Wortes die Sicht auf das Gelesene oder Erlebte. Man sieht dessen Bedeutung für sich selbst klarer und deutlicher.

Insofern beginnt eine Reflexion zuerst mit der internen Suchbewegung. Im Austausch mit den anderen Teammitgliedern wird die aus der Suchbewegung resultierende Erkenntnis durch das Kennenlernen der Perspektiven und Interpretationen der Kollegen geschärft. Sie wird eventuell erweitert bzw. es werden zusätzliche Anknüpfungspunkte gefunden, die implizit schon da, aber nicht bewusst waren.

Die handlungsleitende Erkenntnis aus dieser Vorstellung wäre, die Teilnehmer zunächst ihre individuellen Interpretationen auf Zettel notieren zu lassen und erst dann in den Austausch darüber zu gehen. So hätte auch der erste Sprecher in der Runde die Chance, von den Erfahrungen und Interpretationen des letzten Sprechers zu profitieren.

Für die Struktur einer allgemeinen Reflexion kann der folgende Dreisatz verwendet werden:

- Was ist passiert? – Beschreibung der Abläufe und des Prozesse
- Wie ist es mir dabei ergangen? – Was für Konsequenzen hatten der Ablauf auf die Emotionen und die Beziehungen in der Gruppe?
- Was habe ich und was haben wir aus der Übung gelernt? – Welche Themen wurden aufgeworfen?

Als Trainer können Sie aber auch zusätzlich mit einer offenen Fragetechnik die folgenden Aspekte, die in der Teamarbeit eine Rolle spielen, näher beleuchten:

Dies können Sie beispielsweise tun, indem Sie Fragen stellen, wie:

- Wie zufrieden waren Sie mit Ihrer eigenen Kommunikation und mit der im Team? Wo gab es aus Ihrer Sicht Barrieren und Missverständnisse? Wie sind Sie selbst damit umgegangen? Was haben Sie unternommen / hätten Sie unternehmen können, um eine Klärung zu bewirken?
- Wie wurden die Rollen festgelegt? Welche Rolle hatten Sie inne? Fühlten Sie sich wohl, diese Rolle zu haben und wie zufrieden sind Sie mit Ihrem Ausfüllen dieser Rolle? In welchen Rollen haben Sie Ihre Kollegen gesehen? Welche Rollen waren unterbesetzt, überbesetzt und welche Auswirkungen hatte dies auf die Kooperation des Teams und Ihre eigene Kooperationsbereitschaft?
- Welche Werte haben Sie durch die Aktion begleitet, was war Ihnen bei der Durchführung der Aufgabe wichtig? Wie unterschieden sich Ihre Vorstellungen von Zusammenarbeit von denen der anderen? Wo waren sie identisch oder ähnlich? Woran haben Sie das gemerkt? Welche Konsequenzen hatten diese Unterschiede bzw. Ähnlichkeiten auf Ihr gemeinsames Unterfangen?
- Wie hoch war Ihre Motivation, die Aufgabe zu lösen? Wie erklären Sie sich Ihre Motivationslage? Wie würden Sie das Ziel der Aufgabe umschreiben? Welche unterschiedliche Meinungen und Vorstellungen im Team gibt es dazu?

Sie merken schon: Die oben beispielhaft aufgeführten Fragen bewegen sich ständig zwischen der Interpretation der eigenen Gefühle und Verhaltensweisen und der Beschreibung und individuellen Bewertung des Gruppenprozesses hin und her.

Insofern kann sich eine Reflexion bezüglich der unterschiedlichen Teamfaktoren auch an den vier Elementen der Themenzentrierten Interaktion, einer Methode aus der Gruppenarbeit, kurz TZI genannt, orientieren.

Die Elemente des TZI sind:

- das Individuum,
- die Gruppe bzw. vielmehr die Beziehungen in der Gruppe,
- das Thema und
- der „Globe", der alle situativen, sozialen sowie äußeren Bedingungen beinhaltet.

Die TZI hat das Ziel, zwischen den Bedürfnissen der einzelnen Gruppenmitglieder sowie der Gruppe insgesamt und dem gemeinsamen Thema ein dynamisches Gleichgewicht herzustellen und zu erhalten. Im ständigen themenbezogenen Abgleich der individuellen Wirklichkeitskonstruktionen mit denen der anderen Teamkollegen entsteht Teamkompetenz. Diese zeichnet sich durch die Bereitschaft und Fähigkeit aus im Team die eigenen handlungsleitenden mentalen Modelle und Realitätskonstruktionen kritisch zu reflektieren, auf Angemessenheit in der Teamsituation und Themenbezogenheit zu überprüfen und gegebenenfalls anzupassen.

***Fortsetzung Beispiel:***

*Die Coaches stiegen in die Reflexionsrunde bei der Spinnennetzübung mit folgenden Fragen ein:*

- *Wie zufrieden sind Sie auf einer Skala von eins bis zehn mit dem Ergebnis?*
- *Wie zufrieden sind Sie auf einer Skala von eins bis zehn mit dem Prozess?"*

*Zu diesen Fragen positionierte sich jeder Teilnehmer auf einer gedachten Skala im Raum und wurde kurz von den Trainern zu seiner Positionierung befragt. Die Bilder der zwei Aufstellungen unterschieden sich relativ stark voneinander. Mit dem letztendlich erreichten Ergebnis war der Großteil der Teammitglieder zufrieden: Für sie waren die Vorgaben erfüllt und das Produkt ordnungsgemäß übergeben.*

*Bezüglich des Prozesses gab es unterschiedlichere Wahrnehmungen, wobei sich die Teilnehmer eher zwischen der Mitte und der Null (= totale Unzufriedenheit) der Skala positionierten. Auf Nachfragen an den Extrempositionen wurden folgende Positionen deutlich: Diejenigen, die konsequent auf Berührungen aufmerksam gemacht hatten, hatten das Gefühl, dass sie einen wesentlichen Beitrag zur Sicherstellung des Erfolges des gesamten Teams geliefert hatten, der bis jetzt nicht oder nicht genügend wertgeschätzt worden war. Sie fühlten sich auch nach der Übung eher als die Außenseiter und Störenfriede der Gruppe.*

*Andere bemängelten den Gesamtprozess und zeigten sich enttäuscht darüber, dass auch sie selbst im ersten Anlauf gar keinen Ansatz von Eigenverantwortung bezüglich des Qualitätsmanagements übernommen hatten. Wieder andere jedoch waren mit dem Prozess unter der Prämisse, dass sie sich von Schritt zu Schritt verbessert hätten, ungeachtet dessen, dass der Verbesserungsimpuls vorrangig von außen durch die Coaches gesetzt worden war, zufrieden. Wieder andere betrachteten den Prozess aus der Perspektive, wie groß ihr persönlicher, vor allem körperlicher, Einsatz bei der Übung gewesen war und beurteilten ihre Zufriedenheit dementsprechend.*

*Auf die Frage „Was würden Sie das nächste Mal anders machen?" wurde fast einhellig die Aussage getroffen, beim nächsten Mal denjenigen mehr Wertschätzung entgegenzubringen, die einen Fehler entdecken und ihn auch melden. Auf die Frage, wie man denn das macht mit dem „jemandem mehr Wertschätzung entgegenbringen", wurden die „Außenseiter" darüber befragt, was ihnen geholfen hätte sich als Teil des Teams zu fühlen. Aufgrund dieser Frage entspann sich eine intensive Diskussion über die Kultur des Teams, die individuellen Erwartungen an Kommunikation und Kooperation eines jeden Teammitglieds, die übergeordneten verbindenden Werte und letztendlich auch über die Bewertung und den Umgang mit Fehlern.*

## 6. Phase: Transfer

Nach wie vor geistert in den Köpfen vieler Coaches die Vorstellung umher, eine Brücke zwischen dem Seminar und dem „normalen Leben", in dem die Lernerfahrungen des einen dann angewendet werden sollen, bauen zu müssen.

Meiner Meinung bedarf es dieser Brücke nicht in dem Sinne, dass sie künstlich erschaffen werden muss. Sind die Trainingsinhalte für die Teilnehmer relevant – und das entscheidet jeder für sich selbst! – ist dies Motor genug. Unter dieser Voraussetzung liegt es per se im Eigeninteresse des Einzelnen das Gelernte anzuwenden, da er sich einen Nutzen von der Anwendung erwartet. Selten hingegen hilft gutes Zureden oder alleiniges Verschriftlichen von Aktionsplänen. Diese sind sinnvoll, wenn die Gruppe sie für sinnvoll erachtet und aufstellen möchte. Jedoch nicht, wenn sie es dem Trainer „zuliebe" tut oder weil am Nachmittag dafür noch eine halbe Stunde übrig ist.

1. Fazit aus diesen einleitenden Worten: Die Verantwortung für die Veränderung nach dem Seminar liegt bei den Teilnehmern und nicht beim Coach! Die Verantwortung des Trainers besteht in der Gestaltung eines entwicklungsfördernden Prozesses dorthin. [12]
2. Fazit aus diesen einleitenden Worten: Deswegen beginnen die transferfördernden Schritte spätestens beim Start des Workshops. Nämlich dann, wenn die Teilnehmer die Möglichkeit bekommen, die für sie relevanten Themen einzubringen.

Insofern ist aber auch nach der Übung inklusive der Reflexion die Arbeit noch lange nicht zu Ende. Sie beginnt eventuell gerade erst. Dies ist vor allem der Fall, wenn die für die Teilnehmer relevanten Themen zu Beginn des Workshops noch nicht klar oder zufrieden stellend identifiziert werden konnten und lediglich die Zielvorgabe der Personalabteilung oder des Vorgesetzten im Raum steht. In der Transferphase werden also die von den Teilnehmern als relevant eingestuften Impulse aus der Übung weiterbearbeitet.

Wie aber kann ein Trainer den Transfer noch unterstützen?

Zum einen ist natürlich bedenkenswert, dass sich die Verhaltensmuster von Individuen oder gar Kulturen, solange sie der Mehrheit der Systemmitglieder als zweckdienlich erscheinen, über die Jahre hinweg einschleifen. Es bildet sich eine Art „Gewohnheitsrille". Je tiefer diese Rille wird, desto schwieriger ist es, ihr zur entrinnen. Gerade in Stresssituationen springt man schnell in die lang geübten Muster zurück, die ja auch ein gewisses Maß an Sicherheit versprechen. Ein schönes Beispiel hierfür ist die im Kapitel „Perspektivenwechsel, Einstimmung und Wahrnehmung" beschriebene Übung „Farbenspiel" (S. 97). Bei dieser Übung geht es darum, so schnell wie möglich die Farbe zu benennen, in der die Farben tatsächlich geschrieben sind. Klingt kompliziert? Lesen Sie es im zweiten Teil dieses Buches einfach einmal schnell nach!

---

12 Wagner, Michael (2002): Transfer 1: Wer hat den Affen auf der Schulter sitzen? – Die Verantwortung für den Transfer. In: Schad / Michl (Hrsg.): Outdoor-Training

Also, was kann der Coach tun, um den Transfer zu unterstützen? Na ja, er kann die Teilnehmer bei dem Versuch, eine neue Rille zu fräsen oder wenigstens Seitenäste oberhalb der Rille in die Wände zu bohren, unterstützen.

Eine andere Unterstützungsform des Trainers ist es, für die Auseinandersetzung mit Transfermöglichkeiten sowohl Zeit zu reservieren als auch Denkanstöße anzubieten.

Konkret auf die Aktion bezogen könnte dies in Form von Fragen geschehen, z. B.:

- Kann eine positiv erlebte Einstellung / Verhaltensweise in der Aktivität direkt oder mit geringen Modifikationen mit einer Verhaltensweise, die im Berufsalltag hilfreicher als das bisher praktizierte Verhalten wäre, in Verbindung gesetzt werden?
- Kann eine positiv erlebte Einstellung / Verhaltensweise in der Aktivität eine originelle Art des Umgehens mit schwierigen Situationen beinhalten, wie es noch nicht / nie zuvor gedacht worden ist?
- Lösung: Wie würde eure Lösung übersetzt in den Alltag aussehen?
- Welche Auswirkungen / handlungsleitenden Erkenntnisse haben die Erfahrungen, die ihr bei dieser Übung / diesem Seminar gemacht habt, für eure Frühbesprechung am Montagmorgen um 7.30 Uhr?

Lohnend könnte es auch sein, nicht nur die Parallelen zwischen Aktivität und Alltagssituation herauszuarbeiten, sondern auch aufgrund der Unterschiede zwischen den beiden, Schlussfolgerungen zu ziehen. Interessant sind diesbezüglich dann die Parameter, die anders waren und welche Wirkung sie hatten. Eventuell kann man der Frage nachgehen, ob es eine Möglichkeit gibt, die Parameter, die in der Lernsituation als unterschiedlich zum Arbeitsplatz, jedoch als förderlich wahrgenommen wurden, auch am Arbeitsplatz zu verändern. Das gilt sowohl für Rahmenbedingungen als auch für Verhaltensweisen.

Ebenso ist es vielleicht hilfreich, wenn der Coach bei sehr allgemeinen Wünschen und Vorhaben die Erarbeitung von Konkretisierungen unterstützt:

- Wer genau ist dafür verantwortlich und was genau wird derjenige tun?
- Welche Unterstützung braucht er? Von wem?

In diesem Zusammenhang könnte es auch sinnvoll sein, mit den Teilnehmern mögliche Veränderungen oder Schwierigkeiten zu antizipieren:

- Wenn Sie Ihre Pläne im Alltag umsetzen, was wäre denn dann anders?
- Und wie würden Ihre Kollegen / Vorgesetzten / Familie darauf reagieren?
- Wer könnte etwas gegen diese Veränderung haben?
- Oder woran könnte es liegen, wenn Sie Ihre Vorhaben nicht umsetzen (können)?

Die Dokumentation des Workshops, wenigstens aber der erarbeiteten Ergebnisse in Form einer Foto-CD, DVD oder Hardcopy können ebenfalls transferfördernd wirken.

Eine weitere Möglichkeit ist die Bildung von Lerngruppen, die sich auch nach dem Seminar treffen, um die ihnen wichtigen Themen zu vertiefen, zu üben und ihre Erfahrungen in der Umsetzung gemeinsam zu reflektieren. Dieser Methode sehr ähnlich ist die Installation von so genannten Transferbegleitern, die sich aus Arbeitskollegen rekrutieren lassen. Diese werden in die individuellen Veränderungsabsichten eingeweiht und geben auf Nachfrage hin Feedback zu den Entwicklungsschritten.

Ralf Besser hat in seinem Buch „Transfer: Damit Seminare Früchte tragen" weitere Methoden zusammengetragen, die von der Vorbereitung des Transfers im Vorfeld eines Seminars über die Möglichkeiten während der Veranstaltung bis hin zu „Transfersicherungsmaßnahmen", die erst nach einem Workshop stattfinden, reichen.[13]

Aber auch hier sei noch einmal betont: Alle diese Methoden sind Angebote, um einem möglichen Transfer Struktur zu geben. Sie sind aber nur dann zielführend, wenn die Teilnehmer die Entscheidungsfreiheit haben, diese Angebote als hilfreich einzuschätzen und zu nutzen oder aber sie auch ablehnen zu dürfen und eventuell andere für sie passendere Formen zu erfinden.

***Fortsetzung Beispiel:***

*In der Reflexion betonten die Mitarbeiter ihr eigenes Interesse, Fehler zeitnah zu melden und zu korrigieren. Es lag ja auch in ihrem ureigensten Interesse qualitativ hochwertige Arbeit abzuliefern. Sie fürchteten jedoch – aufgrund von Erlebnissen vor vielen Jahren – individuelle arbeitsrechtliche und karriereschädliche Konsequenzen vonseiten ihres Vorgesetzten. Insofern bestand das Problem aus Sicht der Mitarbeiter nicht in der mangelnden Bereitschaft oder Fähigkeit ihren Teil zu einer konstruktiven Lernkultur beizutragen. Es schien sich vielmehr um ein Vertrauensproblem gegenüber dem Vorgesetzten zu handeln, das sich letztendlich wiederum selbstredend auf das Verhalten der Mitarbeiter auswirkte.*

13 Besser, Ralf (2004): Transfer: Damit Seminare Früchte tragen. Beltz-Verlag, Weinheim und Basel

*Die Führungskraft hatte selbst nicht an dem Workshop teilgenommen. Sie kam jedoch am letzten Tag vorbei, um eventuelle Ergebnisse zu diskutieren.*

*In einem ersten Schritt wurde deshalb ein Gespräch mit der Führungskraft in Form einer Fishbowl-Übung* [14] *(S. 243) durchgeführt. Aus Trainersicht verlief dieses Gespräch offen und konstruktiv. Es wurden Vereinbarungen getroffen, wie zukünftige Produktionsverzögerungen oder Fehlermeldungen behandelt und dokumentiert werden sollten, sodass sie – außer bei Vorsatz und grober Fahrlässigkeit – keine individuellen nachteiligen Auswirkungen hätten. Sowohl der Vorgesetzte als auch die Teammitglieder äußerten ihre Zufriedenheit mit dem Ergebnis der Verhandlungen. Beide Seiten betonten vor allem ihre Erleichterung darüber, dass ein Thema, das so lange als Tabuthema galt, so konstruktiv besprochen werden konnte.*

*Bei einem Follow-Up-Telefonat mit dem Vorgesetzten beschrieb dieser, dass sich der Umgang seit dem Workshop zwischen den Teilnehmern standortübergreifend merklich verbessert hatte. Beispielsweise wurden am dritten Standort jetzt nach Arbeitsschluss gemeinsame Freizeitaktivitäten unternommen und an den Sitzordnungen war nicht mehr zu erkennen, wer zu welchem Standort gehörte. Ein Fehler im Produktionsprozess war seit dem Workshop nicht mehr aufgetaucht, insofern konnte nicht überprüft werden, ob sich in diesem Punkt nach dem Training etwas verändert hatte.*

14 siehe Kapitel „Reflexion und Ausklang" im zweiten Teil dieses Buches

# 2. Praxisbeispiele

Im vorhergehenden Kapitel wurde ausführlich ein Beispiel dargestellt, um den Prozess zu illustrieren, der sich unter anderem durch einen professionellen Umgang mit erlebnispädagogischen Übungen auszeichnet.

In diesem Kapitel werden weitere Praxisfälle in Kurzform beschrieben, um die vielfältigen und kreativen Spielformen der Übungen noch stärker zu verdeutlichen:

1. Bei der einfachen Warm-up-Übung „Planspiel" (S. 83) habe ich die Teilnehmer nach Erledigung der ersten Aufgabe gefragt, mit welchem Anspruch bzw. mit welchen Werten sie die Übung angegangen sind:

   - so schnell wie möglich (Zeitfaktor)
   - so genau wie möglich (Qualitätsanspruch)
   - so harmonisch wie möglich (beziehungsorientiert, jeder ist involviert, wird gehört und gefragt etc.)
   - der individuellen Idee entsprechend (machtorientiert) etc.

   Es stellte sich überraschend für jeden Teilnehmer heraus, dass andere mit ganz unterschiedlichen Absichten die Aufgabe angegangen sind. Genauso unzufrieden waren Einzelne auch dann mit der Durch- oder Ausführung.

   Bei der Durchführung der zweiten Aufgabe erfolgte zuerst eine kurze Diskussion über die Maßstäbe, die angelegt werden sollten. Es ergab sich die Reihenfolge: Erstens genau, zweitens harmonisch, drittens schnell. Obwohl einige Teilnehmer lieber „schnell" an erster Stelle gesehen hätten, wurde in der Reflexion allgemein ein deutlich erhöhtes Maß an Zufriedenheit mit Prozess und Ergebnis deutlich.

2. Bei einem anderen Führungskräftetraining haben ein Kollege und ich im Seminarraum ein Hindernisfeld mit Pinnwänden, Stühlen, Flaschen, Bällen usw. aufgebaut und drumherum ein Seil als Grenzmarkierung ausgelegt. Alle Teilnehmer warteten draußen vor der Tür. Dort sollten sie sich paarweise zusammentun, einer der beiden „blind" und der andere als Führungskraft sehend. Dann haben wir die Führungskräfte hereingeholt und instruiert: Ihre Aufgabe war es, ihre Mitarbeiter so schnell wie möglich durch das Hindernisfeld zu steuern, wobei die Führungskräfte außerhalb der Seilmarkierungen stehen mussten. Daraufhin wurden die Mitarbeiter von den Führungskräften hereingeholt. Bevor die ganze Aktion begann, haben wir beide Parteien gebeten, sich kurz zu besinnen und nachzuspüren, wie es ihnen gerade im Moment geht. Dann sollten sie überlegen, welche Erwartungen sie jeweils an sich selbst und welche Erwartungen sie an ihre Führungskraft bzw. ihren Mitarbeiter haben. Erst dann begann die Durchführung.
   Dem Frontloading entsprechend intensiv war die Auswertung bzgl. der Erwartungen und Ansprüche.

3. Bei dem Training „Kritische Beratersituationen" für Unternehmensberater ging es um das proaktive Handeln und Reagieren, wenn man als Berater kooperationsunwilligen Kunden gegenübersteht und mit diesen moderativ im Rahmen eines Changemanagementprozesses neue Ideen entwickeln oder Umsetzungen von Veränderungen planen soll. In diesem Training verdeutlichte mein Kollege Pit Forster (www.forummomentum.com) die Lage des Unternehmensberaters, indem er einen der Teilnehmer bat, zu jonglieren. Dieser Teilnehmer symbolisierte „das Projekt", das es zu verkaufen galt. Die anderen Teilnehmer konnten den Jongleur aus einiger Entfernung mit – weichen! – Bällen bewerfen. Diese Teilnehmer symbolisierten die Mitarbeiter des Unternehmens und deren Widerstand gegen das Projekt. Ein dritter Teilnehmer versuchte das „Projekt" zu schützen – Sinnbildlich der „Auftraggeber", der ja ganz oft zwischen den Stühlen der divergierenden Interessen sitzt und damit auch ein bewegtes Leben führt. Er bewegte sich als „Schutzblock" zwischen dem „Projekt" und den Bälle werfenden Mitarbeitern. Diese einfache dynamische Modellierung ergab eine äußerst lebendige und ergiebige Diskussion über mögliche Verhaltens- und Interventionsstrategien: angefangen bei guter Vorbereitung und Einführung über die proaktive Würdigung von Widerstand, Erfassung unterschiedlicher Bedürfnislagen, divergierende Halluzinationen hinsichtlich der „wahren Absichten" der beteiligten Personen bis hin zu konkreten Verhaltensalternativen in kritischen Situationen.

4. Bei einem Training installierten wir „Qualitätszirkel" zwischen den Teamübungen. Bei diesem Training waren die Mitarbeiter einer Firma aus aller Herren Länder angereist. Diese kannten sich nur vom Telefon und E-Mail-Kontakt. Unter den einzelnen Ländervertretungen herrschte ein verdeckter Konkurrenzkampf, der sich in einem sehr schleppenden Wissensmanagement widerspiegelte. Mit diesen 40 Mitarbeitern führten wir unter anderem einen Outdoor-Teamübungsparcour durch, bei dem die verschiedensten Übungen in Zehnerteams absolviert werden mussten. Nach den Reflexionsrunden der einzelnen Übungen, gab es wie gesagt, jedes Mal ein Meeting der verschiedenen Vertreter aus allen Gruppen. Hier konnten sie sich gegenseitig mit Tipps versorgen, wie die nächste Übung aus ihrer Erfahrung heraus am besten anzugehen wäre. Die Effizienz der einzelnen Teams wurde unter anderem auch daran gemessen, ob sich die Performance der nächsten Gruppe bei derselben Übung verbessert hatte (weniger Fehler, kürzerer Zeitaufwand etc.).

5. Bei einem offenen Training für Führungskräfte habe ich die Übung „Bullring" (siehe Teil 2 dieses Buches, S. 161) als durchaus passende Metapher für das Thema „Motivation" entdeckt. Wenn man Motivationsforschern, wie James L. McCleeland und Edward L. Deci glaubt, dann sind die tieferen Beweggründe für menschliches Verhalten je nach individueller Konfiguration:

   - Autonomie
   - Kompetenz und Wirksamkeit
   - Anschluss und soziale Bezogenheit

In Bezug auf den Arbeitsalltag übersetzt können diese Faktoren folgendermaßen interpretiert werden:

Autonomie und Selbstbestimmung bedeutet, den Raum für Wahlmöglichkeiten öffnen. Eine Wahl, die der Mitarbeiter freiwillig und autonom treffen kann und die er auch wirklich will und die ihm kreatives und kompetentes Handel erlaubt. Gleichzeitig bedeutet dies auch ein Bewusstsein des Wählenden für diese Wahlmöglichkeit.

In Bezug auf Kompetenz und Wirksamkeit ist die Rede von einem allgemeinen Bedürfnis des Menschen, sich in dieser Welt als aktiver, wirksamer Organismus zu bewegen. Der Gewissheit, dass sein Handeln eine Wirkung hat, dass seine Stärken ihn befähigen, Dinge zu verändern.

Anschluss und soziale Bezogenheit: Unterschiedliche soziale Gefüge gestalten auch den Arbeitsalltag. Der Umgang, die Qualität des Miteinander, die Eleganz der Kooperation und Interaktion stehen hier im Zentrum der Aufmerksamkeit. Der Mensch ist ein soziales Wesen und hat sowohl das Bedürfnis sich mit anderen auszutauschen, als auch ein Bedürfnis nach Wertschätzung, Achtsamkeit, Respekt, Vertrauen etc.

Reinhard K. Sprenger geht in seinem Buch „Mythos Motivation" davon aus, dass Menschen grundsätzlich motiviert und leistungsbereit sind. Leistungsbereitschaft kann man als Außenstehender höchstens blockieren und behindern, nicht hervorrufen. Insofern kann der Vorgesetzte sich fragen „Was kann ich Demotivierendes unterlassen?" bzw. muss er den Mitarbeiter als einen Menschen wahrnehmen, der motiviert ist, über kreative Energie verfügt und der Spannung im Leben sucht und dessen Leistungsbereitschaft vorhanden ist, solange er in der Tätigkeit einen Sinn erkennen kann, er produktiv, gestalterisch und interaktiv wirksam werden kann.

Wenn man bei der Übung „Bullring" vor der Präsentation der Aufgabe der Hälfte, evtl. sogar den „Machern" der Gruppe die Augen verbindet, die sehende Gruppe abseits von den „Blinden" instruiert, dann ist eine hervorragende Ausgangslage für Demotivation von Mitarbeitern gegeben. Durch die Augenbinden sind die Blinden von den Sehenden abhängig, ihr Entscheidungsspielraum ist erheblich herabgesetzt, sie können eine wichtige Kompetenz „das Sehen und Mitverfolgen des Geschehens" nicht mehr einbringen, geschweige denn kompetent mitreden, sie haben keine Ahnung, welche Konsequenzen ihre Handlungen oder Aktionen auf den Prozess haben, weil sie ja nicht sehen, maximal das Geseufze der anderen hören, wenn sie zu fest oder zu wenig fest an ihrem Seilstück gezogen haben, die soziale Einbezogenheit ist auf ein Empfangen von Anweisungen herabgesetzt.
Nun kann es interessant sein, wie die Sehenden mit der Situation umgehen. Was tun sie dafür, um die „Blinden" nicht auf dem Pfad der Demotivation zu verlieren?

In der Reflexion kann zusätzlich überlegt werden, auf welche Art und Weise man als Führungskraft bei seinen Mitarbeitern die Bedingungen für Selbstbestimmung, Selbstwirksamkeit und soziale Einbezogenheit erhöhen kann.

6. Für ein Training hochkarätiger Mitarbeiter eines Automobilkonzerns konzipierte mein Kollege Conrad Giller (www.amecom.de) die im zweiten Teil dieses Buches beschriebene Übung „Quadratesalat" (S. 199) um.

   Die Mitarbeiter setzten sich aus drei unterschiedlichen Sparten zusammen: Fertigungsplaner, Controller und Instandhalter. Alle drei Sparten haben am selben Standort mit einem Fließband für die Fertigung zu tun, jedoch zu verschiedenen Zeiten. Die Planer entwickeln das Fließband (weiter), die Controller überwachen die Ressourcen und die Instandhalter werden aktiv, wenn das Band im Betrieb Mängel aufweist oder gewartet werden muss.

   Da sich das Interesse der Planer eher darauf bezieht, möglichst die modernsten Maschinen zu verwenden und ihr Fokus auf den aktuellen zu entwickelnden Projekten liegt, wechseln sie relativ schnell den Hersteller, wenn dieser bessere Angebote macht.

   Die Aufmerksamkeit der Controller liegt selbstverständlich auf der Kosten- und Budgetkontrolle, sprich dieser Gruppe ist es wichtig, dass insgesamt sowenig Kosten wie möglich verursacht werden.

   Die Instandhalter legen zwangsläufig mehr Wert auf wiederholbare Prozesse. Jeder Wechsel eines Herstellers bedeutet für sie, sich mit neuen Wartungsprozessen vertraut zu machen. Aus diesem Grund möchten sie so wenig wie möglich technische Variationen, die ja auch jedes Mal neues Werkzeug und Know-how erfordern.

   Diese drei sehr unterschiedlichen, divergierenden Zielorientierungen ziehen regelmäßig entsprechende Diskussionen nach sich, ob „das unbedingt notwendig sei, was die anderen gerade wieder vorhaben".

   Das Teamtraining sollte mit dem spielerischen Zugang das Verständnis für die unterschiedlichen Sichtweisen der jeweils anderen Gruppen unterstützen und den professionellen Umgang mit Zielkonflikten fördern, um im anschließenden fachlichen Teil die ineinander greifenden Arbeitsschritte zu harmonisieren.

Die Übung „Quadratesalat" wurde für diese Gruppe maßgeschneidert:
Die erste Übung diente der Sensibilisierung für Spiele und dem Kennenlernen der Bauteile, insofern war dies quasi die „Aufwärmphase".
Für die Erledigung der Aufgabe wurden neun Mitarbeitern je vier Bauteile gegeben, drei weitere kamen ins Lager. Aufgabe war es, aus den insgesamt 39 Teilen zwölf exakt gleich große Quadrate zu legen und wieder drei Bauteile im Lager zu haben. Dabei galten die Regeln, wie bei der Standardübung:

- Teile dürfen mit anderen Teilnehmern oder dem Lager getauscht werden,
- sich selbstständig Bauteile von anderen Teilnehmern zu nehmen, ist verboten,
- während der Übung darf nicht mit Worten, Gestik oder Mimik kommuniziert werden.

Nach der Bekanntgabe der Regeln begann die Durchführung. Dabei war offensichtlich, dass sowohl die Regel „nicht zu kommunizieren" vehement unterwandert wurde als auch die Regel für „Tauschgeschäfte". Jeder nahm sich die Stücke, von denen er glaubte, sie brauchen zu können, Bauteile wurden hin und her gezerrt, das Lager geplündert und während die Teilnehmer immer verbissener agierten, lachten sich die Teammitglieder, die als Beobachter engagiert waren, beinahe kaputt. Fazit der Übung war, dass jeder es mal wieder so gemacht hatte, wie er es für sich passend empfand und sich hinterher fragte, warum es die anderen nicht gut fanden – angeblich genauso wie im Arbeitsalltag auch.

Aus dieser Erfahrung erwuchs der Anspruch für die nächste Übung, dass die Regeln eingehalten und jeder über die eigenen Grenzen hinaus mitdenken bzw. teilen sollte.

Bei der zweiten und eigentlichen Übung drehte sich alles um 45 Bauteile.
Wieder wurden drei Produktionsteams à drei Teilnehmer gebildet – diesmal so wie auch in den originären Arbeitszusammenhängen im Unternehmen. Die Gesamtgruppe hatte die Aufgabe, die Bauteile für die Produktion von gleich großen Quadraten einzusetzen.
Jedes Produktionsteam bekam einen eigenen Planungsraum zugeteilt und ohne Kenntnis der anderen Produktionsteams zusätzlich ein eigenes Ziel genannt:
*Rot:* Produktionsziel ist, das Maximum an Quadraten zu bilden.
*Gelb:* Produktionsziel ist, eine maximal breite Produktpalette zu bauen – Quadrate aus 2, 3, 4 ... Bauteilen.
*Blau:* Produktionsziel ist, ein sparsamer Ressourceneinsatz, das Produkt – Anzahl der Restteile x Anzahl der Quadrate ist zu minimieren.

Nach der Bekanntgabe der Aufgabe konnte jede Gruppe in ihrem Planungsbüro eine halbe Stunde lang eine Lösung der Aufgabenstellung finden. Während dieser Zeit waren Papier und Bleistift gestattet, die Aufzeichnungen durften jedoch nicht mit in den Produktionsraum genommen werden.

Danach folgte die einstündige Produktionsphase unter folgenden Regeln:

- Jeder Teilnehmer darf selbstständig und beliebig oft auf alle Teile zugreifen und schon fertige Quadrate, auch von anderen, wieder auflösen.
- Jeder Teilnehmer darf natürlich auch die Auflösung eigener Quadrate durch andere verhindern.
- Die Teilnehmer dürfen dabei nicht miteinander sprechen; Worte, Mimik und Gestik sind in der Arbeitsphase verboten.
- Während der Produktionsphase kann jedes Team einmal eine fünfminütige Beratungsphase einberufen, aber nur, wenn die beiden anderen Teams sich damit einverstanden erklären. Die Beantragung der Beratungspause geschieht, indem man einen Spielstein mit der Teamfarbe in ein Glas wirft. Nur wenn alle anderen Teams ihre Spielsteine ebenfalls in das Glas werfen, kann sich jedes Team separat zur Beratung zurückziehen.

Mit diesen Vorgaben wurden absichtlich alle Normen des einvernehmlichen Umgangs miteinander aufgehoben, um zu sehen, wie kooperativ man ohne Regeln noch miteinander arbeitet.

Der Prozess verlief ungefähr so: Alle, bis auf die Gruppe der Controller, fingen an zu bauen. Die beiden Gruppen haben auf die Bemühungen der jeweils anderen allerdings ein wenig komisch reagiert, dachten sich aber nur, dass die anderen eben einen anderen Plan ausgearbeitet hätten. Das führte zu einer gegenseitigen, ein wenig misstrauischen Beobachtung, jedoch mit einer toleranten Grundhaltung. Auch die Kommunikationsregeln wurden eingehalten. Hier war also schon ein Lernfortschritt aus der ersten Übung zu sehen.

Dies dauerte so lange bis die Controller aus dem Hintergrund an den Tisch traten und alle bisher gelegten Quadrate wieder zerstörten. Der Plan der Controller war nämlich, den Faktor „Anzahl der Quadrate" der Gleichung „Anzahl der Restteile x Anzahl der Quadrate = möglichst klein" auf null zu setzen, um letztlich ein minimales Ergebnis, nämlich „null" zu erzielen. Das bedeutet: Wer nichts produziert, verursacht auch keine Kosten!

Als das passierte, legte sofort eine der anderen Gruppen einen Spielstein für eine Beratungsphase in das Glas. Bei dieser ersten Anfrage stimmten die zwei anderen Teams noch zu und berieten sich in den jeweiligen Gruppenräumen. Bei späteren weiteren Versuchen hingegen, wurde ein Stein fünf Mal hintereinander in das Glas geworfen und die beiden anderen Teams ignorierten dies vollkommen. Oder ein Teammitglied aus der eigenen Gruppe nahm den Stein wieder heraus, den der Kollege gerade in das Glas geworfen hatte! Er wollte jetzt weitermachen ...

Als dann ein Teilnehmer die Kommunikationsregel brach und sagte „Wir müssen miteinander reden!" klärten sich die unterschiedlichen Zielvorgaben der drei Gruppen. Das Ergebnis bzw. die Lösung der Gruppen bestand in der Herstellung eines großen Quadrates, das aus kleinen, gleich großen und auf unterschiedliche Weise gelegten Quadrate bestand.

In der Reflexions- und Transferphase ging es vor allem um die Frage: „Wann müssen wir in der Arbeit, mit wem, worüber reden, damit der gemeinsame Auftrag für alle gut gelöst wird?" Eine Haupterkenntnis bestand darin, hinderliche Interaktionsmuster aufzuspüren, die Erlaubnis zu haben, diese zu benennen und zur Diskussion zu stellen, um sie gegebenenfalls zu verändern.

7. Ein weiteres Beispiel stammt ebenfalls von meinem Kollegen Conrad Giller (www.amecom.de): Der modifizierte „Turmbau zu Babel" (S. 208) in Wettbewerbsform (siehe Spielesammlung im zweiten Teil dieses Buches)

   Bei dem betroffenen Team, wiederum aus einem Automobilkonzern stammend, handelte es sich um Steuerungstechniker und Instandhalter. Ziel des Seminars war, die Wertschätzung der Qualität der Arbeit der jeweiligen anderen Berufsgruppe zu erhöhen.

   Die Gruppe wurde in die originären Teams à sechs bis sieben Personen aufgeteilt. Die Aufgabe jeder Kleingruppe bestand zunächst darin, innerhalb von 45 Minuten, Konstruktionsunterlagen – Zeichnung und Arbeitsanweisungen – für den Turm zu erstellen. Aus zur Verfügung gestellten Holzlatten war ein standfester, mobiler Turm zu bauen, der folgenden Anforderungen genügte:

   - frei stehend
   - als Höhenmesspunkt galt eine Plattform, auf der ein gefüllter Bierkrug stand;
   - der Turm ist bis 50 cm über den Höhenmesspunkt hinaus mit einer Lichterkette zu beleuchten.

   Der eigentliche Clou der Aufgabe bestand darin, dass die jeweils andere Gruppe den Turm nach den Zeichnungen und nach bestem Wissen und Gewissen in separaten Räumen aufbauen musste! Aber als Sieger wurde der Konstrukteur, nicht der Hersteller gewertet. Also bestand die Überlegung nicht nur darin, wie hoch man den Turm aus den Hölzern bauen könnte, sondern auch, was man den anderen an handwerklicher Fähigkeit zutraut.
   Bei der Übergabe der Unterlagen durften die Gruppen nämlich untereinander keine Erläuterungen abgeben. Die nächste schwierige Überlegung ergab sich bei der Umsetzung von unklaren Zeichnungselementen: „Bauen wir das jetzt so, wie sie es aufgezeichnet haben oder so, dass es hält?"

Nach 60 Minuten Montagezeit nahmen die „Architekten" von dem jeweiligen Bauteam ihren Wettbewerbsbeitrag entgegen und präsentierten ihn der Jury. Bewertet wurden also die Konstrukteure, nicht die Bauteams, mutwillige Fehlinterpretationen wurden jedoch mit Punktabzug geahndet.

Die dabei geltenden und bekannten Entscheidungskriterien waren:

- Höhe
- Funktionalität
- Originalität

Die – der anderen Gruppe nicht bekannte – zusätzliche Sonderprämie für die Instandhalter gab es für eine besonders wartungsfreundliche Konstruktion. Funktionsmängel mussten innerhalb von fünf Minuten behoben werden können.
Die – der anderen Gruppe nicht bekannte – Sonderprämie für die Steuerungstechniker gab es für geplante Materialeinsparungen. Für jede nicht in die Konstruktion einbezogene Holzlatte gab es zusätzliche Punkte.

Der Prozess verlief in etwa so: Die Steuerungstechniker zeichneten einen ca. 1,50 m hohen Turm; zum einen, weil sie Material einsparen wollten – entsprechend der Sonderprämie –, zum anderen aber, weil sie den Instandhaltern einfach nicht mehr Kompetenz zutrauten.
Die Instandhalter planten einen 3 m hohen Turm, der sich auch problemlos warten ließ. Dies war auch nötig, denn eine Birne der Lichterkette war defekt.

Interessant in der Reflexion war der Umgang mit den Fragen und Antworten, die während des Bauens aufgetaucht waren, wie: „Wie haben die anderen das wohl gemeint?" und die darauf folgende Antwort: „Na ja, ist ja egal, ich mach jetzt mal so, wie ich denke und den Auftrag verstanden habe!" Die Gruppen wussten ja nichts von der Sonderprämie der anderen und bauten unter Umständen nicht mutwillig, aber unter unterschiedlichen Vorannahmen nach den Zeichnungen der anderen Gruppe. Auch schon die Diskussion über die Frage: „Wie viel Kompetenz traue ich den anderen zu?", „Inwiefern vertraue ich dem Plan der anderen Gruppe?" waren äußerst interessant und entsprachen laut Auskunft der Teilnehmer fast identisch ihren Problemdiskussionen am Arbeitsplatz.
Die Erfahrungen aus dem Turmbau wurden noch bis spät in die Nacht hinein ausgewertet und eine Reihe von offenen, zwischenmenschlichen Themen zwischen den beiden Abteilungen geklärt.

Am nächsten Tag wurden die so genannten „Sachthemen", die „hard facts" präsentiert, diskutiert und bearbeitet. Erstaunlicher Weise verliefen diese Diskussionen äußerst konstruktiv, reibungslos und schnell, was von den Teilnehmern auf die vorher gemachten Erfahrungen bzw. auf die nun intensiv geklärte Beziehungsebene zurückgeführt wurde.

8. Ein Beispiel, von dem ich nur aus zweiter Hand gehört habe, das aber die Spannbreite erlebnisorientierter Methoden darstellt, kommt aus dem Haus WUP Will & Partner (www.wupweb.de):

   Bereits seit mehreren Jahren führt die Firma Will & Partner diese Veranstaltung als Subunternehmer einer Agentur in einem großen Automobilkonzern durch. Bei diesem Workshop geht es um die gelungene „Belebung" eines Leitbildes verbunden mit einer gleichzeitigen Stärkung des Zusammengehörigkeitsgefühls innerhalb dieses internationalen Großunternehmens.

   Bei dieser Firma werden jährlich ca. 180 Ingenieure eingestellt. Die meisten dieser Ingenieure kommen in den Genuss der mehrmals pro Jahr stattfindenden Veranstaltung, bei der Teilpunkte des Führungs- oder Mitarbeiterleitbildes in einem Videoprojekt, einem Theaterstück und einem Comic ausgearbeitet werden.

   Dafür wird die Gesamtgruppe in drei Kleingruppen aufgeteilt. Jede der Kleingruppen kann sich zwischen zwei vorgegebenen Leitsätzen aus den beiden Leitbildern für eine Bearbeitung entscheiden. Die Gruppe A beginnt Phase eins: „Ideenfindung" mit dem Videoprojekt, die Gruppe B mit dem Theaterprojekt, die Gruppe C mit dem Comic; d. h., alle Ideen, für die jeweilige Umsetzung werden zusammengetragen.

   Danach findet die Übergabe für die „Konkretisierungsphase" statt. Gruppe A übergibt Gruppe B schriftliche Aufzeichnungen darüber, welche Ideen sie hatten, Gruppe B an Gruppe C und Gruppe C an Gruppe B. Diese müssen nun die Ideen der anderen Gruppen in dem neuen Medium weiter konkretisieren und ausarbeiten, d. h., entweder Drehbuch schreiben, Charaktere entwickeln, Kostüme planen, Storyboard oder Grobzeichnungen anfertigen etc. Interessant ist hierbei, dass die Ideen anderer aufgenommen und weiterverarbeitet werden sollen, anstatt eigene zu entwickeln und zu konkretisieren. Das fällt mitunter schwer, vor allem dann, wenn man von der Idee der Vorgänger nicht wirklich begeistert ist und glaubt, eine viel bessere zu haben. Gleichzeitig ist eventuell ein wenig Wehmut damit verbunden, seine eigenen Ideen anderen zur Bearbeitung zu überlassen „Was werden die wohl aus meinem ‚Baby' machen?"

   In der dritten und letzten Phase vor der Präsentation geht es um die „Realisierung" der einzelnen Projekte, d. h., jetzt wird geprobt, fein gezeichnet und auf Video aufgezeichnet, wiederum von Kleingruppen, die das Projekt erst nach der Konkretisierungsphase übergeben bekommen haben. Aber jetzt hat man sich daran gewöhnt, die Ideen von anderen Kollegen wertzuschätzen, aufzugreifen, „fein zu schleifen" und umzusetzen. Interne Evaluationen haben belegt, dass die Mitarbeiter diese Veranstaltung als einen wichtigen Baustein empfinden auf dem Weg vom einzelnen Standort zu einem abteilungs- und standortübergreifenden Zusammengehörigkeitsgefühl.

# 3. Übungen

# Fazit und Überleitung

Ich hoffe, dass in diesem relativ knappen Theorieteil Folgendes deutlich geworden ist:

1. Die Spiele sind nur Rohmaterial.
2. Es gibt mehr Möglichkeiten, Lernräume zu gestalten als nur Spiele aus Spielebüchern auszusuchen, mit der Gruppe zu spielen und anschließend zu reflektieren.
3. Ein mutiger Umgang mit den Spielen, ein feinsinniges Design und eine bewusste Auswahl der Präsentations- und Reflexionsform bilden die Ingredienzien für ein gelungenes Lernszenarium.
4. Um dies leisten zu können, empfiehlt es sich, die Übungen, die man mit einem Team durchführen will, zuerst am eigenen Leib erlebt zu haben.
5. Und trotzdem bleibt im Sinne von Friedrich Dürrenmatt (1921 – 1990) demütig festzustellen: „Spielen ist wie Planen: ein Experimentieren mit dem Zufall."

In diesem Sinne wünsche ich Ihnen viele gelungene Zufälle mit den folgenden Übungen. Verstehen Sie die Beschreibungen bitte als Impulse, die Lust machen sollen, mit ihnen zu experimentieren. Aus diesem Grund sind manche Übungen nur sehr grob beschrieben, andere stellen sich dafür auch manchmal schon mit einer metaphorischen Einkleidungsmöglichkeit vor.

Bei den Quellen der Übungen habe ich die Personen aufgeführt, bei denen ich die Übungen zum ersten Mal gesehen habe. Das bedeutet nicht, dass diese Menschen die Übungen auch erfunden haben. Wer die Erfinder bestimmter Spiele kennt, kann sie mir gerne mitteilen. In einer späteren Auflage werde ich die Quellen dann aktualisieren. Bei den „mir unbekannten" Quellen bin ich mir entweder nicht mehr sicher, woher ich die Übungen kenne oder ob ich sie nicht selbst erfunden habe. Die Erinnerungen verwischen sich da ein wenig mit der Zeit.

Also, in diesem Sinne, viel Spaß bei der Lernraumgestaltung!

# 3.1 Kennenlernen

# Aufgestellt

Ort: im Seminarraum

Schwerpunkt: erste Orientierung in der Gruppe

Material: –

Vorbereitung: –

Beschreibung: Zu Beginn eines Seminars bekommen die Teilnehmer die Gelegenheit, sich eine erste Orientierung zu verschaffen. Der Seminarleiter stellt Fragen, zu denen die Teilnehmer im wahrsten Sinne des Wortes ihre Position bzw. einen Standpunkt im Raum beziehen.

Zum Beispiel fragt der Seminarleiter: „Woher kommen Sie?" und erklärt weiter: „Stellen Sie sich den Boden in unserem Raum als Landkarte vor. Da drüben ist Norden, hier Süden, dort Westen und dort Osten. Bitte stellen Sie sich entsprechend ihres Geburtsortes auf." Weitere Fragen können sich darauf beziehen, wie lange der Einzelne schon im Unternehmen tätig ist (unter 6 Monaten, 6 – 12 Monate, 13 – 48 Monate etc.), wie viele Teamschulungen jemand schon besucht hat, wie viele Mitarbeiter dem Einzelnen unterstellt sind, wie sein momentaner Energielevel (hoch, niedrig ...) ist. Es lassen sich unzählige interessante Fragen stellen, zu denen sich alle Teilnehmern positionieren. Alle diese Fragen lassen sich entweder in einer Reihe oder in mehreren Achsen abbilden. Diese Achsen muss der Seminarleiter vorher definieren und am besten mit beschriebenen Moderationskarten oder Kreppband sichtbar machen.

Nach jeder Aufstellung kann der Seminarleiter Einzelne zu ihrer Position direkt befragen.

Kommentar / Diskussionsanregungen:

Besonders amüsant bei großen Gruppen, aber natürlich nicht bei allen passend, finde ich die Frage nach dem Familienstand, z. B.: „frei", „vergeben", „vergeben, aber an Freien interessiert" ...

Diese Übungsform ist auch als Reflexionsmethode einsetzbar (siehe auch die Übung „Distanz" S. 239).

Variationen: –

Quelle: kommt meines Wissens nach aus der systemischen Beratung und Therapie

# Begrüßungsallerlei

Ort: im Seminarraum und draußen

Schwerpunkt: Kennenlernen, Spaß

Material: –

Vorbereitung: –

Beschreibung: In der ersten Runde gehen die Teilnehmer im Raum umher und begrüßen sich „normal" per Handschlag. In der zweiten Runde bekommen sie den Auftrag, die Begrüßung in der Rolle eines „Autoverkäufers" zu spielen, also ein wenig übertrieben, aufgedreht und „verkaufsorientiert". In der dritten Runde sollen sich die Teilnehmer in ihre Pubertät zurückversetzen und sich nur linkisch und schüchtern, ohne Blickkontakt begrüßen.

Kommentar / Diskussionsanregungen:
Diese Übung erlaubt den Teilnehmern die zu Beginn eines Seminars häufig tatsächlich vorhandene Schüchternheit einmal „ganz legal" nach außen zu kehren.

Variationen: Man kann die Ansagen auch länderspezifisch vornehmen: „Jetzt begrüßen sich alle einmal chinesisch mit einem Lächeln." „Jetzt begrüßen sich alle einmal französisch, mit einer Verbeugung und einem ‚Bonjour'", „Jetzt begrüßen sich alle einmal mit dem linken Ellenbogen." usw.

Quelle: Zeitschrift e&l 2 / 2000, S. 14

# Besonderheiten

Ort: im Seminarraum und draußen

Schwerpunkt: Kennenlernen

Material: –

Vorbereitung: –

Beschreibung: Diese Übung ist eine etwas anspruchsvollere Vorstellungsrunde: Die Teilnehmer sitzen in einem Stuhlkreis. Der erste Teilnehmer stellt sich kurz nach dem gängigen Muster vor (Name, Beruf, Hobbys); als Letztes nennt er noch eine ganz spezielle Besonderheit, die ihn von allen anderen unterscheidet und ihn einzigartig macht. Dabei sind der Fantasie keine Grenzen gesetzt. Die „billigste" Lösung sind irgendwelche äußeren Erscheinungsmerkmale, die interessanteren Alternativen sind aber die nicht so offentsichtlichen Kennzeichen einer Person wie zum Beispiel gemachte Erfahrungen, Charaktereigenschaften oder Ähnliches.

Bei der Nennung der „Besonderheit" kann jeder andere Teilnehmer Einspruch einlegen, wenn er über die gleiche Erfahrung, Charaktereigenschaft etc. verfügt. Dies hat zur Folge, dass sich der „Vorsteller" eine andere Besonderheit, die ihn auszeichnet, überlegt.

Kommentar / Diskussionsanregungen:

Viele Teilnehmer, die diese Übung gemacht haben, haben angemerkt, dass es manchmal wirklich sehr interessant sein kann, sich zu überlegen, was einen von anderen wirklich in seiner Einzigartigkeit unterscheidet.

Variationen: Eine schnelle und doch gehaltvolle Einstiegsrunde bietet die Ausformulierung des Satzes: „Ich heiße ..., die Besonderheit, die mich von allen anderen unterscheidet ist ... und ich werde an ... merken, dass sich das Seminar für mich gelohnt hat, wenn ich am ... Folgendes imstande bin zu tun: ..."

Quelle: WUP-Spieleseminar am 10.–12. Mai 1996 in Schloss Hirschberg

# Der erste Eindruck

Ort: im Seminarraum

Schwerpunkt: Kennenlernen, Wahrnehmung, Kreativität

Material: ein Notizzettel und ein Stift pro Teilnehmer

Vorbereitung: Fragen und Vorgehensweise auf Flipchart schreiben

Beschreibung: Die Gruppe wird in Dreiergruppen aufgeteilt. In diesen Dreiergruppen geschieht Folgendes:

Die Dreiergruppen suchen sich einen ungestörten Platz mit Stühlen.

*1. Schritt:* Teilnehmer A und Teilnehmer B spekulieren zuerst, was Teilnehmer C wohl für eine Person ist, während C nur zuhört:

- Wo kommt er / sie räumlich her?
- Wie ist wohl sein / ihr familiärer Background?
- In welchem Berufsfeld ist er / sie tätig?
- Was sind seine / ihre Hobbies?
- Wieso ist er / sie hier? Was sind seine / ihre Ziele / Motive? etc.

*2. Schritt:* Teilnehmer B und Teilnehmer C spekulieren, was Teilnehmer A wohl für ein Typ ist.

*3. Schritt:* Teilnehmer A und Teilnehmer C spekulieren, was Teilnehmer B wohl für ein Mensch ist.

Während die anderen beiden spekulieren, behält der jeweils Dritte ein Pokerface und notiert sich die für ihn interessantesten Spekulationen mit. Die Auflösung der wahren Persönlichkeit findet erst im Plenum statt. Dort berichtet jeder dann zuerst über die ihn betreffenden Spekulationen und stellt sich gleich im Anschluss daran selbst vor.

Kommentar / Diskussionsanregungen:

Das Interessante bei dieser Übung ist, dass diese Spekulationen bei Menschen, die sich zum ersten Mal treffen, immer stattfinden – und nur nicht ausgesprochen werden. Hier ist die einmalige Gelegenheit, zu hören und ein Gefühl dafür zu bekommen, wie man spontan auf andere wirkt. Wichtig ist selbstverständlich, dass der Spielleiter die Betonung auf wertschätzende Vermutungen betont.

Quelle: kennen gelernt in einem Seminar von IBPro München – Beratung im Sozialmanagement, www.ibpro.de

# Fragen über Fragen

Ort: überall

Schwerpunkt: Kennenlernen, ins Gespräch und ins Thema kommen

Material: DIN A4 Blätter, Stifte

Beschreibung: Alle Teilnehmer bekommen etwas zu schreiben und formulieren auf eine Karte mindestens eine Frage zum Seminarthema, deren Beantwortung sie wirklich interessiert. Dann gehen sie zu einem Partner und lassen sich diese Fragen beantworten und danach vice versa. Im Anschluss daran werden die Karten getauscht und neue Gesprächspartner gesucht. Zum Abschluss kann der Trainer bitten, besonders interessante Fragen bzw. Antworten vor der ganzen Gruppe zu wiederholen.

Kommentar / Diskussionsanregungen:
Sehr schön bei langsam „eintröpfelnden" Gruppen, Nachzügler bekommen einfach ebenso etwas zu schreiben und können sich dann in die Gesamtgruppe integrieren

Variationen: –

# Fünf Gemeinsamkeiten mit einer Lüge

Ort: im Seminarraum und draußen

Schwerpunkt: Vertieftes Kennenlernen bei Gruppen, die schon ein bisschen etwas übereinander wissen

Material: –

Beschreibung: Es werden Gruppen mit vier bis fünf Teilnehmer gebildet. Diese versuchen vier Gemeinsamkeiten (z. B.: fahren Inliner, haben alle Kinder) zu finden und erfinden einen nicht richtigen Aspekt, der aber nicht offensichtlich ist. Jede Gruppe stellt sich mit den fünf „Gemeinsamkeiten" vor, die anderen müssen erraten, was hierbei falsch ist.

Kommentar / Diskussionsanregungen: –

Variationen: –

Quelle: Abwandlung des Lügenwappens aus Gilsdorf / Kistner: Kooperative Abenteuerspiele 1; erzählt bekommen von Michael Rehm, michael.rehm@erlebnispaedagogik.de

# Geldbeutelspitzel

Ort: im Seminarraum

Schwerpunkt: Kennenlernen, Kreativität

Material: ein Flipchartpapier pro Teilnehmer
Moderationsmaterialien
evtl. Polaroidkamera

Vorbereitung: –

Beschreibung: Dies ist eine kreativere Abwandlung des gängigen Partnerinterviews zu Beginn eines Seminars. Die Teilnehmer gehen jeweils paarweise oder je nach Teilnehmeranzahl notfalls auch in Dreiergruppen zusammen.

Aufgabe ist es, für den Partner auf Flipchartpapier einen Steckbrief zu verfassen, der zum einen die wichtigsten Eckdaten (Name, Alter, Beruf / Abteilungszugehörigkeit ...) enthält, zum anderen aber auch ein paar Besonderheiten. Während der erste Teil durch Fragen geklärt werden darf, müssen die Besonderheiten detektivisch durch Durchforschung des Geldbeutels gefunden bzw. gedeutet und fantasiert werden:

- z. B. Telefonkarten – eventuelle Deutung: Dieser Mensch ist ein Sammler oder besitzt kein Handy
- mehrere Telefonkarten: Sammler oder Sicherheitstyp etc.

Alle zu intimen Gegenstände / Indizien darf der Teilnehmer natürlich zuvor aus seinem Geldbeutel entfernen.

Nach dem ca. 30 min dauernden gegenseitigen Interview und der Gestaltung der Steckbriefe auf Flipcharts – eventuell mit Polaroidfoto –, kommt die Gruppe wieder zusammen und jeder stellt seinen Partner vor, der jetzt auch Stellung zu den gedeuteten Fundstücken nehmen darf.

Kommentar / Diskussionsanregungen: –

Variationen: –

Quelle: erzählt bekommen von Gisela Joelsen, EJM-Joelsen@elkb.de

# Klatsch-und-Tratsch-Galerie

Ort: im Seminarraum

Schwerpunkt: Kennenlernen

Material: Polaroidkamera, eine Flipchart pro Person, Moderationsmaterialien

Vorbereitung: Flipchartpapiere mit eingezeichnetem Rechteck links oben (für Foto) wie in einer Galerie an die Wände des Seminarsraums hängen. Von jedem Teilnehmer, der den Seminarraum betritt, ein Polaroidfoto schießen, das in das Rechteck auf einem Flipchartpapier geklebt wird.

Beschreibung: Die Teilnehmer sind Kunstexperten in einer Galerie, die zu jedem Kunstwerk ihre Expertise bzgl. der Qualitäten, Kennzeichen und Besonderheiten abgeben sollen; sprich jeder, der etwas über eine Person auf den Flipcharts weiß, schreibt dieses Wissen in Stichworten oder Kurzkommentaren unter das „Gemälde". Anschließend findet eine gemeinsame Begehung der Galerie statt, die Gelegenheit zu Korrekturen und Ergänzungen durch den Portraitierten selbst gibt.

Kommentar / Diskussionsanregungen:
Diese Übung eignet sich nur für Gruppen, die sich untereinander schon ein wenig kennen bzw. etwas von den einzelnen Gruppenmitgliedern wissen.

Variationen: –

Quelle: mir unbekannt

# Namensduell

Ort: im Seminarraum und draußen

Schwerpunkt: Kennenlernen, Konzentration, Reaktionsschnelle

Material: wahlweise eine Plane, ein Bettlaken oder eine Decke

Vorbereitung: –

Beschreibung: Die Gruppe wird in zwei Kleingruppen geteilt. Der Seminarleiter und ein Helfer halten die Plane hoch. Auf jeder Seite nimmt jeweils eine Kleingruppe so Platz, dass sie die andere Kleingruppe nicht sehen kann. Beide Gruppen bestimmen nun ihren ersten Spieler. Der stellt sich auf seiner Seite der hochgehaltenen Plane direkt davor auf. Auf ein Signal hin wird von den Seminarleitern die Plane fallen gelassen und jeder Spieler versucht so schnell wie möglich den Namen der Person, die ihm gegenübersteht, zu sagen. Wem dies am schnellsten gelingt, darf den anderen Spieler mit zu seiner Mannschaft nehmen. Dann geht es in die zweite Runde und zwar so lange bis zumindest alle Teilnehmer jeder Kleingruppe wenigstens einmal Spieler waren.

Kommentar / Diskussionsanregungen:
Diese Übung eignet sich selbstverständlich nur bei Gruppen, bei denen die Teilnehmer wenigstens schon flüchtig die Namen kennen. Sie ist aber auch passend als zweites Kennenlernspiel, wenn zuvor die Namen schon einmal geübt wurden.

Variationen: –

Quelle: gefunden in Gilsdorf / Kistner (2001): Kooperative Abenteuerspiele, Kallmeyerscher Verlag

# Namensmarathon

Ort: im Seminarraum und draußen

Schwerpunkt: Kennenlernen, Kooperation, Kreativität

Material: ein Objekt, das sich gut werfen und weiterreichen lässt, z. B. Plastikhuhn oder Tennisball

Vorbereitung: –

Beschreibung: Die Gruppe stellt sich in einem großen Kreis auf. Der Erste ruft den Namen eines Gruppenmitgliedes und wirft ihm den Ball zu. Dieser verfährt genauso, wobei jeder nur einmal Empfänger bzw. Werfer des Balles sein soll.

Nach dieser Runde startet die zweite Runde mit der gleichen Wurfreihenfolge, jedoch mit dem Unterschied, dass diesmal die Zeit gestoppt wird, die die Gruppe zur Vollendung dieser Runde braucht. Dies ist dann die Richtzeit, die es bei den nächsten Runden zu schlagen gilt, bis die Gruppe einstimmig beschließt, dass es nicht mehr schneller zu schaffen ist.

Die schnellste Zeit ist natürlich zu schaffen, wenn sich die Teilnehmer ganz nah bereits in der Wurfreihenfolge zusammenstellen und den Ball nur noch von Hand zu Hand gleiten lassen; die verschiedenen Namen werden dann zu einem Wort.

Kommentar / Diskussionsanregungen:

- Vorannahmen infrage stellen: z. B. die „Standordnung" aufbrechen; geht es hier um Schnelligkeit und Geschick oder um Strategie
- Wie geht die Gruppe mit demjenigen um, der den Ball fallen lässt und somit Zeit kostet?
- Wie hoch liegt der Ehrgeiz der Gruppe? Wann ist sie mit ihrem Ergebnis zufrieden?

Variationen: –

Quelle: meines Wissens nach Project Adventure, www.pa.org

# Namenssalat

Ort: im Seminarraum und draußen

Schwerpunkt: Namen kennen lernen, Konzentration, Körperkontakt

Material: –

Vorbereitung: –

Beschreibung: Die Teilnehmer stehen in einem Kreis. Je zwei bilden ein Paar und „tauschen ihren Namen". Das bedeutet, dass bei dem Paar, das sich aus Hans und Fritz zusammensetzt, der Fritz jetzt Hans heißt und umgekehrt. Ein Teilnehmer steht allein da und ruft einen Namen der Gruppenmitglieder auf. Der Gerufene – der auf seinen neuen Namen reagiert – versucht hinüberzulaufen, der Partner versucht ihn festzuhalten.

Kommentar / Diskussionsanregungen:

- Welche Strategien wurden von den Einzelnen benützt?
- Hat man sich auf seinen Namen konzentriert und damit auf's Weglaufen? Hat man sich auf den Namen des anderen konzentriert und damit aufs Festhalten? Oder hat man versucht, möglichst viele Namen der anderen kennen zu lernen, damit man, falls man irgendwann allein dasteht, genügend Namen zur Auswahl hat, die man rufen könnte?
- Wie steht's mit diesen Strategien bei jedem Einzelnen im Alltagsleben?

Variationen: –

Quelle: WUP-Spieleseminar am 10.–12. Mai 1996 in Schloss Hirschberg

# Narbengeschichten

Ort: überall

Schwerpunkt: Vertieftes Kennenlernen von Teilnehmern, die sich teilweise schon bekannt sind

Material: –

Beschreibung: Jeder Teilnehmer stellt sich selbst vor mit einer kurzen Geschichte, wie er zu seiner „spektakulärsten" Narbe gekommen ist.

Kommentar / Diskussionsanregungen:
Jeder Mensch hat irgendwelche Narben. Insofern kann jeder jenseits der üblichen Vorstellungsrunde eine kleine Anekdote erzählen und wird so in der Gruppe präsent. Eventuell kommen auch unbekannte Hobbies oder Talente zur Sprache.

Variationen: –

Quelle: mir unbekannt

# Platzsuche

Ort: im Seminarraum

Schwerpunkt: erste Orientierung in der Gruppe, „seinen Platz finden"

Material: für jeden Teilnehmer einen Stuhl
Karteikärtchen mit den Namen der Teilnehmer
Tesafilm zum Befestigen der Kärtchen auf dem Stuhl
mehrere kurze Seilstücke zum Zusammenbinden der Stühle
ein großes Netz (nicht unbedingt notwendig)

Vorbereitung: Auf jeweils einen Stuhl ein Kärtchen mit dem Namen eines Teilnehmers kleben. Stühle kreuz und quer und übereinander auf einen Haufen stapeln und mit einem Seil vertäuen. Darüber ein großes Netz werfen.

Beschreibung: Wenn die Gruppe den Seminarraum betritt, fordert der Seminarleiter die Teilnehmer auf, dass sich jeder – den Namenskärtchen auf den Stühlen entsprechend – seinen Stuhl aus dem Gewirr von Stühlen sucht und herausnimmt. Dabei darf der Stuhlhaufen nicht zusammenbrechen und andere Stühle sollten sich nach Möglichkeit nicht bewegen. Das bedeutet, dass einige Teilnehmer den Stuhlhaufen festhalten müssen, während andere versuchen, den Haufen von oben nach unten abzubauen. Nachdem man seinen Stuhl ergattert hat, stellt man ihn in einen Stuhlkreis und nimmt darauf Platz.

Kommentar / Diskussionsanregungen: –

Variationen: –

Quelle: verändert nach einer Idee aus dem Workshop von Rainer Kittelberger beim WUP-Seminar Veranstaltungsdesign, 21. – 24. 9. 98, Tutzing

# Stammesrituale

Ort: überall möglich

Schwerpunkt: Kleingruppenbildung fürs Kennenlernen, Warm-up, Bewegung

Material: je eine Variation der verschiedenen Instruktionsbogen für je ... der Teilnehmer

Vorbereitung: –

Beschreibung: Diese Übung dient der Kleingruppenbildung für weitere Kennenlernaufgaben. Die Instruktionsbogen werden gemischt. Jeder Teilnehmer bekommt einen der unten abgebildeten Bogen ausgeteilt, mit der Aufforderung, den beschriebenen Anweisungen Folge zu leisten.

Sie gehören dem Stamm der **Heulbojen** an.

Ihre Stammeskollegen sind einfachst an dem unten beschriebenen Begrüßungsritual zu erkennen. Bitte versammeln Sie jetzt Ihren Stamm um sich.

Die Etikette gebietet es allerdings, die Begrüßungszeremonie jedem seiner Stammeskumpane gegenüber einzeln, vollständig und in der Reihenfolge der aufgelisteten Schritte zu vollziehen, bevor eine andere Verständigungsform gebraucht werden darf:

- 3-faches Auftippen mit der linken Fußspitze
- Anschließend in die Hocke gehen, sodass mit beiden Händen der Boden berührt wird.
- Dann werden die Hände ganz kurz an den Fingerspitzen zusammengeführt (max. 3 Sekunden).
- Das Ritual endet mit dem Aufstehen und einem dabei abzusondernden leisen „hee-hoiii"

Sie gehören dem Stamm der **Nasengrapscher** an.

Ihre Stammeskollegen sind einfachst an dem unten beschriebenen Begrüßungsritual zu erkennen. Bitte versammeln Sie jetzt Ihren Stamm um sich.

Die Etikette gebietet es allerdings, die Begrüßungszeremonie jedem seiner Stammeskumpane gegenüber einzeln, vollständig und in der Reihenfolge der aufgelisteten Schritte zu vollziehen, bevor eine andere Verständigungsform gebraucht werden darf:

- Die sich Begrüßenden berühren sich gegenseitig vorsichtig mit der Fußspitze.
- Dann haken sie sich in den linken Ellbogen des Partners, Gesicht und Körper in die entgegengesetzte Richtung zeigend, ein und hopsen einmal im Kreis gegen den Uhrzeigersinn; danach haken sie sich in den rechten Ellbogen des Partners ein und hopsen wieder einmal im Kreis, wieder gegen den Uhrzeigersinn.

Das Ritual endet damit, dass sich die sich Begrüßenden gegenseitig an der Nase fassen und ein gemeinsames „wrdlbrmpft" von sich geben.

Sie gehören dem Stamm der **Tonquäler** an.

Ihre Stammeskollegen sind einfachst an dem unten beschriebenen Begrüßungsritual zu erkennen. Bitte versammeln Sie jetzt Ihren Stamm um sich.

Die Etikette gebietet es allerdings, die Begrüßungszeremonie jedem seiner Stammeskumpane gegenüber einzeln, vollständig und in der Reihenfolge der aufgelisteten Schritte zu vollziehen, bevor eine andere Verständigungsform gebraucht werden darf:

- Die sich Begrüßenden stellen sich mit dem Rücken zueinander gegenüber, spreizen die Beine, bücken sich so, dass sie durch die Beine hindurch den Kopf des anderen sehen können und lächeln sich an.
- Dann schütteln sie sich die Hände, erst die rechte Hand und dann die linke Hand.

Erst dann dürfen sie sich einander zuwenden, um die Lippen zu spitzen und einen gemeinsamen Ton für genau fünf Sekunden zu pfeifen.

Sie gehören dem Stamm der **Hobbyzocker** an.

Ihre Stammeskollegen sind einfachst an dem unten beschriebenen Begrüßungsritual zu erkennen. Bitte versammeln Sie jetzt Ihren Stamm um sich.

Die Etikette gebietet es allerdings, die Begrüßungszeremonie jedem seiner Stammeskumpane gegenüber einzeln, vollständig und in der Reihenfolge der aufgelisteten Schritte zu vollziehen, bevor eine andere Verständigungsform gebraucht werden darf:

- Will ein Miglied Ihres Stammes den anderen begrüßen, versucht er mit ihm zu knobeln, bei den Norddeutschen heißt das, glaube ich, „Schnickschnack" (Stein, Schere, Papier).
- Derjenige der auf drei Versuche gewonnen hat, klopft dem Verlierer aufmunternd auf die Schulter und gibt ihm ein kleines persönliches Präsent.
- Dann schlagen beide Partner dreimal mit imaginären Flügeln (Armen) in die Luft und schnipsen zum Abschluss gemeinsam den Rhythmus von „Alle meine Entchen".

Kommentar / Diskussionsanregungen:
Nettes Warm-up besonders an kalten Wintertagen, das viel Bewegung und Spaß verspricht.

Variationen: –

Quelle: Pit Forster, Geschäftsführer der Trainingsfirma „Forum Momentum", www.forummomentum.com

# Teamschätzung

Ort: im Seminarraum und draußen

Schwerpunkt: Kennenlernen, Kooperation

Material: Flipchartpapier mit Fragen
Papier und Stifte,
ein Taschenrechner für die Seminarleitung

Vorbereitung: Fragen auf die Flipchart schreiben

Beschreibung: Die Gruppen wird in gleich große Kleingruppen aufgeteilt. Es ist die Aufgabe jeder Kleingruppe, so schnell wie möglich bzw. in max. 10 min alle Fragen zur Gruppe, die auf der Flipchart stehen, zu beantworten. Dies erfolgt in den Kleingruppen leise und unabhängig voneinander. Sobald eine Gruppe meint, die Lösungen erarbeitet zu haben bzw. nach spätestens 10 min, erfolgt die Auswertung an der Flipchart, indem die einzelnen Daten zusammengetragen werden. Der Seminarleiter sollte bei der Berechnung der Einfachheit halber einen Taschenrechner zurate ziehen.

Die Fragen, die sich immer auf die Gesamtgruppe beziehen sollten, können sein:

- Wie viele Kilometer hat die Gesamtgruppe für die Anreise heute zurückgelegt?
- Wie viele Trainingstage in diesem Jahr hat die Gesamtgruppe bisher absolviert?
- Auf welches Alter kommt die Gesamtgruppe, wenn man alle Lebensjahre zusammenzählt?
- Wie viele Kinder hat die Gesamtgruppe bisher gezeugt?
- Auf wie viele Knochenbrüche bringt es die Gesamtgruppe?
- etc. ...

Kommentar / Diskussionsanregungen:

- Welche Strategien wurden von den einzelnen Kleingruppen angewandt?
- Haben sie sich die Beantwortung der einzelnen Fragen aufgeteilt?
- Wenn ja, nach welchen Kriterien?
- Gab es ein Zeitmanagement?
- Inwiefern ist Konkurrenz unter den Gruppen entstanden?
- Haben Kooperationen unter den Kleingruppen stattgefunden?

Variationen: –

Quelle: abgeändert nach Gilsdorf / Kistner (2001): Kooperative Abenteuerspiele II, Kallmeyerscher Verlag

# Thematisches Kennenlernen

Ort: im Seminarraum und draußen

Schwerpunkt: Kennenlernen

Material: evtl. DIN-A 3-Blätter

Vorbereitung: –

Beschreibung: Diese Art des Kennenlernens geschieht in Kleingruppen, die durch diese Übung das Kennenlernen mit der Bearbeitung eines Seminarthemas verknüpfen. Die einzelnen Kleingruppen – die sich am besten durch Abzählen bilden – erhalten die Aufgabe, sich zuerst miteinander bekannt zu machen und dann positive Erfahrungen zum Seminarthema auf dem Flipchartpapier gemeinsam zusammenzutragen. Die Ergebnisse der beiden Aufgaben werden danach im Plenum präsentiert.

Kommentar / Diskussionsanregungen:
Der Vorteil bei dieser Kennenlernübung ist, dass das Kennenlernen über das gemeinsame Tun am Thema in der Kleingruppe besonders einprägsam und intensiv ist.

Variationen: –

Quelle: gefunden in Kuhnt / Müllert (2000): Moderationsfibel – Zukunftswerkstätten, Ökotopia Verlag

# Wissen und Neugier

Ort: überall

Schwerpunkt: Vertieftes Kennenlernen bei Gruppen, die schon einiges übereinander wissen, auch interessant zum Thema „Selbstbild und Fremdbild"

Material: Klebeband, DIN A4 Blätter, Stifte

Beschreibung: Alle Teilnehmer bekommen ein DIN A4 Blatt auf den Rücken geklebt. In der oberen Hälfte steht als Überschrift: „Was ich über Dich weiß ...", in der unteren Hälfte: „Was ich über Dich gerne wissen würde ...". Die Teilnehmer bewegen sich frei im Raum und schreiben bei anderen Teilnehmern auf den Rücken, was ihnen zur Person einfällt. Anschließend lesen im Kreis die Personen ihre eigenen Blätter vor – zuerst die bekannten Informationen, dann die Fragen und beantworten diese.

Kommentar / Diskussionsanregungen:

Die Gruppe wird sich im Schreiben und im Beantworten der Stichpunkte selbst die gewünschte Tiefe der Informationen wählen. Bei redefreudigen Gruppen ohne gesetztes Zeitlimit muss man mit 5 bis 10 min pro Person rechnen – es bietet sich an, die Vorstellungsrunde auf mehrere Blöcke zu verteilen.

Bei Bedarf kann man auch das Thema „Selbstbild vs. Fremdbild" reflektieren; z. B. „In wie weit wurde ich richtig eingeschätzt? Wie wirke ich nach außen? Steht viel auf der oberen Hälfte des Blattes (Offenheit) oder mehr auf der unteren Hälfte (Erklärungsbedarf / Interesse)?"

Variationen: Eine Frage auf der oberen Hälfte des Blattes kann auch heißen: „Was andere über Dich wissen sollten ...", z. B. beim Zusammenkommen von zwei bestehenden Teams oder bei der Neuaufnahme von Gruppenmitgliedern.

Quelle: erzählt bekommen von Michael Rehm,
michael.rehm@erlebnispaedagogik.de

# Zwiebel

Ort: im Seminarraum und draußen

Schwerpunkt: Kennenlernen

Material: –

Vorbereitung: –

Beschreibung: Die Gruppen teilt sich in Paare, die sich so zueinander stellen, dass ein Innenkreis und ein Außenkreis entsteht. Der Seminarleiter gibt, nachdem sich die Partner gegenseitig nach ihrem Namen gefragt und begrüßt haben, Gesprächsimpulse, worüber die Partner sich unterhalten können. Nach wenigen Minuten verabschieden sich die Partner voneinander und der Innenkreis wechselt nach links zum nächsten Partner weiter. Das wiederholt sich einige Male. Die Impulse tur die Kommunikation können allerdings jeweils neu sein.

Mögliche Impulse können sein: Gemeinsamkeiten entdecken, Erwartungen klären und austauschen, einen Slogan für den Nachmittag kreieren, Fragen wie „Wie würde ich einen Drei – Millionen-Euro-Lottogewinn verwenden?", „Wie schaut mein erster Gesetzesentwurf als Bildungsminister aus?" beantworten etc.

Kommentar / Diskussionsanregungen:

Für einen Seminarleiter bietet die „Zwiebel" gerade bei großen Gruppen die Gewähr, dass viele mit vielen in Kontakt und Kommunikation treten. So kann man beispielsweise auch das Kennenlernen fördern, indem am Ende der „Zwiebel", die eine Gruppe ein Portrait der anderen Gruppe entwirft.

Variationen: Diese Übung ist mit entsprechenden Fragen auch für die Auswertung von Aktionen und Seminarinhalten geeignet.

Quelle: gefunden in Rabenstein / Reichel / Thanhoffer (1999): Das Methoden-set: 1. Anfangen, AGB-Arbeitsgemeinschaft für Gruppenberatung

# 3.2 Warming-up

# Abschlag am Seil

Ort: im Seminarraum oder draußen auf ebener Fläche

Schwerpunkt: Warm-up, Bewegung

Material: ein altes Kletterseil

Vorbereitung: Das Kletterseil an den Seilenden zusammenbinden und in einem Kreis ausgelegen.

Beschreibung: Alle Mitspieler, bis auf einen Freiwilligen, stellen sich um das Seil herum in einem Kreis auf und ergreifen das Seil. Ein Freiwilliger stellt sich in den Kreis. Seine Aufgabe ist es nun, die Hände der anderen, die das Seil halten mit seiner Hand abzuschlagen. Gelingt ihm dies oder berührt das Seil an irgendeiner Stelle den Boden, darf der Freiwillige aus dem Kreis. Derjenige, dessen Hand abgeschlagen worden ist oder an dessen Stelle das Seil den Boden berührt hat, muss in den Kreis. Dies wird umso schwieriger, je weniger Raum zur Verfügung steht, da dann das Seil nicht immer gut gespannt sein kann.

Kommentar / Diskussionsanregungen:
Nettes Warm-up besonders an kalten Wintertagen, das zum einen viel Bewegung verspricht und zum anderen bei größeren Gruppen – und damit mehreren Freiwilligen in der Mitte – auch eine strategische Komponente bekommt.

Variationen: Je nach Erfolg des Freiwilligen kann er mit zusätzlichen Freiwilligen verstärkt werden.

Quelle: gesehen beim Teamentwicklungsworkshop der Volleyballerinnen des SV Inning, geleitet durch Henrike Grell, Caritas Bad Reichenhall

# Buchstabenballett

Ort: im Seminarraum

Schwerpunkt: Warm-up, Bewegung, Konzentration

Material: Kassetten- / CD-Rekorder plus Kassette / CD mit Tanzmusik
2 Flipchartpapiere mit folgenden Aufschriften:

| **1. Flipchart:** | | | | | |
|---|---|---|---|---|---|
| L | L | R | R | r | |
| l | L | r | r | R | |
| l | L | L | r | l | |
| l | R | R | r | r | |
| L | r | R | l | l | R |

| **2. Flipchart:** | | | | | |
|---|---|---|---|---|---|
| **A** | **B** | **C** | **D** | **E** | |
| L | L | R | R | r | |
| **F** | **G** | **H** | **I** | **J** | |
| l | L | r | r | R | |
| **K** | **L** | **M** | **N** | **O** | |
| l | L | L | r | l | |
| **P** | **Q** | **R** | **S** | **T** | |
| l | R | R | r | r | |
| **U** | **V** | **W** | **X** | **Y** | **Z** |
| L | r | R | l | l | R |

Vorbereitung: Evtl. Flipcharts beschreiben, Musikstück in Wiedergabegerät einlegen

Beschreibung: Die Gruppe steht kreuz und quer im Raum mit Blickrichtung auf die erste Flipchart.

1. Mit Beginn der Musik führt die Gruppe die Bewegungen, die auf der 1. Flipchart stehen, aus: „L" steht für das Heben des linken Arms, „R" steht für das Heben des rechten Arms, „l" steht für das Anheben des linken Beines und „r" für das Anheben des rechten Beines.
2. Bei der zweiten Runde blickt die Gruppe auf die zweite Flipchart und führt wie bei der ersten Runde die Bewegungen entsprechend den Kürzeln aus. Diesmal wird zusätzlich während der Bewegung laut und synchron das Alphabet vorgelesen.
3. In der dritten Runde sieht die Gruppe wieder die erste Flipchart und führt die Bewegungen gemäß den Buchstaben aus. Gleichzeitig wird laut und synchron das Alphabet aufgesagt, ohne die Buchstaben zu sehen.

Kommentar / Diskussionsanregungen:

- Für mich als Takt- und Koordinationswunder ist diese Übung sehr fordernd!
- Es lohnt sich bei der Musikauswahl vorher die Eignung des Musikstückes zu testen.

Variationen: –

Quelle: vorgestellt von Claus Blickhan beim NLP Business Practitioner Kurs im Inntal-Institut, www.inntal-institut.de

# Chinesisch knobeln

Ort: im Seminarraum oder draußen auf ebener Fläche

Schwerpunkt: Warm-up, Bewegung

Material: –

Vorbereitung: –

Beschreibung: Der Seminarleiter gibt folgende Einführung: „Zum Aufwärmen möchte ich heute mit Ihnen ein körperloses chinesisches Kampfspiel spielen. Es verlangt, wie viele Übungen, die aus dem fernen China kommen, höchste Konzentration. Da es ein Kampfspiel ist, möchte ich Sie bitten, sich in zwei Teams aufzuteilen und in zwei Reihen gegenüber – 2 Schwertlängen Abstand – voneinander aufzustellen." (Die Gruppe folgt der Anweisung) „Um dieses Spiel spielen zu können, müssen Sie drei Figuren erlernen, die folgendermaßen aussehen:

1. den Tiger: mit einem Brüllen in einen kleinen Ausfallschritt, die Arme über dem Kopf nach vorn springen.
2. das alte Mütterchen: auf einem fiktiven Stock gestützt, zitternd und mit kleinen Schritten nach vorn tippeln.
3. den Samurai-Krieger: ein fiktives Schwert von hinter dem Rücken ausholend mit einem Ausfallschritt nach vorn in den Boden schlagen und dabei ein markerschütterndes „Uuuaah" schreien."

Nach jeder einzelnen Erklärung der verschiedenen Figuren, übt die Gruppe die jeweilige Figur ein- bis zweimal.

„Gut, jetzt folgen drei Durchgänge. Vor jedem Durchgang muss sich jedes Team leise beraten, welche Figur sie gemeinsam machen will. Die Wertung ist dabei, dass der Samurai den Tiger mit seinem Schwert erschlägt, der Tiger das Mütterchen frisst und das Mütterchen gegen den Samurai gewinnt, weil dieser großen Respekt vor dem Alter hat.

Sie haben jetzt eine sechzigsekündige Beratungszeit. Danach stellen sich die beiden Kleingruppen im Abstand von zwei Schwertlängen gegenüber voneinander auf. Ich werde dann bis drei zählen und beide Gruppen performen ihre Figuren gleichzeitig. Wenn die Mitglieder in einer Kleingruppe ungleiche Figuren zeigen, geht der Punkt automatisch an die andere Gruppe. Bei gleicher Performance bekommt jede Gruppe einen Punkt. Die Gruppe, die als erste fünf Punkte hat, hat gewonnen."

Kommentar / Diskussionsanregungen:

- Wie wurden Entscheidungen im Team gefunden?
- Welche Strategie hat sich jedes Team überlegt? Wurde taktisch vorgegangen und überlegt?

Variationen: Die Seite, die gewinnt, darf versuchen die anderen zu fangen, um mehr Mitglieder zu akquirieren. Die Gruppe, die verliert, muss innerhalb eines vorgegebenen Spielfeldes versuchen die sicheren Gefilde zu erreichen.

Quelle: WUP-Spieleseminar am 10.–12. Mai 1996 in Schloss Hirschberg

# Das bewegte Tischtuch

Ort: im Seminarraum oder draußen

Schwerpunkt: Warm-up, Kooperation

Material: ein Plane (ca. 4 x 4 m), bei größeren Gruppen größer
ein Weinglas
Schnüre, um Hindernisse zu bauen
Markierungen für Start und Ziel

Vorbereitung: Den Start- und den Zielpunkt markieren. Das Weinglas fast randvoll mit Wasser füllen und in der Mitte der Plane positionieren. Mit den Schnüren Hindernisse simulieren, über die geklettert oder unter denen durchgekrochen werden muss.

Beschreibung: Aufgabe der Gruppe ist es, das Weinglas auf der Plane vom Startpunkt zum Zielpunkt unter Bewältigung der diversen Hindernisse zu transportieren, ohne Wasser dabei zu verschütten. Dabei darf die Plane nur am äußersten Rand angefasst werden.

Kommentar / Diskussionsanregungen:
Hier können die allgemeinen Teamfragen wie Rollenverteilung, Art der Kommunikation etc. reflektiert werden.

Variationen: –

Quelle: Priest / Rohnke (2000): 101 Of The Best Corporate Teambuilding Activities we know!, Kendall / Hunt Publishing Company

# Einstieg ins Seminar

Ort: im Seminarraum

Schwerpunkt: Warm-up, Bewegung, Kooperation

Material: ein Seil, das zwischen zwei Flipcharts oder Stühle gespannt wird
ein Hochspannungsschild (siehe unten)
eine Wäscheklammer zur Befestigung des Schildes am Seil

Vorbereitung: Vor der Tür des Seminarraumes mithilfe von zwei Flipcharts, ein Seil auf Hüfthöhe spannen – die Seilspannung muss dabei nicht sehr groß sein. An dem Seil mit einer Wäscheklammer das Hochspannungsschild befestigen.

Beschreibung: Aufgabe der Gruppe ist es, gleich zu Beginn des Seminars in den Seminarraum zu gelangen ohne das Seil zu berühren. Auch der Raum unter dem Seil ist tabu. Wenn das Seil berührt wird, müssen der „Berührer" und diejenigen, die mit demjenigen, der das Seil überqueren wollte, in Körperkontakt waren, wieder auf die Ausgangsseite zurück.

Kommentar / Diskussionsanregungen:
Wenn bekannt ist, dass der Workshop hauptsächlich auf handlungsorientierten Lernformen basiert, ist dies ein äußerst adäquater Einstieg. Bei allen anderen Gruppen wäre ich vorsichtiger und würde zumindest Stühle als Hilfsmittel erlauben.

Variationen: –

Quelle: mir unbekannt

**Vorsicht Hochspannung!!!**
**Nicht berühren!**

P.S.: Auch der Bereich unterhalb dieser Markierung ist elektrisch geladen!

# Formel 1

Ort: im Seminarraum oder draußen auf größerer ebener Fläche (10 x 10 m)

Schwerpunkt: Warm-up, Vertrauen

Material: –

Vorbereitung: –

Beschreibung: Die Gruppe bildet zwei gleich große Kleingruppen. Innerhalb jeder Kleingruppe gehen die Teilnehmer paarweise zusammen. Ein Partner ist das „Auto", der andere Partner ist der „Lenker". Die beiden Kleingruppen stellen sich im rechten Winkel voneinander auf, jeweils ein Auto vorne und der Lenker dahinter. Das Auto schließt die Augen und wirft geräuschvoll den Motor an. Wenn alle Autos startklar sind, gilt es, auf das Startzeichen des Spielleiters hin so schnell wie möglich und ohne Berührung mit anderen Autos oder Lenkern, die gegenüberliegende Seite zu erreichen, zu wenden und wieder zurückzurasen. Danach werden die Positionen gewechselt.

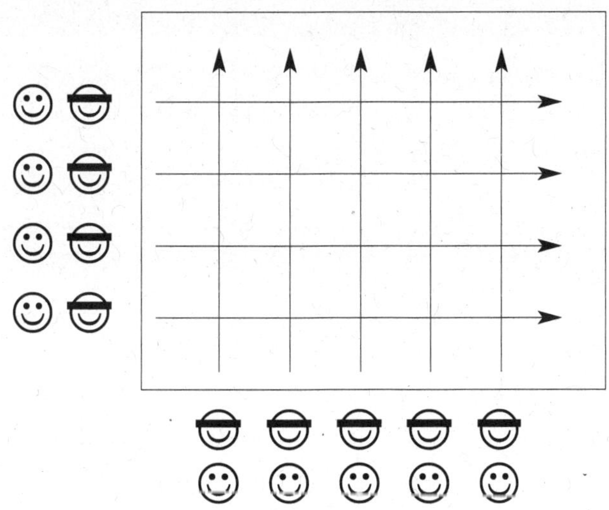

Kommentar / Diskussionsanregungen:
Nach diesem Spiel sind alle warm und wach!

Variationen: –

Quelle: Workshop Bill Michaelis: Laugh And Level With Me! am 10.10.2000 in München

# Kooperatives Knobeln

Ort: im Seminarraum oder draußen

Schwerpunkt: Warm-up, Kooperation

Material: –

Vorbereitung: –

Beschreibung: Die Teilnehmer gehen paarweise zusammen, um miteinander zu „knobeln". In manchen Gefilden nennt man das auch „Schnick-Schnack-Schnuck". Es gibt da Figuren, wie „Schere", „Stein" und „Papier". Jeweils eine Figur kann gegen eine andere gewinnen und gegen die dritte verlieren. Der einzige Unterschied zum gängigen Knobeln besteht bei dieser Übung darin, dass es das Ziel jedes Partners ist, ohne vorherige Absprache und trotzdem gleichzeitig (also auf „3" – laut gezählt werden darf schon!) die gleiche Figur, wie der Partner zu zeigen. Gelingt dies, jubeln die beiden hörbar für den Rest der Gruppe und ein anderes Paar, dem dieses Kunststück bereits ebenfalls gelungen ist, schließt sich den Partnern an, um es nun zu viert zu probieren.

Kommentar / Diskussionsanregungen:
Das laute „Jubeln" ist wirklich klasse, vor allem wenn es bei dem Seminar um Themen wie „Teamkultur" oder „Erfolge feiern" geht.

Variationen: Eine Variation besteht darin, statt zu knobeln, zu zweit mit den Fingern Zahlen anzuzeigen. Die Herausforderung ist, auf ein Signal hin – gleichzeitig und ohne vorherige Absprache – bei zwei Spielern insgesamt die Zahl 7 zu zeigen; bei drei Spielern die Gesamtzahl 11 usw. – je mehr Spieler, desto höher die Gesamtzahl.

Quelle: Workshop Bill Michaelis: Laugh And Level With Me! am 10.10.2000 in München

# Menschliche Feder

Ort: im Seminarraum oder draußen

Schwerpunkt: Warm-up, Vertrauen

Material: –

Vorbereitung: –

Beschreibung: Die Teilnehmer gehen paarweise zusammen und stellen sich gegenüber voneinander mit einem Abstand von ca. 1 m auf. Mit leicht ausgestreckten Armen, den Handflächen auf Schulterhöhe und zum Partner zeigend, lassen sich beide Partner mit stabilem Rumpf aufeinander zufallen und „prallen" wieder zurück, indem sie sich von den Handflächen des anderen wieder abstoßen. Daraufhin erweitern die beiden in gemeinsamer Absprache den Abstand, testen die Entfernung, indem sie aufeinander zufallen, abprallen usw., bis einer der Partner für sich entscheidet, dass der größtmögliche Abstand, der für das Paar ohne sicherheitstechnische Gefahr machbar ist, erreicht ist.

Kommentar / Diskussionsanregungen:

- Gab es einen Unterschied zwischen ursprünglich angenommener möglicher Entfernung und tatsächlich erreichter?
- Wie fiel die Entscheidung darüber, wann der Abstand ausreichend ist?
- Wie leicht / schwer fiel es demjenigen, der das Spiel beendete, das Spiel zu beenden?
- Wie leicht / schwer fiel es demjenigen, der das Spiel nicht aus eigenem Antrieb beendet hätte, dass das Spiel beendet wurde?

Variationen: –

Quelle: Workshop Bill Michaelis: Laugh And Level With Me! am 10.10.2000 in München

# Monty Python

Ort: im Seminarraum oder draußen auf relativ ebener Fläche

Schwerpunkt: Warm-up, Bewegung

Material: –

Vorbereitung: –

Beschreibung: Alle Teilnehmer setzen sich auf den Boden und heben die Füße an, sodass nur das Gesäß den Boden berührt. Als Nächstes versuchen sie sich nur auf ihrem Gesäß balancierend, durch abwechselnde Belastung der Pobacken, fortzubewegen (1 – 2, 1 – 2, 1 – 2).

Wenn alle Teilnehmer diese Übung mehr oder weniger erfolgreich absolviert haben, setzt sich jeweils ein Gruppenmitglied auf den Boden und 3 – 4 Teilnehmer nehmen in einer Reihe dahinter Platz. Diese legen ihre Beine in den Schoß des jeweiligen Vordermannes und ihre Hände auf die Schultern der Person vor ihnen. Nur der erste der Reihe darf den Boden sowohl mit Gesäß (eh klar!), Händen und Füßen berühren, alle anderen nur mit den Pobacken.

Nun müssen sich die, je nach Gruppengröße unterschiedlich vielen, „Schlangen" bis zu einer markierten Linie (ca. 5 Meter) weit vorwinden.

Kommentar / Diskussionsanregungen: –

Variationen: –

Quelle: nach Rohnke (1989): Cowtails And Cobras II, Kendall / Hunt Publishing Company

# Planspiel

Ort: im Seminarraum oder draußen auf ebener Fläche

Schwerpunkt: Warm-up, Kommunikation, Entscheidung

Material: eine ca. 4 x 4 m große Plane

Vorbereitung: Die Plane auf dem Boden auslegen.

Beschreibung: Die gesamte Gruppe betritt die Plane.

Als erste Aufgabe wird die Plane umgedreht, aber ohne dass die Teilnehmer die Plane verlassen bzw. den Boden berühren.

Die zweite Aufgabe besteht darin, ein Angebot abzugeben, wie oft die Plane jeweils zur Hälfte gefaltet werden kann, ohne dass ein Teilnehmer in der Zwischenzeit den Boden berührt und trotzdem noch alle Teilnehmer darauf Platz finden. Dabei darf nur ein einziges Angebot abgegeben werden, mit dem sich alle Teilnehmer einverstanden erklären.

Kommentar / Diskussionsanregungen:

Während die erste Aufgabe eher ein Warm-up ist, kann die zweite Aufgabe durchaus lange Diskussionen zur Folge haben.

Interessant ist auch, dass bei dem Begriff „zur Hälfte falten", oft nur eine Möglichkeit des Faltens (nämlich die jeweils längere Seite zur Mitte zu falten) assoziiert wird, während bei der Faltvariation jeweils der Länge nach meist mehr Faltungen möglich sind.

Variationen: –

Quelle: Priest / Rohnke(2000) – 101 Of The Best Corporate Teambuilding Activities We Know!, Kendall / Hunt Publishing Company

# Seilspannung

| | |
|---|---|
| Ort: | im Seminarraum oder draußen auf freier Fläche |
| Schwerpunkt: | Warm-up, Kooperation |
| Material: | ein ca. 11 mm dickes Seil (damit es nicht in die Hände oder den Rücken einschneidet) |
| Vorbereitung: | Das Seil an den Enden zusammenknoten und in einem Kreis auf dem Boden auslegen. |
| Beschreibung: | Die Teilnehmer setzen sich im Kreis in das ausgelegte Seil und legen das Seil an die unteren Lendenwirbel. Dort halten sie es mit beiden Händen und stehen langsam miteinander, alle gleichzeitig auf, indem sie sich gegen das Seil lehnen. Im Stehen sind dann mehrere Spielarten möglich, wie z. B. abwechselnd nach außen und nach innen lehnen, neue Formen und Figuren schaffen; ganz viele stehen auf einer Seite und lehnen sich nach außen ... |

Kommentar / Diskussionsanregungen:

- Was verändert sich, wenn sich jemand verändert?
- Wie wirkt sich was auf das System aus?
- Welche Metaphern fallen Ihnen ein?

| | |
|---|---|
| Variationen: | – |
| Quelle: | gesehen bei Pit Forster, Geschäftsführer der Trainingsfirma „Forum Momentum", www.forummomentum.com |

# Shopping Mall

Ort: draußen oder großer Seminarraum

Schwerpunkt: Spaß, Bewegung, Strategie

Material: –

Beschreibung: Es werden Paare gebildet und eine feste Spielfläche, die Shopping Mall genannt wird, ausgemacht. Es sollte eher etwas eng zugehen, das heißt ca. 10 qm pro Paar zur Verfügung stehen. Ein Partner ist der Kunde, der andere der Verkäufer. Der Kunde versucht, vom Verkäufer wegzulaufen, der Käufer versucht den Kunden einzuholen und ihm auf die Schulter zu klopfen. Schnellste Bewegungsart ist der Walkinglaufstil, der auch sehr witzig aussieht. Der Seminarleiter hat hier die einmalige Gelegenheit, etwas vorzumachen. Die anderen Mitspieler dürfen nicht berührt werden. Hat der Verkäufer den Kunden erreicht, klopft er diesen auf die Schulter, die Rollen werden getauscht und der neue Verkäufer dreht sich zuerst zweimal um die eigene Achse, um den Kunden etwas Vorsprung zu geben.

Kommentar: –

Variationen: Nach ein paar Minuten können die Paare am Arm eingehakt ein anderes Paar fangen, danach vier fangen vier etc.

Quelle: gesehen bei Darrel Combs, Earth Wind Training

# Standpunkt vertreten

Ort: im Seminarraum oder draußen

Schwerpunkt: Warm-up, Bewegung

Material: –

Vorbereitung: –

Beschreibung: Die Teilnehmer gehen paarweise zusammen und stellen sich gegenüber voneinander mit einem Abstand von ca. 1 m auf. Aufgabe für jeden Teilnehmer ist es jetzt, seinen Platz zu verteidigen und den anderen von dessen Platz zu „vertreiben". Die Füße müssen dabei stets am gleichen Ort bleiben. Wer die Füße bewegt, hat verloren. Wer dreimal verloren hat, hat endgültig verspielt!

Kommentar / Diskussionsanregungen:

- Wie viele und welche unterschiedlichen Strategien wurden angewandt?
- Gibt es Parallelen zum Alltag?

Variationen: –

Quelle: mir unbekannt

# Stuhlwechsel

Ort: im Seminarraum

Schwerpunkt: Warm-up, Kooperation

Material: pro Person ein Stuhl

Vorbereitung: –

Beschreibung: Die Stühle werden im Kreis aufgestellt. Alle Teilnehmer steigen auf die Stühle. Aufgabe der Gruppe ist es, sich dem Geburtsdatum nach (ohne die Jahreszahlen) vom 1. Januar bis zum 31. Dezember aufzustellen und zwar ohne zu sprechen und ohne von den Stühlen herunterzusteigen. Dabei muss auch der Anfangspunkt und die Richtung ohne zu sprechen vereinbart werden.

Kommentar / Diskussionsanregungen:

Anfangs erscheint die Übung als sehr schwierig, aber mit entsprechender Zeichensprache einigt sich die Gruppe in der Regel schnell auf einen Anfangspunkt und dann geht es auch relativ schnell voran.

Ich spiele diese Übung gerne nach den gängigen Aufstellungsübungen (siehe Übung „Aufgestellt", S. 48). Meine Begründung für diese Übung bei Gruppen, die länger zusammenbleiben werden, z. B. in Teams oder bei Studenten zu Beginn des Semsters, ist, dass gemeinsame Feiern wichtig für den Zusammenhalt und Geburtstage dafür gute Anlässe sind. Der jeweilige Vordermann ist beispielsweise verantwortlich für die Erinnerung an den Geburtstag des nächsten.

Variationen: –

Quelle: Fritz Wollner, The CommonSenseGroup, office@commonsensegroup.at

# Systemisches Kreisen

Ort: im Seminarraum oder draußen auf ebener Fläche

Schwerpunkt: Warm-up, Bewegung

Material: –

Vorbereitung: –

Beschreibung: Die Gruppe stellt sich im Kreis auf, jeder wählt im Geheimen eine Person aus. Dann geht es los, jeder muss die sich gedachte Person dreimal umrunden. Wenn dies jemandem gelungen ist, geht er in die Hocke.

Kommentar / Diskussionsanregungen:
Dies ist ein sehr kurzes knackiges Warm-up Spiel mit systemischer Konsequenz. Sobald sich einer bewegt, hat dies Einfluss auf die Bewegungen aller anderen, deren Bewegungen Einfluss auf die Bewegungen der anderen, deren ....

Variationen: Mögliche Vorgaben:

- nur umrunden im Uhrzeigersinn oder nur umrunden gegen den Uhrzeigersinn
- Jeder wählt 2 Personen, die gleichzeitig umrundet werden müssen (ein großer Kreis muss um beide Personen gezogen werden, wiederum dreimal)
- Jeder wählt 2 Personen, einer ist „Partner", einer ist „Familie" – die Wahl ist wieder geheim. Dann wird versucht, immer zwischen den beiden zu bleiben, sodass diese beiden nicht zusammenkommen! Ziel ist, „Partner" und „Familie" immer getrennt zu halten, sodass es keinen Familienstreit geben kann.
- Statt den „Umrundungen" kann sich jeder auch eine Person aussuchen, vor der er / sie wegläuft und eine andere, der er / sie gleichzeitig hinterherläuft.

Quelle: Katrin Lippmann – katlippmann@yahoo.com –, Outward Bound Deutschland, www.outwardbound.de

# Transport mit Hindernissen

Ort: draußen im abwechslungsreichen Gelände, Wald, Stadtpark

Schwerpunkt: Kooperation, Vertrauen

Material: –

Vorbereitung: Vor dem Eintreffen der Gruppe eine Strecke für den Hindernislauf auswählen. Diese kann den körperlichen Fähigkeiten der Gruppe entsprechend über eine kleine Mauer, durch flaches Wasser, durch Gebüsch, die Treppe rauf oder runter etc. führen. Sie sollte wenigstens so lang sein, dass die Gruppe gute 10 min beschäftigt ist.

Beschreibung: Das Ziel der Gruppe ist es, ein Gruppenmitglied über eine bestimmte Strecke zu transportieren, ohne dass der Teilnehmer den Boden oder die festen Hindernisse, wie zum Beispiel Wände berührt. Für diese Übung stehen keine weiteren Hilfsmittel zur Verfügung. Solange der zu transportierende Teilnehmer mit einem Gruppenmitglied Körper- bzw. Kleidungskontakt hat, darf dieses Gruppenmitglied seine Füße nicht bewegen. Ansonsten darf jeder andere Teilnehmer losspurten und ans andere Ende der Transportreihe laufen, um dort weiterzuhelfen.

Kommentar / Diskussionsanregungen:

Mögliche Auswertungsfragen:

- Welche Rolle war angenehmer – Träger oder Getragener?
- Was bedeutet für Sie, „sich von der Gruppe tragen zu lassen"?

Variationen: Für Regelverstöße kann es unterschiedliche Sanktionen geben; z. B., dass dem zu transportierenden Teilnehmer die Augen verbunden werden, dem „Straftäter" Beine oder Arme zusammengebunden werden etc..

Quelle: Rohnke. (1994): The Bottomless Bag Again!? Kendall / Hunt Publishing Company

# Vertrauensspalier

Ort: im Seminarraum oder draußen auf größerer ebener Fläche

Schwerpunkt: Warmup, Vertrauen

Material: –

Vorbereitung: –

Beschreibung: Die Teilnehmer stellen sich in zwei Reihen gegenüber voneinander im Abstand von ca. 1,5 m in einer Art Spalier auf und strecken die Arme auf Schulterhöhe aus. Dann wackeln alle mit den Handflächen und machen ein Geräusch wie beim Beginn der bekannten Laolawelle, z. B. „oooooooh". Vor das Spalier stellt sich im Abstand von ca. 5 m der erste Freiwillige hin. Auf ein verabredetes Signal startet er, um durch das Spalier zu laufen. Kurz bevor der Teilnehmer zwischen den beiden ersten Teilnehmern durchläuft, bewegen diese die Arme mit einem entsprechendem Geräusch (z. B. „uuah") auseinander, also linker Arm geht nach oben weg, rechter Arm nach unten.

Kommentar / Diskussionsanregungen:
Bei besonders wagemutigen Gruppen sollte der Seminarleiter darauf hinweisen, rechtzeitig die Arme zu bewegen. Sicherheit geht vor und dies ist eine Vertrauensübung, keine Mutprobe!

Variationen: Diese Spielform kann auch als Abschlusslauf verwendet werden, wenn beispielsweise am Ende eines Seminars Zertifikate vergeben werden.

Quelle: Henrike Grell, Caritas Bad Reichenhall

# Virtuelle Spielgeräte

Ort: im Seminarraum oder draußen

Schwerpunkt: Warm-up, Bewegung, Konzentration

Material: –

Vorbereitung: –

Beschreibung: Die Gruppe stellt sich im Kreis auf. Es wird eine Wurfreihenfolge innerhalb der Gruppe festgelegt, sodass jeder zum Schluss einmal geworfen und einmal gefangen hat. Die Wurfobjekte sind rein virtuell. Am besten man beginnt zuerst einmal mit einem ganz normalen, aber unsichtbaren Tennisball, der mit einem Bodenkontakt zu einer anderen Person geworfen und dort gefangen wird. Diese Person wirft den Ball einer weiteren Person zu, bis der Ball einmal rum ist. Dann geht's wieder von vorn los, immer in der gleichen Wurfreihenfolge.
Dem Tennisball könnte eine Frisbeescheibe folgen, die schwungvoll aus dem Handgelenk geworfen wird. Und kurz darauf folgt ein Medizinball usw. (der Fantasie sind hier keine Grenzen gesetzt). So werden nacheinander immer mehr Spielgeräte ins Spiel gebracht, die alle parallel durch die Luft schwirren. Zum Schluss gehen auf ein Kommando alle Spielgeräte wieder an den Seminarleiter zurück, der von diesen „erschlagen" wird und keuchend zusammenbricht.

Kommentar / Diskussionsanregungen: –

Variationen: –

Quelle: kennen gelernt bei Regina Mang, Trainingsfirma Viactiva, www.viactiva.de

# 3.3 Perspektivenwechsel, Einstimmmung und Wahrnehmung

# 17 und 4

Ort: im Seminarraum oder draußen

Schwerpunkt: Einstieg ins Thema „Teamfaktoren und -spielregeln"

Material: –

Vorbereitung: –

Beschreibung: Die Gruppe stellt sich in einem Kreis auf. Alle Teilnehmer schließen die Augen. Aufgabe der Gruppe ist es nun, ohne vorherige verbale oder nonverbale Absprache bis 21 durchzuzählen. Dabei dürfen die jeweils angrenzenden Personen nicht aufeinander folgende Zahlen sagen und jeder Teilnehmer muss mindestens einmal eine Zahl gesagt haben. Weiter sind keine Muster oder Systeme erlaubt. Wird eine falsche Zahl oder eine Zahl doppelt / gleichzeitig genannt, beginnt das Zählen wieder bei 1. Der jeweilige Startpunkt liegt mit der „1" beim Coach.

Kommentar / Diskussionsanregungen:
Klingt einfach, ist aber ziemlich tricky. Schon mit geöffneten Augen ist die Übung eine Herausforderung, wenn man keine Signale geben darf.

Variationen: Abhängig von der Gruppengröße wird als zu erreichende Zahl eine höhere gewählt.

Quelle: mir unbekannt

# Eiwache

Ort: im Seminarraum und draußen

Schwerpunkt: Achtsamkeit, Sorgfalt, Verantwortung

Material: pro Teilnehmer ein rohes Ei

Vorbereitung: –

Beschreibung: Zu Beginn eines mehrtägigen Workshops bekommt jeder Teilnehmer ein Ei ausgehändigt. Dieses Ei muss er immer bei sich tragen und auf Verlangen vorzeigen können. Ziel ist es, die Unversehrtheit des Eies über den ganzen Workshop hinweg zu bewerkstelligen, ohne es zwischendurch hart zu kochen oder auszutauschen!

Kommentar / Diskussionsanregungen: –

Variationen: Erweiterungen mit Punktesystemen für zerbrochene Eier sind denkbar. Wer zum Schluss am wenigsten Punkte hat, bekommt den Preis des „Eiwächters".

Quelle: mir unbekannt

# Es ist offensichtlich ...

Ort: im Seminarraum und draußen

Schwerpunkt: Einstieg ins Thema „Kommunikation", Wahrnehmung

Material: –

Vorbereitung: –

Beschreibung: Die Gruppe steht oder sitzt im Kreis. Der erste betrachtet irgendeine Person aus der Gruppe und beginnt den folgenden Satz: „Es ist offensichtlich, dass du ..." und vollendet den Satz mit etwas, was wirklich für jeden offensichtlich ist, zum Beispiel das Tragen eines bestimmten Kleidungsstück mit einer bestimmten Farbe – „... eine grüne Jacke trägst." So geht es einmal rundum oder auch querbeet. Danach beginnt die Runde von neuem, wobei der Satz mit „Ich könnte mir vorstellen, dass ..." beginnt und mit einer Interpretation beendet wird wie zum Beispiel: „... dass Grün deine Lieblingsfarbe ist!" Die dritte Runde beschreibt eine Wirkung des Wahrgenommenen auf die eigene Person. Dies kann Bewertungen wie zum Beispiel „Mir gefällt deine Jacke ..., ich finde die Jacke steht dir gut ..., Grün bedeutet für mich Lebendigkeit ..." usw. beinhalten.

Kommentar / Diskussionsanregungen:

Die Pausen für jeden Einzelnen, die sich aufgrund der verschiedenen Runden ergeben, dienen dazu, genau zu unterscheiden, was Wahrnehmung – sichtbar und hörbar – ist und was Interpretation und Gedanke. Deswegen ist es gut, vor allem die erste und zweite Runde voneinander zu trennen und immer wieder zu überprüfen, dass diese auch trennscharf verbalisiert werden.

Eventuell kann man diese Übung auch sehr gut als Vorübung zu Feedbackregeln einsetzen.

Variationen: Bei jüngeren Gruppen sollte man die ersten drei Runden in Untergruppen von ungefähr 4 – 5 Leuten spielen. Dann kann man eine Abschlussrunde in der Großgruppe starten, die mit dem Satz „Ich habe erfahren, dass ..."

Quelle: mir unbekannt

# Farbenspiel

Ort: im Seminarraum

Schwerpunkt: Einstieg ins Thema „Kreativität", Umgang mit Blockaden, Lernen und Entlernen

Material: pro Paar: eine Farbentafel mit der Spielanweisung, zwei Aufzeichnungsbogen, einen Stift und eine Uhr mit Sekundenzeiger

Vorbereitung: –

Beschreibung: Die Gruppe teilt sich in Paare auf. Jedes Paar erhält eine Farbentafel mit der Spielanweisung, zwei Aufzeichnungsbogen und einen Stift. Der erste Teilnehmer beginnt und verfährt wie in der Spielanweisung vorgegeben mit der Variante A (S. 98) und fährt danach mit Variante B (S. 98) fort. Der Partner nimmt jeweils die Zeit, registriert die Fehler und beobachtet die Körpersprache des Übenden. Dann wird gewechselt. Wenn beide Partner beide Variationen durchlaufen haben, tauschen sie sich kurz über ihre erlebten Schwierigkeiten und Erfolgserlebnisse aus. Im Plenum können dann die Aspekte, die hier weiter unten erwähnt sind, besprochen werden.

Kommentar / Diskussionsanregungen:

Die erste Variante ist sehr einfach, weil jeder von uns es gewohnt ist, Wörter zu lesen. Die meisten Personen brauchen ca. 30 Sekunden für diese Aufgabe. Sie erledigen sie fast automatisch und anstrengungsfrei und, wenn überhaupt, mit nur sehr wenigen Fehlern.
Die zweite Variante hingegen ist ausgesprochen schwierig. Die Teilnehmer erzählen, dass sie mit großer Anstrengung versucht haben, bewusst die Tendenz zu unterdrücken, das Wort zu lesen und zu ihrer alten Gewohnheit zurückzukehren (Variante A). Alte Gewohnheiten sterben langsam und deswegen kann die Erledigung dieser Aufgabe zwischen 40 und 150 Sekunden dauern und einen enormen mentalen Stress auslösen.
Auf der anderen Seite eignet sich gerade deshalb diese Übung so gut zum Einstieg ins Thema „Kreativität", weil es da ja genau darum geht, die alten Denkpfade und Gewohnheiten zu verlassen, damit Neues gedacht und miteinander verbunden werden kann.

Variationen: –

Quelle: ausprobiert mit Paul Baxter – Personal Best Systems / Australia – bei internem Workshop am 15.06.02 am Upratsberg / Günzach

**Spielanweisung Farbentafel** (diese Vorlage muss farbig ausgedruckt sein)
Die Farbvorlagen für dieses Spiel können Sie im Internet unter www.ziel.org/pep2 downloaden.

**Variante A:** Lesen Sie jedes Wort laut vor, von links nach rechts, so schnell Sie können. Das erste Wort ist „schwarz", das zweite „gelb" usw. Ihr Partner / Ihre Partnerin registriert, wie viel Zeit Sie für die ganze Seite benötigen und wie viele Fehler Ihnen unterlaufen. Dazu benutzt er / sie das Kontrollblatt und bleibt während der ganzen Übung still (keine Anweisungen, keine Hilfestellungen, keine Kommentare usw.).

**Variante B:** Nennen Sie die Farbe, in der jedes Wort gedruckt ist. Von links nach rechts. Die Farbe des ersten Wortes ist z. B. „grün", die des zweiten Wortes ist „rot" usw. Ihr Partner / Ihre Partnerin verfährt wie oben beschrieben.

| | | | | | |
|---|---|---|---|---|---|
| schwarz | gelb | schwarz | blau | grün | rot |
| blau | grün | gelb | grün | schwarz | rot |
| blau | rot | schwarz | gelb | schwarz | rot |
| grün | rot | gelb | grün | gelb | blau |
| rot | blau | schwarz | schwarz | grün | gelb |
| rot | grün | grün | schwarz | gelb | blau |
| gelb | rot | blau | gelb | grün | schwarz |
| rot | schwarz | blau | gelb | rot | grün |
| gelb | rot | grün | schwarz | gelb | gelb |
| grün | grün | rot | blau | gelb | blau |
| schwarz | blau | blau | rot | grün | schwarz |
| schwarz | gelb | grün | blau | rot | blau |

**Aufzeichnungsbogen**

**Version A:** Ihr Partner / Ihre Partnerin liest die gedruckten Wörter vor, von links nach rechts, Zeile für Zeile. Die richtige Ansage ist nachstehend gelistet. Sie nehmen die Zeit, registrieren die Anzahl der Fehler und beobachten die Körpersprache des Partners / der Partnerin. Ansonsten bleiben Sie passiv.

| schwarz | gelb | schwarz | blau | grün | rot |
|---|---|---|---|---|---|
| blau | grün | gelb | grün | schwarz | rot |
| blau | rot | schwarz | gelb | schwarz | rot |
| grün | rot | gelb | grün | gelb | blau |
| | | | | | |
| rot | blau | schwarz | schwarz | grün | gelb |
| rot | grün | grün | schwarz | gelb | blau |
| gelb | rot | blau | gelb | grün | schwarz |
| rot | schwarz | blau | gelb | rot | grün |
| gelb | rot | grün | schwarz | gelb | gelb |
| grün | grün | rot | blau | gelb | blau |
| schwarz | blau | blau | rot | grün | schwarz |
| schwarz | gelb | grün | blau | rot | blau |

Zeitdauer (Sekunden)
1. Person ....................................
2. Person ....................................

Fehleranzahl
1. Person ....................................
2. Person ....................................

**Version B:** Ihr Partner / Ihre Partnerin nennt im zweiten Durchlauf die Farbe von links nach rechts, in der das jeweilige Wort gedruckt ist. Die richtige Ansage ist nachstehend gelistet. Sie nehmen die Zeit, registrieren die Anzahl der Fehler und die Körpersprache des Partners / der Partnerin. Ansonsten bleiben Sie passiv.

| grün | rot | blau | rot | schwarz | gelb |
|---|---|---|---|---|---|
| grün | gelb | schwarz | rot | rot | blau |
| rot | grün | rot | blau | rot | schwarz |
| gelb | blau | grün | schwarz | blau | gelb |
| blau | schwarz | blau | grün | gelb | grün |
| schwarz | blau | gelb | gelb | rot | grün |
| rot | schwarz | rot | blau | rot | blau |
| blau | gelb | rot | schwarz | gelb | rot |
| schwarz | grün | gelb | rot | grün | rot |
| gelb | blau | schwarz | grün | schwarz | gelb |
| grün | gelb | grün | gelb | schwarz | blau |
| grün | rot | gelb | grün | blau | schwarz |

Zeitdauer (Sekunden)
1. Person ....................................
2. Person ....................................

Fehleranzahl
1. Person ....................................
2. Person ....................................

# Full Value Contract

Ort: im Seminarraum und draußen

Schwerpunkt: Einstimmen auf das Thema „Teamfaktoren und -spielregeln"

Material: Flipchartpapier und Stifte, um den Vertrag zu visualisieren

Vorbereitung: –

Beschreibung: Nach dem ersten Kennenlernen werden gemeinsame Umgangsregeln und Normen besprochen.

Im Full Value Contract geht es um die Festlegung von vier zentralen Spielregeln:

- Die Verpflichtung der Gruppe an gemeinsam formulierten und an individuellen Zielen zu arbeiten
- Die Verpflichtung, die Sicherheitsregeln einzuhalten
- Die Bereitschaft, konstruktives Feedback zu geben und zu empfangen (Feedbackregeln müssen vorher eingeführt werden)
- Die Verpflichtung, wertschätzend miteinander umzugehen und entwertende Äußerungen und Verhaltensweisen zu unterlassen bzw. zu verändern

Wie dieser Kontrakt entsteht und welche Schwerpunkte mit ihm gesetzt werden, kann von Gruppe zu Gruppe unterschiedlich sein. Beispielsweise kann dies durch ein Blitzlicht geschehen unter der Fragestellung, wie man sich den Umgang untereinander wünscht. Bei anderen Gruppen kann es sinnvoll sein, die Grundzüge des Vertrags als Arbeitsgrundlage vorzustellen und gruppenspezifisch auszuformulieren.

Ursula Wagner hat den „Fingervertrag" entwickelt: Mit jeweils einem Satz wird jedem Finger ein Punkt des Arbeitsvertrages zugeschrieben, z. B. dem kleinen Finger die emotionale Verletzlichkeit der Person und somit dem wertschätzenden Umgang untereinander; dem Ringfinger die Ziele der Gruppe; dem Zeigefinger das konstruktive Feedback (anstatt dem erhobenen und drohenden Finger) und der Daumen für das Zeichen, dass alles sicher und okay ist. Der Mittelfinger, der als einziger hochgestreckt eine schwere Beleidigung darstellt, verletzt andere, wenn er als einziger übrig bleibt und alle anderen Werte unterbleiben.

Kommentar / Diskussionsanregungen:

In der Reflexion kann der Full Value Contract eine gute Orientierung bzgl. der Qualität der Zusammenarbeit bieten, indem man folgende Fragen näher beleuchtet:

- Inwiefern haben wir unsere Vereinbarungen eingehalten?
- Gab es irgendwo abwertende Bemerkungen / Verhaltensweisen?
- Inwiefern haben wir uns unseren Zielen nähern können?

Variationen: –

Quelle: Zeitschrift e&l 2/2000, S. 14

# Hände blind zählen

Ort: im Seminarraum und draußen

Schwerpunkt: Förderung der Wahrnehmung

Material: –

Vorbereitung: –

Beschreibung: Ein Teilnehmer stellt sich freiwillig in die Mitte eines Kreises, der von den anderen Teilnehmern gebildet wird, und schließt die Augen. Dann legen die restlichen Teilnehmer je eine oder beide Hände auf den Körper des Freiwilligen. Erogene Zonen sind selbstverständlich tabu. Deswegen eignen sich eher Beine, Arme und Rücken. Mit geschlossenen Augen und ohne sich zu bewegen, versucht der „Blinde" die Anzahl der Hände, die seinen Körper berühren zu zählen (oder zu erraten?). Dabei ist völlige Stille notwendig.

Kommentar / Diskussionsanregungen:

- Wie hat sich jeder gefühlt?
- Wie leicht oder schwer war es, die Hände zu zählen?
- Konnte man Wärme oder Kälte spüren?

Variationen: –

Quelle: mir unbekannt

# Kartografen

Ort: im Seminarraum

Schwerpunkt: Einstimmung aufs Thema, hier z. B. „Teamarbeit", ansonsten auch für das Thema „Führung" oder „Kreativität" etc. geeignet

Material: Flipchartpapier
Bastelmaterial: Stifte, Kleber, Moderationskarten, Scheren etc.

Vorbereitung: –

Beschreibung: Die Gruppe erhält umseitiges Arbeitsblatt als Anweisung:

Kommentar / Diskussionsanregungen:
In der anschließenden Reflexion wird zum einem der Prozess der Durchführung (Kommunikationsverhalten, Rollen, Entscheidungsmodalitäten, Zeitmanagement etc.), zum anderen der Inhalt der Präsentation diskutiert.

Variationen: Anstatt einer Landkarte kann der Auftrag auch die Anfertigung eines dreidimensionalen Gebildes beinhalten. In diesem Fall gibt man einfach alles mögliche Spielmaterial wie Bälle, Seile, Bastelmaterial, Werkzeug, Tische, Stühle etc. dazu.

Quelle: Pit Forster, Geschäftsführer der Trainingsfirma „Forum Momentum", www.forummomentum.com

## Der Auftrag der Kartografen

*Hintergrund*

Eine Gruppe von Menschen, die sich in ihrer täglichen Arbeit gut auskennen, aber immer noch besser und effizienter werden wollen, haben sich vorgenommen, die „Gegend der Teamarbeit" neu zu erfassen und zu begreifen. Teilweise leben sie bereits in dieser Welt – sie kennen sich mehr oder weniger in ihr aus, arbeiten manchmal auch dort – und dennoch scheint eine „neue Beschreibung" angemessen. Zu diesem Zweck wurde ein Schnellkurs im Kartografieren absolviert. Somit ist die Voraussetzung gegeben, die vorhandenen Erfahrungen, Eindrücke und individuellen Erlebnisse nicht wie herkömmlich mit Worten zu beschreiben. Diesmal wird eine anschauliche, unverwechselbare, lebendige, bunte Orientierungslandkarte hergestellt. Ihre ganze Aufmerksamkeit richtet sich somit jetzt auf das Kartografieren der „Gegend der Teamarbeit".

*Der Auftrag*

Meistens kennt man zunächst die Landkarte und bereist erst dann die Gegend. Hier ist es genau umgekehrt. Alle Projektmitglieder sind mit der Gegend mehr oder weniger gut vertraut – die Berge von Arbeit, die Tundra mit den EGO-Schweinen, der Palast der unantastbaren Eitelkeiten und die Festung von „NIE!", die Meeresenge von „Zeitdruck und Kein-Geld" usw. Jetzt gilt es, eine entsprechend anschauliche Landkarte anzufertigen. Sie soll das Reisen planbarer, zielorientierter und effizienter gestalten. Und Neugier weckt sie ebenfalls.
Bei den Kartografen – wie im wirklichen Leben auch – gibt es sowohl strukturierte, logische, faktenorientierte als auch bildhafte, fantasievolle und emotionale „minds". In enger Zusammenarbeit werden beide dafür sorgen, dass ein realfantastisches Abbild geschaffen wird.

*Das Vorgehen*

In verschiedenen Arbeitsgruppen wird ein erster Landkartenentwurf erstellt. Dabei geht es sowohl um die intellektuelle als auch um die gefühlsmäßige Erfassung der in Rede stehenden „Gegend". Die Integration aller im Team vorhandenen Fähigkeiten und Bedürfnisse / Wünsche ist auch ein wichtiges Ziel. Als da wären:

- Wortverwendung / Kommunikation (Welche geografischen Assoziationen existieren zum Thema „Teamarbeit"?)
- Strategische Kompetenz (Am Ende sollten wir eine Karte haben, die ...)
- Kompromissfähigkeit (Ok, Chaos wird durch ein Sumpfgebiet symbolisiert)
- Durchsetzungsvermögen (Ich bestehe auf die „Hochebene der Vision")
- Führungsqualitäten (Hier ist die Kreuzung. Punkt!)
- Fantasie (Ich blubbere mir die Namen der Inseln des Einfallsreichtums aus meinen Hirnwindungen.)
- Handwerkliches (Da bau ich halt schnell noch eine Brücke aus Stuhlbeinen!)
- Vermitteln (So. Hier wurde die Kreuzung durchgesetzt, jetzt ist da auch Platz fürs Forsthaus.)
- Zeitmanagement (Wir haben noch zwei Minuten für die Umsetzung.)
- Präsentationslust für die Vorstellung der Landkarte im Plenum

# Knotentrick

Ort: im Seminarraum

Schwerpunkt: Einstimmung aufs Thema „Kommunikation"

Material: pro Teilnehmerpaar:
- eine (Reep-)Schnur mit geknüpftem Knoten, z. B. mit einem Palstek
- ein knotenfreies Schnurstück

Vorbereitung: –

Beschreibung: Die Gruppe teilt sich paarweise auf. Jedes Teilnehmerpaar setzt sich Rücken an Rücken auf je einen Stuhl. Teilnehmer A bekommt die geknüpfte Schnur in die Hand, Teilnehmer B die knotenfreie Schnur. Jetzt ist es die Aufgabe von A, seinen Knoten so zu erklären das B ihn mit seiner Schnur knüpfen kann.

Kommentar / Diskussionsanregungen:

- Was wurde vom Knüpfenden als hilfreich empfunden? Was als irritierend?
- Was wurde vom Beschreibenden als hilfreich empfunden? Was als irritierend?
- Welche Aspekte der Kommunikation beinhaltet diese Übung? (Sprache: kurz, prägnant / ausschweifend, ungenau?; Detailinformationen / Überblick? etc.)

Variationen:

1. Die Variationen ergeben sich aus den Einschränkungen bei der Kommunikation:
   B darf nicht zurückfragen
   B darf zurückfragen
   A darf nur auf Fragen antworten und sonst nichts erzählen

2. Statt Knoten können auch Zeichnungen mit geometrischen Formen, die nachgezeichnet oder Tangrams, die nachgebaut werden sollen, verwendet werden.

Quelle: gesehen bei Fritz Wollner, The CommonSenseGroup, office@commonsensegroup.at

# Kreative Rätsel

Ort: im Seminarraum

Schwerpunkt: Einstimmung aufs Thema „Kreativität", Lösungen finden durch Gedankenaustausch

Material: Flipchart

Vorbereitung: –

Beschreibung: In der Literatur kann man zu den Themen „Innovation" und „Kreativität" Übungen, wie die beiden hier vorgestellten finden. In dem Zusammenhang, in dem ich sie kennen gelernt habe, ging es darum, sich durch den freien und unzensierten Gedankenaustausch in einer Gruppe, schrittweise der Lösung anzunähern. Wichtig war dabei die Bewertungsfreiheit und die Bereitschaft, Gedanken von anderen aufzugreifen und weiterzuentwickeln. Weiter ging es darum, aus den gewohnten Gedankengängen herauszusteigen und neue Querverbindungen zu knüpfen.

1. Beispiel: Drei Cowboys reiten durchs Indianerland. Prompt tauchen auch Indianer auf und nehmen die Cowboys gefangen. Vor Schreck werden die Cowboys alle ohnmächtig. Als sie wieder aufwachen, sind sie an Marterpfähle gefesselt. Jeder von ihnen hat außerdem einen Hut aufgesetzt bekommen.

A hat einen weißen Hut auf, B hat einen schwarzen Hut auf, C hat auch einen schwarzen Hut auf. A kann B und C sehen, B kann nur C sehen und C kann keinen von seinen Kumpels sehen. Der Häuptling der Indianer spricht: „Wir werden euch töten, weil ihr unerlaubt in unser Land eingedrungen seid. Aber ich gebe euch eine Chance: Wenn mir einer von euch sagen kann, welche Farbe der Hut, den er aufhat, hat, dann lasse ich alle frei und am Leben! Wir haben insgesamt fünf Hüte, drei davon habt ihr auf, zwei liegen dort drüben im Tipi, wo ihr sie nicht sehen könnt. Drei sind schwarz, zwei sind weiß. Ihr dürft jedoch weder vorher etwas fragen noch sagen! Nur einer darf etwas sagen und das ist die Farbe seines eigenen Hutes. Hugh, ich habe gesprochen!"

Welcher der Cowboys ist derjenige, der mit Sicherheit etwas über die Farbe seines eigenen Hutes aussagen kann?

2. Beispiel: Sie wandern bereits seit Stunden durch eine knochentrockene, menschenleere Schlucht in Griechenland und haben Ihr Wasser im Hotel vergessen. Plötzlich kommen Sie an eine Kreuzung, an der zwei Männer sitzen. Sie wissen, dass der eine Weg zu einer Oase mit Wasser führt, der andere jedoch in die Wüste (Gibt es in Griechenland eigentlich Wüsten?). Durch eine göttliche Eingebung wissen Sie auch, dass einer von den beiden Männern immer die Wahrheit spricht und der andere immer lügt. Wie finden Sie mit einer einzigen Frage heraus, welcher der richtige Weg zur Oase ist?

## Lösungen

**Beispiel 1:** C sagt, dass er einen schwarzen Hut aufhat. Warum?

Weil, wenn A zwei weiße Hüte vor sich sehen würde, A wüsste und sagen würde, dass er einen schwarzen Hut aufhat. Nachdem aber A nichts sagt, sind folgende Optionen möglich:

A sieht:

| B | C |
|---|---|
| schwarz | weiß |
| weiß | schwarz |
| schwarz | schwarz |

B wartet also, ob A etwas sagt. Als A nichts sagt, weiß B, dass, wenn er selbst jetzt einen weißen Hut vor sich sehen würde, er selbst einen schwarzen aufhat. Nachdem B aber keinen weißen Hut vor sich sieht, kann er nichts über seinen eigenen Hut sagen. C weiß, dass, wenn A nichts sagt, A keine zwei weißen Hüte vor sich sieht. C weiß aber außerdem, dass, wenn B nichts sagt, B keinen weißen Hut vor sich sieht und damit er selbst, nämlich C, einen schwarzen Hut aufhaben muss!

**Beispiel 2:** Die richtige Frage lässt sich nur an einen Mann stellen, indem man den anderen mit ins System nimmt:

Lösungsfrage: „Wenn ich deinen Bruder fragen würde, ob rechts der Weg zur Oase geht, was würde der mir dann sagen?"

(Angenommen, die Oase liegt links)

| **Der, der immer lügt, antwortet:** | **Der, der immer die Wahrheit spricht, antwortet:** |
|---|---|
| ja | ja |

(Angenommen, die Oase liegt rechts)

| **Der, der immer lügt, antwortet:** | **Der, der immer die Wahrheit spricht, antwortet:** |
|---|---|
| nein | nein |

Daraus folgt, dass man, egal, wen man fragt, immer dann, wenn ein „Ja" kommt, die andere Richtung, als die nachgefragte, wählen muss. Immer dann, wenn ein „Nein" kommt, muss man immer die gefragte Richtung einschlagen.

Kommentar / Diskussionsanregungen:
siehe oben

Variationen: –

Quelle: gesehen bei Andreas Patrzek, Wirtschaftspsychologische – Organisationsberatung, Bichl. www.patrzek.de.

# Lernsteine

Ort: im Seminarraum und draußen

Schwerpunkt: Sensibilisierung für die positiven Beiträge, Stärken und Fähigkeiten anderer Gruppenmitglieder

Material: Halbedelsteine, Anzahl: Gruppengröße dividiert durch 4

Vorbereitung: –

Beschreibung: Der Seminarleiter führt zu Beginn des Seminars die Lernsteine folgendermaßen ein:

„Diese Steine sind so genannte Lernsteine. Ich werde sie zuerst wahllos unter Ihnen verteilen. Diejenigen, die einen Lernstein von mir bekommen, haben die Aufgabe sie bei der nächsten Gelegenheit weiterzugeben. Die nächste Gelegenheit bietet sich in den kurzen Pausen zwischen den Einheiten / Übungen an. Sie geben den Lernstein an jemanden weiter, der durch seinen Beitrag oder sein Handeln entweder besonders mutig oder hilfreich für den Prozess war, einen besonderen Einsatz für die Gruppe oder für sich gezeigt hat, oder Sie irgendwie anders beeindruckt hat, weiter. Wenn Sie den Lernstein weitergeben, klären Sie den Empfänger kurz auf, warum Sie ihm / ihr diesen Stein geben. Die Lernsteine sollten nicht zu lange bei einem Besitzer verweilen, sie sollen in der Gruppe wandern."

Kommentar / Diskussionsanregungen:

Dieses Ritual gewinnt vor allem bei Gruppen an Bedeutung, die sich in einem Seminarzyklus öfter sehen. Jedoch ist es wichtig, nicht zu viele Steine in Umlauf zu bringen, sonst sind die Teilnehmer irgendwann von dem ständigen „Steine-Loswerden" genervt und die Übung verliert erheblich an Charme.

Variationen: –

Quelle: kennen gelernt bei der Mediationsausbildung der Firma „komed" in München, www.komed-rt.de

# Lernzonen

Ort: im Seminarraum und draußen

Schwerpunkt: Sensibilisierung für die Wahrnehmung eigener Grenzen und die Verantwortung, für die eigene Sicherheit und die der anderen zu sorgen

Material: drei (Reep-)Schnüre, ca. 4 m, 8 m und 12 m lang

Vorbereitung: –

Beschreibung: Das Lernzonenmodell wird vorgestellt und bearbeitet:

**1. Schritt:** Mit einer Reepschnur legt der Seminarleiter einen ca. 1,50 m großen Kreis um sich und erklärt: „Bei den Lernformen, die wir anwenden, geht es auch darum, in emotional intensiven Situationen durch das eigene Handeln zu lernen. Es kann sein, dass Sie sich manchmal unsicher sein werden, wie Sie sich verhalten oder entscheiden sollen. Deswegen möchte ich Ihnen das folgende Modell vorstellen.

Hier der Kreis, in dem ich stehe, symbolisiert für mich meine so genannte „Komfortzone". Das ist der Bereich, mit dem ich vertraut bin, mit dem ich schon viele positive Erfahrungen gemacht habe. Hier hinein gehören meine Hobbys, meine Freunde usw., kurz alles das, wo ich mich sicher und aufgehoben fühle."

**2. Schritt:** Dann legt der Seminarleiter mit der zweiten Reepschnur einen zweiten, größeren Kreis um den ersten und beschreibt: „Das hier ist meine Lernzone oder der Bereich der Herausforderungen. Hier fühle ich mich vielleicht auch ab und zu einmal unbehaglich, da mir die Situationen, Aufgaben oder Menschen nicht vertraut sind. Ich habe vielleicht ein etwas mulmiges Gefühl, weil ich noch nicht weiß, welche Konsequenzen genau mein Handeln oder meine Entscheidungen haben werden. Aber hier kann ich auch Neues erfahren und ausprobieren, hier findet Lernen statt. In diesem Bereich sollten wir uns heute aufhalten.

**3. Schritt:** Zum Schluss legt der Seminarleiter die dritte Reepschnur in einem noch größeren Kreis um die beiden anderen aus und sagt: „Dies ist die Panikzone. In dieser Zone habe ich große Angst und kann nicht mehr adäquat handeln. Hier bin ich überfordert und hier wird es auch sehr gefährlich, hier ist meine psychische oder physische Sicherheit bedroht. In diesem Bereich regiert das Stammhirn; entweder mit Totstellen, Weglaufen oder Kampf. Diese Zone soll nach Möglichkeit nicht betreten werden und ich möchte Sie bitten, diesem Aspekt bei

Ihrem heutigen Tun Aufmerksamkeit zu schenken. Die Grenze zwischen Lernzone und Panikzone ist manchmal schmal. Sie müssen in sich hineinspüren und auf sich Acht geben, damit Sie nicht in diesen Bereich hineinrutschen.

**4. Schritt:** Die Teilnehmer begeben sich in den Kreis der Komfortzonen. Jeder überlegt hier für sich, über welche Fertigkeiten und Stärken er / sie verfügt. Je nach Gruppengröße können sich die Teilnehmer auch dazu äußern. Dann betreten die Teilnehmer den Kreis der Lernzonen und denken darüber nach, welche Lernziele sie haben, was sie erreichen möchten. Dies kann sowohl im persönlichen, als auch beruflichen Feld sein, sich auf das Training beziehen oder den Alltag. Und dann sinnieren die Teilnehmer darüber, welche ihrer Stärken ihnen helfen kann, ein Ziel in der Lernzone zu erreichen. Wie oben ist es nicht nur eine Frage der Lust und Vertrautheit miteinander, sondern unter anderem auch eine Zeitfrage, ob die Teilnehmer ihre Gedanken mitteilen sollen.

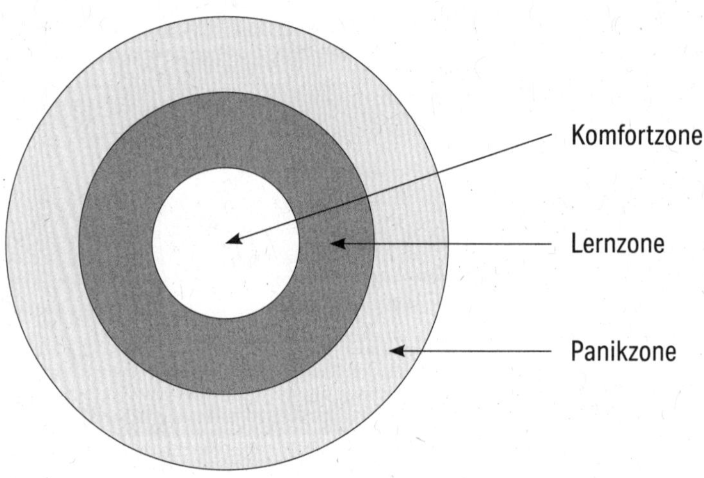


Kommentar / Diskussionsanregungen:

In Bezug auf das Seminar eignet sich diese Übung auch, um die individuellen Ziele, Erwartungen und Befürchtungen der Teilnehmer abzufragen.

Variationen: Eventuell kann auch noch die dritte Zone mit der Überlegung betreten werden, welche Situation, Aufgaben etc. noch in der Panikzone liegen.

Quelle: gesehen bei Henrike Grell, Caritas Bad Reichenhall, h.grell@caritasmuenchen.de

# Namensschilder

Ort: im Seminarraum

Schwerpunkt: Einstimmung auf handlungsorientiertes Lernen und ins Thema „Kreativität"

Material: ein Demo-Namensschild (siehe unten)
pro Teilnehmer eine rechteckige Moderationskarte (ca. 9,5 x 20 cm)
pro Teilnehmer eine Schere; Stifte zur Gestaltung der Schilder

Vorbereitung: Ein Demo-Namensschild an einem Platz aufstellen, den alle Teilnehmer gut sehen können.

Beschreibung: Jeder Teilnehmer erhält eine Moderationskarte. Aufgabe von jedem einzelnen Teilnehmer ist es, ein in der Form und im Schnittmuster identisches, in der Gestaltung aber persönliches Namensschild anzufertigen. Dabei darf das Demo-Schild nicht berührt, sondern nur von allen Seiten betrachtet werden.

Kommentar / Diskussionsanregungen:
Nachdem eine Seite des Schildes komplett herumgedreht werden muss, ist es anfangs wirklich schwierig, auf das Schnittmuster zu kommen, wenn man das Demo-Schild nicht anfassen darf.

Variationen: –

Quelle: mir unbekannt

**Geheimes Schnittmuster für das Namensschild**

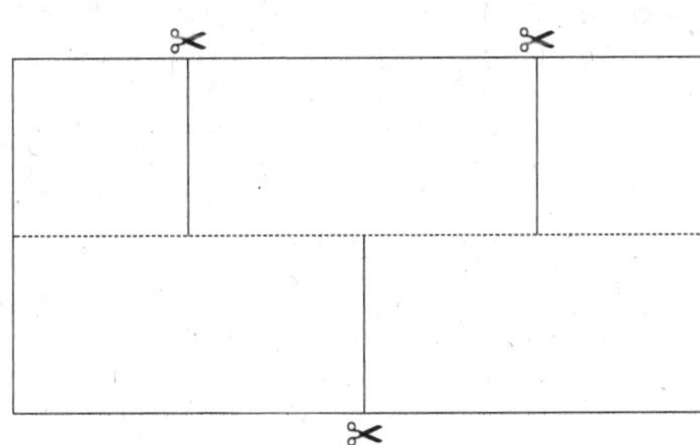

**Vorder- und Rückenansicht nach Faltung und Gestaltung**

# Postkartenübung

Ort: im Seminarraum

Schwerpunkt: Einstimmung aufs Thema „Kommunikation"

Material: 3 – 4 Postkarten mit unterschiedlichen Motiven

Vorbereitung: –

Beschreibung: Die Teilnehmer sitzen im Stuhlkreis. An 3 – 4 Teilnehmer werden Postkarten verteilt. Die übrigen Teilnehmer dürfen die Bilder auf den Karten nicht sehen. Jeder Teilnehmer mit einer Postkarte hat 60 Sekunden Zeit sich das Bild auf seiner Karte genau einzuprägen. Danach werden die Karten wieder eingesammelt. Jetzt erzählt einer nach dem anderen der restlichen Gruppe, was er auf seiner Postkarte gesehen hat. Nach jeder Beschreibung geht die beschriebene Postkarte durch die Gruppe und jeder kann seine Vorstellungen und sein Verständnis der Beschreibung mit der tatsächlichen Karte überprüfen.

Kommentar / Diskussionsanregungen:
Mit dieser Übung lässt sich gut abbilden wie verschiedene Filter – z. B. die verschiedenen Wahrnehmungskanäle, die eigene Biografie, Kultur und Erfahrungen und die Übersetzung in Sprache – den Transport und die Aufnahme von Informationen beeinflussen, unter dem Motto „Nicht der Sender einer Botschaft bestimmt den Inhalt, sondern der Empfänger".

Variationen: –

Quelle: Pit Forster, Geschäftsführer der Trainingsfirma „Forum Momentum", www.forummomentum.com

# Richtungswechsel

Ort: im Seminarraum

Schwerpunkt: Wahrnehmung, Einstimmen ins Thema „Teamfaktoren und -spielregeln"

Material: –

Vorbereitung: –

Beschreibung: Die Gruppe wird in zwei Untergruppen aufgeteilt (Gruppe A und Gruppe B).

**1. Phase:** Zuerst läuft Gruppe A im Raum umher, während Gruppe B steht. Auf ein Klatschen des Spielleiters hin, beginnt Gruppe B zu laufen und Gruppe A bleibt stehen. Auf ein weiteres Klatschen des Spielleiters hin erfolgt wieder der Wechsel.

**2. Phase:** Diesmal erfolgen keine Signale des Spielleiters mehr.

Die Gruppe B beginnt zu laufen. Wenn sie stehen bleibt, starten die Mitglieder der Gruppe A. Wenn dann die Mitglieder der Gruppe A anhalten, gehen die B'ler wieder los.

**3. Phase:** Wie Phase 2, nur dass die „stehen gebliebene Gruppe" durch ihr Losgehen das Signal zum Wechsel gibt.

**4. Phase:** Es gibt keine Absprache mehr darüber, wodurch der Wechsel zwischen den Gruppen ausgelöst wird. Sowohl die stehen gebliebene Gruppe kann durch ihr Losgehen als auch die gehende Gruppe durch ihr Stehenbleiben den Impuls geben.

Kommentar / Diskussionsanregungen:
Ich finde dies eine witzige Übung, die die Wahrnehmung für andere und Veränderungen schärft. Bei großen Gruppen ist es spannend herauszufinden, wer tatsächlich mit in derselben Gruppe war.

Variationen: –

Quelle: Ich denke, diese Übung kommt aus dem Improvisationstheater.

# Sicherheit

Ort: im Seminarraum und draußen

Schwerpunkt: Sensibilisierung für Eigenverantwortung in Bezug auf Sicherheit

Material: 1 Statikseil; zahlreiche Reepschnurstücke

Vorbereitung: –

Beschreibung: Die Gruppe bekommt das Material ausgehändigt mit der Aufgabe innerhalb von 30 min ein möglichst großes und gleichzeitig möglichst – „verletzungsminimales" – Netz zu knüpfen, in das ein freiwilliger Teilnehmer mit Anlauf hineinspringen und darin dann geschaukelt werden kann. Vor der Demonstration der Tauglichkeit des Netzes stellt die Gruppe in einer Präsentation ihr Produkt vor. Dabei stehen sowohl die Sicherheitsfaktoren, die sie beim Bau berücksichtigt haben (Knoten, Dichte, Größe des Netzes etc.) als auch die Sicherheitsvorkehrungen, die sie bei der Durchführung treffen werden (Einweisung des springenden Teilnehmers, Kommandos, Regeln, Höhe, auf der das Netz gehalten werden muss etc.) im Mittelpunkt des Interesses.

Kommentar / Diskussionsanregungen:

Im Anschluss an die Übung kann das Thema Sicherheit, seine Facetten und die unterschiedlichen Verantwortlichkeiten / Rollen des Trainers, der einzelnen Teilnehmer und der Gruppe diskutiert werden. Eine passende Leitfrage dazu könnte sein:

- Was könnt ihr an Ritualen und Signalen installieren bzw. verabreden, um eure psychische und physische Sicherheit bei den kommenden Aktionen zu gewährleisten?

Variationen: –

Quelle: gespielt bei Ropes Course Trainer Course bei Outward Bound Schwangau

# Sterngucker

Ort: im Seminarraum

Schwerpunkt: Einstimmung aufs Thema „Kreativität", Umgang mit Blockaden, Lernen und Entlernen

Material: pro Paar zwei Arbeitsblätter mit Stern, einen Stift, einen Spiegel, einen Sichtschutz, z. B. Ordner, Mappe
Sie können gerne diesen Stern kopieren.

Vorbereitung: –

Beschreibung: Die Gruppe teilt sich in Paare auf. Jedes Paar erhält zwei Arbeitsblätter, einen Stift und einen Spiegel. Der erste Teilnehmer hat die Aufgabe, zwischen den Linien des Sterns eine dritte Linie zu malen, allerdings sieht er das Arbeitsblatt und seine zeichnende Hand nur über einen Spiegel, den sein Partner hält. Um eventuellen Versuchungen vorzubeugen, hält der Partner auch noch einen Sichtschutz zwischen Arbeitsblatt und Augen des Zeichners.

Kommentar / Diskussionsanregungen:
Dieses Spiel hat schon zahlreiche „Helden" in die Verzweiflung gestürzt. Interessant ist bei der Reflexion unter anderem die Frage „Welche Strategien wurden angewandt, als die herkömmlichen Muster versagten." Hier sind der Fantasie keine Grenzen gesetzt, von Blatt drehen, über Kichern (Humor), bis Augenschließen etc.
Erstaunlicherweise wird aber meistens bei nur einer Handlungsalternative verweilt – und verzweifelt.

Variationen: –

Quelle: gesehen bei Pit Forster, Geschäftsführer der Trainingsfirma „Forum Momentum", www.forummomentum.com

**Zur Info:**
Das Arbeitsblatt für dieses Spiel können Sie im Internet unter www.ziel.org/pep2 downloaden.

# Teampuzzle

Ort: im Seminarraum

Schwerpunkt: Einstimmung aufs Thema „Teamfaktoren und -spielregeln"

Material: ein Puzzle mit 250 Teilen (bei einem Seminar von 2 Tagen und 14 Teilnehmern)
ein Tisch, auf dem das Puzzle Platz hat

Vorbereitung: –

Beschreibung: Die Teile werden auf dem Tisch ausgeleert und die Gruppe aufgefordert, innerhalb der nächsten 30 Minuten so viel von dem Puzzle fertig zu stellen, wie möglich. Danach kann eine individuelle Reflexion der einzelnen Teilnehmer über die eigene Rolle in dieser Sequenz erfolgen und / oder über teamrelevante Themen. Eine Abschlussfrage könnte sein: „Wie gehen wir in den nächsten Tagen mit dem Puzzle um? Darf jeder, der will weiterlegen oder gibt es feste Zeiten oder nur gemeinsam oder in Schichten etc.?"

Kommentar / Diskussionsanregungen:

Individuelle Reflexion:

- Wie habe ich mich verhalten?
- Welche Rolle habe ich übernommen?
- Kenne ich dieses Verhalten an mir?
- Ist es eher typisch?

Gruppenreflexion:

- Wie sind wir miteinander umgegangen?
- Wie lief der Entscheidungsprozess darüber ab, wie wir vorgehen?
- Wie haben wir Aufgaben verteilt?
- Wie haben wir die Ressourcen genützt?

Variationen: –

Quelle: gespielt bei der Mediationsausbildung der Firma komed / München, www.komed-rt.de

# Toninsel

Ort: im Seminarraum

Schwerpunkt: Förderung von Gruppenbeziehungen, Wahrnehmung von Bedürfnissen anderer, Einstimmung ins Thema „Teamfaktoren und -spielregeln“

Material: genug Ton für eine Gruppe von zehn Leuten (der Ton sollte weich und nicht trocken sein)
Zweige, Blätter, Zahnstocher, kleine Stecken, Gras etc.

Vorbereitung: –

Beschreibung: Die Gruppe setzt sich um einen Tisch oder auf den Boden mit einem großen Klumpen Ton in der Mitte. Es darf nicht gesprochen werden. Zuerst wird der Ton in eine knetbare, weiche unförmige Masse geklopft. Danach soll die Gruppe den Klumpen in eine Insel mit Höhlen, Bergen, Flüssen etc. umformen.

Jetzt darf sich jeder Teilnehmer ein Territorium für sich heraussuchen und abstecken. Dabei darf nicht gesprochen werden. Auf diesem „Privatgrund“ kann jeder Teilnehmer mit den zur Verfügung gestellten Materialien das bauen, worauf er Lust hat, z. B. sein eigenes Haus, seinen eigenen Fußballplatz, sein Hochhaus etc.

Danach wird eine Inselbesprechung durchgeführt, ein Anführer wird gewählt und es werden demokratisch alle Entscheidungen getroffen, die für ein Überleben und Zusammenleben auf der Insel nötig sind.

Kommentar / Diskussionsanregungen:

- War jeder mit seinem Grundstück zufrieden?
- Was sind die Grundprinzipien menschlichen Zusammenlebens?
- Welche Werte und Normen spielen eine Rolle?

Variationen: –

Quelle: mir unbekannt

# Ziehen und Zerren

Ort: im Seminarraum und draußen

Schwerpunkt: Einstimmung aufs Thema „Teamfaktoren und -spielregeln"

Material: ein kurzes Kletterseil (ca. 25 m)

Vorbereitung: Das Seil verheddert in die Mitte des Raumes legen.

Beschreibung: Die Gruppe kommt in der Mitte des Raumes zusammen. Der Seminarleiter bittet die Teilnehmer sich ihr Ziel, das sie in diesem Workshop erreichen wollen, im Raum an einem bestimmten selbst gewählten Platz gedanklich zu verorten. Ist dies geschehen, ergreift jeder Teilnehmer mit einer Hand an einer beliebigen Stelle das Seil. Die Aufgabe eines jeden Teilnehmers ist es jetzt, sich so schnell und so weit wie nur möglich dem Platz zu nähern, an dem er sein Ziel verortet hat. Dabei darf er das Seil nicht loslassen und auch seine Hand am Seil nicht verschieben.

Kommentar / Diskussionsanregungen:

Nach der Übung kann der Seminarleiter die einzelnen Gruppenmitglieder fragen, wie nahe sie ihrem Ziel gekommen sind und wie zufrieden sie damit sind. Erfahrungsgemäß versuchen die Teilnehmer ohne Rücksicht auf Verluste sofort zu ihrem Ziel zu gelangen. Einige Gruppen entknoten das Seil vorher so gut es geht, danach jedoch strebt jeder nach seinem Ziel. In ganz seltenen Fällen kommen die Gruppenmitglieder darauf einen Kompromiss zu finden bzw. herauszufinden, wohin eigentlich wer will und wie eine Kompromisslösung aussehen könnte, sodass jeder einigermaßen zufrieden ist.

Nach einer kurzen Reflexion der Übung, können entweder gemeinsam Faktoren gesammelt werden, die ein Team erfolgreich machen oder Spielregeln für den kooperativen Umgang erstellt werden.

Variationen: –

Quelle: Firma mindset / Ehrenkirchen. www.mindset-training.de

# 3.4 Kommunikation, Argumentation und Entscheidung

# Bleistift-Deal

Ort: im Seminarraum

Schwerpunkt: Argumentation, Entscheidung, Strategie

Material: abgebrochene Bleistifte
ein Anspitzer
ein Notizzettelblock

Vorbereitung: –

Beschreibung: Die Gruppe wird in Kleingruppen von 3 – 5 Personen aufgeteilt. Eine Gruppe erhält die Bleistifte, eine Gruppe den Anspitzer und eine Gruppe die Notizzettel. Jede Gruppe überlegt sich einen Namen für sich. Aufgabe ist es, nach 20 Minuten möglichst viele mit dem Gruppennamen beschriebene Zettel abzugeben. Da ist die Verhandlungsfähigkeit der einzelnen Gruppen gefragt!

Für den Ablauf gelten folgende Regeln:

1. Die Mitglieder handeln stets als Gruppe. Es bleibt ihnen überlassen, wie sie Entscheidungen treffen.
2. Sie beraten ihren Vorschlag erst intern, bevor sie ihn einer anderen Gruppe unterbreiten.
3. Wird ein Vorschlag an die Gruppe herangetragen, wird er erst intern diskutiert und dann die Entscheidung der anderen Gruppe mitgeteilt.
4. Es dürfen nur die ausgeteilten Materialien verwendet werden.

Das Spiel ist zu Ende, wenn die Zeit abgelaufen ist oder alle Notizzettel beschrieben sind. Durch Auszählung der Zettel wird der Sieger ermittelt.

Kommentar / Diskussionsanregungen:
Ich habe über die Übung bisher leider nur gelesen und sie noch nicht selbst durchgeführt. Ich freue mich aber über Rückmeldungen von Trainer, die sie ausprobiert haben. Laut Autoren ist es interessant, zu reflektieren, wie sich die Gruppe verhalten hat. Ist sie sofort in den Wettkampf eingetreten oder hat sie gleich zu Beginn kooperiert?

Variationen:

1. In großen Gruppen kann mit sechs Teams gespielt werden.
2. Die Zeit kann verkürzt oder verlängert werden.

Quelle: Funke / Rachow: So bringen Sie Spiele ins Laufen, in: managerSeminare, Heft 58, Juli / August 2002

# Blind fangen

Ort: draußen auf ebener Fläche

Schwerpunkt: Kommunikation, Bewegung

Material: für die Hälfte der Teilnehmer Augenbinden
ein oder zwei lange Seile zur Spielfeldmarkierung

Vorbereitung: Mit dem Seil ein Spielfeld von mindestens 15 x 15 m auslegen.

Beschreibung: Dieses Spiel funktioniert so wie das normale „Fangermanderl". In anderen Gefilden nennt man es schlichtweg „Fangen". Ein Teilnehmer versucht, in einem Spielfeld einen anderen Teilnehmer zu fangen. Nur sind bei dieser Übung diesmal beide blind! Doch sie können auf Unterstützung von außen zurückgreifen:

Eine Gruppe von acht Personen teilt sich paarweise auf. Einer pro Paar verbindet sich die Augen. Jeweils zwei Paare einigen sich auf die Rollenverteilung, wer fängt und wer flüchtet. Der blinde Fänger und der blinde Flüchter betreten von entgegengesetzten Seiten das Spielfeld. Ihre jeweiligen Helfer stehen außen am Spielfeldrand und dürfen Anweisungen geben, das Spielfeld jedoch nicht betreten. Wenn ein Fänger Erfolg gehabt hatte, wechseln die Rollen bei den entsprechenden Paaren. Die anderen beiden Paare spielen ebenfalls im gleichen Spielfeld.

Kommentar / Diskussionsanregungen:
Dies ist sowohl für die „Blinden" als auch für die Sehenden ein sehr anstrengendes Spiel, bei dem es nicht nur um klare und knappe Kommunikation geht, sondern auch um Vertrauen in den anderen. Insofern ist es wichtig, dass im Spieleifer nicht die physische Sicherheit aufs Spiel gesetzt wird. Der Seminarleiter sollte darauf besonders hinweisen.

Variationen: –

Quelle: Zeitschrift e&l 2 / 2000, S. 14

# Bullshit-Bingo

Ort: im Seminarraum

Schwerpunkt: Kommunikation und Floskeln

Material: pro Teilnehmer: 1 Stift und ein Bullshit-Bingo-Blatt

Vorbereitung: Bullshit-Bingo-Blätter an alle Teilnehmer verteilen

Beschreibung: Dies ist eine witzige Variante, die jede Besprechung interessanter werden lässt, so lange alle einen Bullshit-Bingo-Bogen vor sich liegen haben. Diese sollten unterschiedliche Begriffe in den Blöcken haben.

Kommentar / Diskussionsanregungen:
Dieses Spiel in diese Sammlung mit aufzunehmen, lässt evtl. an der Ernsthaftigkeit des Buches zweifeln. Das ist in Ordnung!

Variationen:

1. Jeder Teilnehmer erhält vor der Besprechung einen leeren Bullshit-Bingo-Bogen, den er mit seinen spezifischen Reizwörter ausfüllt.
2. Jeder Teilnehmer füllt seinen individuellen Bogen aus und veröffentlicht ihn in einer Galerie. Erst danach wird in der Besprechung Bullshit-Bingo gespielt.

Quelle: per E-Mail von Florian Bomhard / Bad Tölz; flori.bomhard@gmx.net

**Bullshit-Bingo für Wirtschaftsunternehmen**

Schlafen Sie manchmal ein während Besprechungen? Oder wie ist es in diesen nicht enden wollenden Konferenzen? Hier ist die Möglichkeit, das alles zu ändern.

*Wie wird gespielt?*
Kreuzen Sie einen Block an wenn Sie das entsprechende Wort während einer Besprechung oder einer Telefonkonferenz hören. Wenn Sie horizontal, vertikal oder diagonal fünf Blöcke in einer Reihe haben, stehen Sie auf und rufen laut «Bullshit»!

| | | | | |
|---|---|---|---|---|
| Synergie | bilateral | Target | runterbrechen | Chance / Risiko |
| kommuni-zieren | erst mal prüfen | Ball zuspielen | Rendite | Benchmarking |
| wertschöpfend | Visionen | Global Player | Schwarzer Peter | Wir kommen wieder auf Sie zu |
| ergebnis-orientiert | Hut aufhaben | rund sein | Total Quality | fokussieren |
| Outsourcing | kunden-orientiert | Szenario | Liefersituation | problematisch |

***Aussagen begeisterter Spieler:***
„Ich war gerade mal fünf Minuten in der Besprechung, als ich schon gewonnen hatte."
*Martin P. aus Frankfurt*

„Meine Aufmerksamkeit während Besprechungen ist drastisch gestiegen."
*Karl A. aus München*

**Bullshit-Bingo für Sozialpädagogen**

Schlafen Sie manchmal ein während Besprechungen oder Seminaren? Oder wie ist es in diesen nicht enden wollenden Konferenzen? Hier ist die Möglichkeit, das alles zu ändern.

*Wie wird gespielt?*
Kreuzen Sie einen Block an wenn Sie das entsprechende Wort während einer Besprechung, eines Seminars oder einer Telefonkonferenz hören. Wenn Sie horizontal, vertikal oder diagonal fünf Blöcke in einer Reihe haben, stehen Sie auf und rufen laut «Bullshit»!

| | | | | |
|---|---|---|---|---|
| macht Betroffenheit | sich einbringen | ausagieren | genau hinspüren | Emotionen |
| ansprechen | da mal reingehen | Metaebene | spannend | bewusst |
| vom Bauch her | einfach zulassen | Kontext | reflektieren | Da bin ich bei dir |
| Beziehungs-ebene | tief | Resonanz | transpersonal | innere Bereitschaft |
| differenzieren | Offenheit | Energie | kritisch | von innen her |

***Aussagen begeisterter Spieler:***
„Die Atmosphäre während der letzen Besprechung war zum Zerreißen gespannt, als acht von uns auf den letzten Block warteten."

*Thomas S. aus Berlin*

„Der Moderator war sprachlos, als fünf von uns zum dritten Mal während einer zweistündigen Besprechung „Bullshit" riefen."

*Werner F. aus Dortmund*

# Der Fluss der Krokodile

Ort: im Seminarraum und draußen

Schwerpunkt: Argumentation, Entscheidung, Bewusstsein für unterschiedliche Wertesysteme

Material: –

Vorbereitung: –

Beschreibung: Der Seminarleiter erzählt die folgende Geschichte:

Es lebte einmal eine junge Frau mit Namen Alice. Alice war unsterblich verliebt in einen Mann, der Dirk hieß. Beide waren jedoch voneinander getrennt, da Dirk fälschlicherweise wegen Mordes zu lebenslangem Exil auf einer einsamen Insel verurteilt worden war. Alice wollte Dirk unbedingt wiedersehen.

Die Insel lag jedoch inmitten des „Flusses der Krokodile" und war nur mithilfe eines kleinen Bootes erreichbar. Das einzige brauchbare Boot gehörte Bruno. Alice bat also Bruno, sie hinüberzufahren. Bruno aber meinte: „Nur, wenn du mit mir schläfst, dann fahre ich dich hinüber."

Alice war verunsichert; der einzige Weg ihren Geliebten wiederzusehen war der, mit einem fremden Mann zu schlafen. Sie überlegte hin und her, was sie tun sollte und schließlich bat sie ihre Mutter um Rat. Die sagte aber nur: „Du bist alt genug, um zu entscheiden; doch, was immer du tun wirst, ich stehe hinter dir."

Also beschloss Alice mit Bruno zu schlafen und der fuhr sie auch wie versprochen auf die Insel.

Die Wiedersehensfreunde war auf beiden Seiten sehr groß. Doch als Dirk Alice fragte, wie sie es denn geschafft hätte, auf die Insel zu gelangen, erzählte sie ihm die ganze Geschichte mit Bruno. Dirk war so entsetzt, dass seine Freundin mit einem anderen geschlafen hatte, dass er meinte: „Lieber bleibe ich auf dieser einsamen Insel als mit einer Schlampe zusammenzuleben!" und schickte sie fort.

Wieder auf dem Festland angekommen, rannte Alice zu Mark – der heimlich in sie verliebt war – und erzählte ihm, wie Dirk sich ver-halten hatte. Mark wurde so wütend auf Dirk, dass auch er zur Insel hinüberfuhr – Er musste dafür nicht mit Bruno schlafen! – und Dirk krankenhausreif schlug.

*ENDE*

Die Gruppe soll nun per Konsens (nicht nur mit Abstimmung) eine Rangfolge mit diesen fünf Persönlichkeiten erstellen. An erster Stelle steht die Person, die die Gruppe als „moralisch einwandfrei" einstuft, an letzter Stelle wir die Person gesetzt, die am wenigsten moralisch akzeptabel gehandelt hat. In den entsprechenden Abstufungen befinden sich die anderen Personen auf den Rängen 2 – 4.

Kommentar / Diskussionsanregungen:

Ähnlich wie das Spiel „Es war einmal in Amerika" (S. 129) hat diese Übung zwar die Form eines Entscheidungsspieles, ist aber vielmehr ein Experiment, bei dem es zum einen um das Argumentationsverhalten, zum anderen aber um die Hinterfragung von Werten geht.

Wenn nach Beendigung des Spieles dessen Verlauf besprochen wird, kann der Seminarleiter die folgenden Punkte herausarbeiten:

- Wieso war es schwierig einen Konsens zu finden?
- Wie war das Diskussionsverhalten der Einzelnen? Gab es einen Diskussionsleiter? Redeten viele gleichzeitig? Wurde zugehört oder galt es nur, den eigenen Standpunkt zu übernehmen?
- Worauf beruhen die unterschiedlichen Bewertungen der einzelnen Verhaltensweisen? Welche individuellen und welche allgemeinen Normen verbergen sich hinter den Wertungen?

Eine Studentin erzählte mir einmal, dass ihr in einer Psychologievorlesung erklärt worden sei, dass den verschiedenen Protagonistenrollen ganz bestimmte handlungsleitende Prinzipien zugeordnet werden können:

*Alice:* Liebe | *Dirk:* Stolz | *Bruno:* Kapitalismus
*Mutter:* Solidarität | *Mark:* Der Zweck heiligt die Mittel

Variationen: –

Quelle: Ich habe das Spiel von einer Lehrerin in Südafrika bekommen.

# Es war einmal in Amerika...

Ort: im Seminarraum

Schwerpunkt: Argumentation, Entscheidung, Bewusstsein für unterschiedliche Wertesysteme

Material: Zettel mit den Rollenbeschreibungen (siehe unten)

Vorbereitung: –

Beschreibung: Fünf Spieler erhalten je einen Zettel mit Rollenzuweisungen, die übrigen Spieler sind Beobachter – und erhalten je einen Auswertungsbogen. Die Rollenspieler geben ihre Rollenbeschreibungen nicht öffentlich bekannt. Unerfahrene Rollenspieler müssen eventuell darauf hingewiesen werden, dass sie gut überlegen sollten, welche Details ihrer Rolle sie öffentlich machen und welche sie lieber verheimlichen wollen. Den Beobachtern wird lediglich mitgeteilt, dass eine Ranch im Wilden Westen von Indianern belagert wird, da diese die Rancher beschuldigen, den Sohn des Häuptlings getötet zu haben. Sie fordern innerhalb einer Stunde die Auslieferung des Schuldigen.

Gespielt wird nun die Beratung der fünf Beteiligten, wer als Schuldiger ausgeliefert werden soll.

**Rollenbeschreibungen**

***Vater:***

Es war einmal in Amerika noch zur Zeit der Cowboys und Indianer. Die Siedlerfamilie Wayne und der Stamm der Hohlfußindianer waren schon immer im Streit. Mal klauten die Rancher Pferde der Indianer, mal banden die Indianer einen Rancher an den Marterpfahl usw. In dem Gebiet der Indianer liegt eine Goldmine, aber die Indianer machen sich nicht viel aus Gold. Mit den Finanzen der Rancher sieht es eher schlecht aus, da das Land sehr trocken und mühsam zu bewirtschaften ist.

Eines Tages kommt der Sohn Thomas zum Vater gerannt und sagt: „Eben hat mich der Sohn des Häuptlings überfallen und ich habe mich gewehrt und jetzt liegt er draußen bewusstlos in der Steppe." Der Vater denkt sich: „Das geschieht der Rothaut recht, es wird ihn schon jemand finden". Also läuft Thomas zu seiner Mutter, die Ärztin ist, und sagt: „Eben hat mich der Sohn des Häuptlings überfallen und ich habe mich gewehrt und jetzt liegt er draußen bewusstlos in der Steppe." Die Mutter will aber nicht hinausgehen und meint deshalb: „Bring ihn rein, dann verbinde ich ihn." Thomas bittet daraufhin seinen Bruder Mike, ihm zu helfen, doch der will dies nur tun, wenn der Vater es ihm befiehlt. Also rennt Thomas wieder zurück zum Vater und der meint: „Also gut, bringt ihn herein!" Thomas und Mike schaffen den Verwundeten ins Haus, die Mutter verbindet die Wunden, doch in derselben Nacht stirbt der Indianer. Die Mutter meint: „Die Mittagshitze hat ihn fertig gemacht, hätte der Guard ihn gleich gesehen und Bescheid gesagt, hätte ich ihn vielleicht noch retten können." Der Guard streitet es jedoch ab, irgendetwas bemerkt zu haben.

Kurze Zeit später kommen die Indianer und verlangen die Auslieferung des Schuldigen. Ansonsten, drohen sie, würden sie die Ranch niederbrennen.

***Mutter:***

Es war einmal in Amerika noch zur Zeit der Cowboys und Indianer. Die Siedlerfamilie Wayne und der Stamm der Hohlfußindianer waren schon immer im Streit. Mal klauten die Rancher die Pferde der Indianer, mal banden die Indianer einen Rancher an den Marterpfahl usw. In dem Gebiet der Indianer liegt eine Goldmine, aber die Indianer machen sich nicht viel aus Gold. Mit den Finanzen der Rancher sieht es eher schlecht aus, da das Land sehr trocken und mühsam zu bewirtschaften ist.

Eines Tages kommt der Sohn Thomas zur Mutter, die Ärztin ist, und sagt: „Eben hat mich der Sohn des Häuptlings überfallen und ich habe mich gewehrt und jetzt liegt er draußen bewusstlos in der Steppe. Komm doch mit und hilf ihm. Ich war gerade schon beim Vater, doch der will nichts unternehmen." Die Mutter denkt sich: Geschieht ihm recht, der Rothaut! Aber was soll ich jetzt in dieser Mittagshitze hinausgehen und mir die Frisur versauen. Daher sagt sie: „Bring ihn rein, dann verbinde ich ihn." Thomas bittet daraufhin seinen Bruder Mike, ihm zu helfen, den Indianer ins Haus zu tragen, doch der will dies nur tun, wenn der Vater es ihm befiehlt. Also rennt Thomas wieder zurück zum Vater und der meint: „Also gut, bringt ihn herein!" Thomas und Mike schaffen den Verwundeten ins Haus. Als die Mutter sieht, dass dieser todkrank ist, weil er so lange in der Hitze gelegen hat, verbindet sie ihm zwar die Wunden, gibt ihm aber keine Medizin, denn die will sie nicht an einen so hoffnungslosen Fall verschwenden und erst recht nicht an einen Indianer. In derselben Nacht stirbt der Indianer. Die Mutter meint: „Die Mittagshitze hat ihn fertig gemacht, hätte der Guard ihn gleich gesehen und Bescheid gesagt, hätte ich ihn vielleicht noch retten können."

Bald danach kommen die Indianer und verlangen die Auslieferung des Schuldigen. Ansonsten, drohen sie, würden sie die Ranch niederbrennen. Kurz vor der Familienunterredung kommt der Guard und zahlt der Mutter seine längst fälligen Schulden zurück.

***Mike:***

Es war einmal in Amerika noch zur Zeit der Cowboys und Indianer. Die Siedlerfamilie Wayne und der Stamm der Hohlfußindianer waren schon immer im Streit. Mal klauten die Rancher die Pferde der Indianer, mal banden die Indianer einen Rancher an den Marterpfahl usw. In dem Gebiet der Indianer liegt eine Goldmine, aber die Indianer machen sich nicht viel aus Gold. Mit den Finanzen der Rancher sieht es eher schlecht aus, da das Land sehr trocken und mühsam zu bewirtschaften ist.

Eines Tages kommt Thomas zu seinem Bruder Mike und sagt: „Eben hat mich der Sohn des Häuptlings überfallen und ich habe mich gewehrt und jetzt liegt er draußen bewusstlos in der Steppe." Ich war schon beim Vater, der nichts unternehmen will, und bei der Mutter, damit sie ihn verbindet, doch sie will nicht hinausgehen bei der Hitze und behandelt ihn nur, wenn wir ihn ins Haus schaffen." Mike aber denkt sich: „Diese blöden Rothäute, also dazu habe ich wirklich keine Lust, so einem zu helfen." Deshalb sagt er: „Du hast mir gar nichts anzuschaffen. Ich helfe dir nur, wenn es der Vater befiehlt." Also rennt Thomas wieder zum Vater, kommt nach einer Weile zurück und berichtet, dass der Vater es nun befohlen hätte. Also schaffen Thomas und Mike den Verwundeten ins Haus, die Mutter verbindet die Wunden, doch in derselben Nacht stirbt der Indianer. Die Mutter meint: „Die Mittagshitze hat ihn fertig gemacht, hätte der Guard ihn gleich gesehen und Bescheid gesagt, hätte ich ihn vielleicht noch retten können."

Bald danach später die Indianer und verlangen in einer Stunde die Auslieferung des Schuldigen, der den Indianer getötet hat. Ansonsten, drohen sie, würden sie die Ranch niederbrennen.

***Guard:***

Es war einmal in Amerika noch zur Zeit der Cowboys und Indianer. Die Siedlerfamilie Wayne und der Stamm der Hohlfußindianer waren schon immer im Streit. Mal klauten die Rancher die Pferde der Indianer, mal banden die Indianer einen Rancher an den Marterpfahl usw.

Der Guard steht immer, weil es seine Aufgabe ist, auf dem Aussichtsturm und passt auf, dass sich keine Indianer unbemerkt der Ranch nähern und dann irgendeinen Blödsinn anstellen. Eines Tages sieht er, wie Thomas, der Sohn des Ranchbesitzers, einen Indianer überfällt und niederschlägt. Er meldet es aber nicht an die Ranch, weil er denkt: ‚Was geht mich diese Rothaut an?' Kurz darauf kommt Thomas den Turm hinaufgeklettert und bittet den Guard nichts von dem, was er gesehen hat, jemanden zu erzählen. Thomas gibt ihm einen Klumpen Gold und der Guard verspricht zu schweigen.

Thomas läuft daraufhin zum Vater sagt: „Eben hat mich der Sohn des Häuptlings überfallen und ich habe mich gewehrt und jetzt liegt er draußen bewusstlos in der Steppe." Der Vater denkt sich: ‚Das geschieht der Rothaut recht, es wird ihn schon jemand finden.' Also läuft Thomas zu seiner Mutter, die Ärztin ist, und sagt: „Eben hat mich der Sohn des Häuptlings überfallen und ich habe mich gewehrt und jetzt liegt er draußen bewusstlos in der Steppe." Die Mutter will aber nicht hinausgehen und meint deshalb: „Bring ihn rein, dann verbinde ich ihn." Thomas bittet daraufhin seinen Bruder Mike, ihm zu helfen, doch der will dies nur tun, wenn der Vater es ihm befiehlt. Also rennt Thomas wieder zurück zum Vater und der meint: „Also gut, bringt ihn herein!" Thomas und Mike schaffen den Verwundeten ins Haus, die Mutter verbindet die Wunden, doch in derselben Nacht stirbt der Indianer. Die Mutter meint: „Die Mittagshitze hat ihn fertig gemacht, hätte der Guard ihn gleich gesehen und Bescheid gesagt, hätte ich ihn vielleicht noch retten können.".

Bald danach kommen die Indianer und verlangen in einer Stunde die Auslieferung des Schuldigen, der den Indianer getötet hat. Ansonsten, drohen sie, würden sie die Ranch niederbrennen. Kurz vor der Beratung kommt der Guard zur Mutter und zahlt ihr mit dem Gold, dass ihm der Thomas gegeben hat, längst fällige Schulden zurück.

***Thomas:***

Es war einmal in Amerika noch zur Zeit der Cowboys und Indianer. Die Siedlerfamilie Wayne und der Stamm der Hohlfußindianer waren schon immer im Streit. Mal klauten die Rancher die Pferde der Indianer, mal banden die Indianer einen Rancher an den Marterpfahl usw. In dem Gebiet der Indianer liegt eine Goldmine, aber die Indianer machen sich nicht viel aus Gold. Mit den Finanzen der Rancher sieht es eher schlecht aus, da das Land sehr trocken und mühsam zu bewirtschaften ist. Seit Wochen gibt es nur noch Maismehl zu essen und wenn es so weitergeht, wird die Familie verhungern.

Der Sohn des Ranchers, er heißt Thomas, sieht eines Tages, als er so durch die Prärie reitet, einen Indianer durchs Gras laufen. Da denkt er sich: ‚Mann, die Indianer haben so viel Gold und wir sind fast am Verhungern! Hätte ich ein wenig Gold könnte ich uns etwas zu essen kaufen!' Also spricht er den Indianer an und bittet ihn um ein wenig Gold. Dieser lacht Thomas aber nur aus. Daraufhin wird Thomas so verzweifelt und wütend, dass er den Indianer zusammenschlägt und ihm den kleinen Beutel mit den Goldstücken abnimmt. Als er aber sieht, dass er den Sohn des Häuptlings erwischt hat, bekommt er es mit der Angst zu tun. Also klettert er den Turm des Guards hinauf und gibt diesem die Hälfte des gestohlenen Goldes, damit der nichts verrät.

Dann rennt Thomas zu seinem Vater und sagt: „Eben hat mich der Sohn des Häuptlings überfallen und ich habe mich gewehrt und jetzt liegt er draußen bewusstlos in der Steppe." Der Vater denkt sich: ‚Das geschieht der Rothaut recht, es wird ihn schon jemand finden.' Also läuft Thomas zu seiner Mutter, die Ärztin ist und sagt: „Eben hat mich der Sohn des Häuptlings überfallen und ich habe mich gewehrt und jetzt liegt er draußen bewusstlos in der Steppe." Die Mutter will aber nicht hinausgehen und meint deshalb: „Bring ihn rein, dann verbinde ich ihn." Thomas bittet daraufhin seinen Bruder Mike, ihm zu helfen, doch der will dies nur tun, wenn der Vater es ihm befiehlt. Also rennt Thomas wieder zurück zum Vater und der meint: „Also gut, bringt ihn herein!" Thomas und Mike schaffen den Verwundeten ins Haus, die Mutter verbindet die Wunden, doch in derselben Nacht stirbt der Indianer. Die Mutter meint: „Der war nicht mehr zu retten, die Mittagshitze hat ihn fertig gemacht, hätte der Guard ihn gleich gesehen und Bescheid gesagt, hätte ich ihn vielleicht noch retten können."

Bald danach kommen die Indianer und verlangen in einer Stunde die Auslieferung des Schuldigen, der den Indianer getötet hat. Ansonsten, drohen sie, würden sie die Ranch niederbrennen.

Kommentar / Diskussionsanregungen:

Diese Übung ist vielmehr ein Experiment als ein Entscheidungsspiel, da die Situation so konstruiert ist, dass eine Entscheidung gegen den Sündenbockmechanismus kaum mehr möglich ist – außer, es stellen sich alle fünf Spieler bzw. es wird per Losverfahren entschieden. Das Spiel stellt aber den Sündenbockmechanismus hervorragend dar. Es wird meist sehr heftig und mit unsachlichen Argumenten gekämpft, wobei die Schuld auf andere abgewälzt werden soll.
Bei einer Nachbesprechung können die Spieler ihre Gefühle während des Spiels berichten, ihre Erleichterung bzw. Angst in den verschiedenen Diskussionssituationen und / oder die Beobachter berichten anhand eines Auswertungsbogens ihre Ergebnisse. Auffallend dabei ist, dass oft der Ehrlichste am schlechtesten wegkommt.

Quelle: nach Hans Frör (1982): Spielend bei der Sache, S. 67ff und S. 80, Kaiser Taschenbücher

# Ferngesteuert

Ort: draußen auf großer ebener Fläche

Schwerpunkt: Kommunikation, Bewegung

Material: pro Teilnehmer: eine Augenbinde und einen Softball

Vorbereitung: –

Beschreibung: Die Gruppe teilt sich paarweise auf. Je einer der Partner verbindet sich die Augen, der andere Partner trägt seine Augenbinde einsatzbereit um den Hals. Der Partner mit den verbundenen Augen bekommt zwei Softbälle in die Hand. Aufgabe jedes Paares ist es nun, mit den Softbällen so viele andere Paare „abzuwerfen" wie möglich. Nur der „Blinde" darf die Softbälle berühren. Der Sehende darf den „Blinden" nicht berühren, ihm aber Anweisungen geben. Bei jedem erfolgreichen Abwurf eines Mitspielers tauschen die erfolgreichen Partner die Rollen: der Sehende wird „blind", der „Blinde" sehend. Jedes Paar zählt für sich die Anzahl der Rollenwechsel.

Kommentar / Diskussionsanregungen:
Wie in der Übung „Blind fangen" (S. 123) steht auch hier die Sicherheit der Teilnehmer an oberster Stelle. Dafür sind die jeweils sehenden Partner verantwortlich. Sie achten auf ausholende Arme etc.

Variationen: –

Quelle: Gilsdorf / Kistner (2001): Kooperative Abenteuerspiele 2, Kallmeyerscher Verlag

# Gewinnt so viel ihr könnt!

Ort: im Seminarraum

Schwerpunkt: Entscheidung, Konkurrenz- und Gruppendruck, Kooperation

Material: 200 Spielmünzen, z. B. Cents
4 Instruktionsbogen
4 Stifte
4 Zählbogen

Vorbereitung: Man benötigt für dieses Spiel vier Kleingruppen, die sich so zusammensetzen, dass alle Spieler miteinander diskutieren können – sie sollten jedoch weit genug auseinander sein, sodass die einzelnen Kleingruppen eine Spielstrategie entwickeln können, ohne von den anderen gehört zu werden.

Jede Kleingruppe erhält einen Instruktions- und Zählbogen und drei Minuten Zeit zum Durchlesen der Spielanleitung.

Beschreibung: Jede Kleingruppe muss als Spieleinsatz den Gegenwert für 50 Spielmünzen in die Bank einzahlen. Dann bekommt jede der vier Kleingruppen zu Spielanfang 25 der Spielmünzen ausgehändigt. Der Seminarleiter hat somit am Anfang des Spiels weitere 100 Spielmünzen als Gewinnprämie zur Verfügung.

Danach beginnt die eigentliche Übung: Jede Kleingruppe muss sich in jeder Spielrunde für eine der beiden Farben „Rot" oder „Schwarz" entscheiden. Die Kleingruppen dürfen sich nicht untereinander verständigen, außer es wird ausdrücklich die Erlaubnis dazu gegeben.

Nachdem alle Kleingruppen gewählt haben, erhält oder verliert jede Kleingruppe eine bestimmte Anzahl Spielmünzen entsprechend dem Gewinnplan. Danach entscheidet jede Kleingruppe erneut für die nächste Spielrunde, ob sie „Rot" oder „Schwarz" wählen will. Die Entscheidung darf erst dann von den einzelnen Kleingruppen bekannt gegeben werden, wenn der Seminarleiter dazu auffordert.

Das Spiel besteht aus zehn Spielrunden. Nach jeder Runde erhält der Seminarleiter die Entscheidung der einzelnen Kleingruppen. Jede Kleingruppe kann ihre Punktezahl in den Zählbogen eintragen bzw. erhält vom Seminarleiter die entsprechende Anzahl an Spielmarken oder muss dem Seminarleiter entsprechend den Verlustpunkten Spielmarken zurückgeben.

In jeder Spielrunde, außer in den drei Sonderrunden, müssen die Kleingruppen innerhalb einer Minute entscheiden, ohne sich mit den anderen Gruppen abzusprechen. Bevor jedoch für die Runden fünf, acht und zehn die Entscheidungen getroffen werden, hat die ganze Spielgruppe die Möglichkeit, drei Minuten lang das Spiel zu diskutieren. Voraussetzung dafür ist aber, dass alle Kleingruppen dies in Form eines Konsenses beschließen. Im Anschluss an diese Gesamtgruppendiskussion müssen die Kleingruppen wieder wie vorher allein ihre Entscheidung treffen.

In der Sonderrunde fünf werden die Gewinn- oder Verlustpunkte aller Kleingruppen verdreifacht, in der Runde acht verfünffacht und in der Runde zehn verzehnfacht.

Am Ende des Spiels lösen die Gruppen ihre Spielmarken entsprechend deren Wert beim Seminarleiter ein. Bleibt in der Bank ein Restbetrag, fällt dieser dem Seminarleiter zu.

***Instruktionen:***

Sie und Ihr(e) Partner müssen in jeder Spielrunde nach Anweisungen des Seminarleiters die Farbe „Rot" oder „Schwarz" wählen. Sie erhalten oder verlieren bei jeder Wahl Gewinn- oder Verlustpunkte. Die Höhe des Gewinns / Verlusts ist nicht nur von Ihrer Wahl, sondern auch von der Farbwahl der anderen drei Gruppen abhängig, wie der folgende Gewinnplan zeigt. Ihr oberstes Ziel sollte jedoch sein: Gewinnen Sie so viel Sie können!

***Gewinnmöglichkeiten für jede Runde:***

| | | |
|---|---|---|
| (1) | 4 x Schwarz: | für jedes Paar<br>1 Verlustpunkt |
| (2) | 3 x Schwarz:<br><br>1 x Rot: | für jedes Schwarz-Paar<br>1 Gewinnpunkt<br>für jedes Rot-Paar<br>3 Verlustpunkte |
| (3) | 2 x Schwarz:<br><br>2 x Rot: | für jedes Schwarz-Paar<br>2 Gewinnpunkte<br>für jedes Rot-Paar<br>2 Verlustpunkte |

| (4) | 1 x Schwarz:<br><br>3 x Rot: | für jedes Schwarz-Paar<br>3 Gewinnpunkte<br>für jedes Rot-Paar<br>1 Verlustpunkt |
|---|---|---|
| (5) | 4 x Rot: | für jedes Paar<br>1 Gewinnpunkt |

***Zählbogen:***

| Runde | Zeit | Beratung | Entscheidung | Punkte | Summe |
|---|---|---|---|---|---|
| 1 | 1 min | mit Partner | | | |
| 2 | 1 min | mit Partner | | | |
| 3 | 1 min | mit Partner | | | |
| 4 | 1 min | mit Partner | | | |
| Sonderrunde 5 | 3 min<br>1 min | mit Gruppe<br>mit Partner | ... x 3! | | |
| 6 | 1 min | mit Partner | | | |
| 7 | 1 min | mit Partner | | | |
| Sonderrunde 8 | 3 min<br>1 min | mit Gruppe<br>mit Partner | ... x 5! | | |
| 9 | 1 min | mit Partner | | | |
| Sonderrunde 10 | 3 min<br>1 min | mit Gruppe<br>mit Partner | ... x 10! | | |

Kommentar / Diskussionsanregungen:

Diese Übung ist eine Erweiterung des Experiments „Getangenendilemma" im Kapitel „Kommunikation, Argumentation und Entscheidung", die mit vier Gruppen gespielt wird. Dadurch nimmt die Dynamik wesentlich zu. Außerdem bekommen die Kleingruppen nach bestimmten Runden die Gelegenheit, sich mit den anderen Gruppen abzusprechen. Weil dadurch auch die Kommunikations- und Argumentationsfähigkeit der Gruppen gefordert ist, habe ich diese Übung in dieses Kapitel aufgenommen.

Im Verlauf des Spiels werden die vier Gruppen zwischen der Möglichkeit, im Alleingang oder doch lieber in Kooperation mit den anderen Paaren die Spielmünzen dem Seminarleiter abzunehmen, hin- und her gerissen. Nur wenn sich alle Kleingruppen einigen können, gewinnt der Seminarleiter nichts. Nur durch gute Kooperation kann also der gemeinsame Gewinn gesteigert werden!

Wichtig: Die Spielregel lautet lediglich „Gewinnt so viel ihr könnt!"
Diskutiert werden sollte nach dem Spiel:

- wie die Gruppen diese Regel verstanden haben – als Ziel für die Gesamtgruppe oder als Anweisung für die eigene Clique?
- Wodurch wurde bestimmt, ob die Spieler bei „Gewinnt so viel ihr könnt!" mehr an ihr eigenes oder an das Wohl der Gesamtgruppe dachten? Welche Faktoren beeinflussen allgemein den Zusammenhalt einer Gruppe?
- beispielsweise abteilungs- und gesamtunternehmerisches Denken

Zwei Ebenen bestimmen die Entwicklung des „Wir-Gefühls" in einer Arbeitsgruppe: Die sachliche Ebene der Übereinstimmung und die emotionale Ebene des Vertrauens. Diese Ebenen müssen sich nicht unbedingt decken – so kann man zum Beispiel einem Freund auch dann vertrauen, wenn man seine Meinung nicht teilt. Entsprechend der Entwicklung von Übereinstimmungen und Vertrauen können wir bei der Diagnose einer Gruppe die folgenden Entwicklungsphasen feststellen:

1. Konflikt
Gegenseitiges Misstrauen, geringe Übereinstimmung über Gruppenziele und Arbeitsverfahren – kein „Wir-Gefühl".

2. Anpassung
Wenig persönliches Vertrauen, aber Annäherung der sachlichen Standpunkte – Ansätze eines „Wir-Gefühls".

3. Uneinigkeit
Wachsendes Vertrauen auf der persönlichen Ebene, aber noch keine Übereinstimmung auf der sachlichen Ebene – wachsendes „Wir-Gefühl".

4. Einigkeit
Hoher Vertrauensgrad zwischen den Mitgliedern und gemeinsame Gruppeninteressen – starkes „Wir-Gefühl".

Variationen: siehe „Gefangenendilemma" im Kapitel „Kooperation und Strategie"

Quelle: mir unbekannt, die Grundform des Spiels kommt aus der Spieltheorie

# Gleichgewicht

Ort: im Seminarraum

Schwerpunkt: Kommunikation, Ausgewogenheit der Beiträge, evtl. Einstieg ins Thema „Gruppendynamik"

Material: pro Teilnehmer: Zettel und Stift für Strichliste

Vorbereitung: –

Beschreibung: In Gruppengesprächen gibt es meistens einige, die häufiger das Wort ergreifen und welche, die selten etwas sagen. Es besteht die Gefahr, dass bei dieser Konstellation, die viel mit Rangordnung, Einfluss und Selbstbewusstsein zu tun hat, wertvolle Beiträge verloren gehen. Das Spiel „Gleichgewicht", bei dem sich die Gruppe in zwei oder mehrere gleich große Untergruppen aufteilt, soll dem symbolisch entgegensteuern.

Die Spielregeln sind einfach: Jedes Mitglied der einzelnen Untergruppe soll möglichst genauso oft zu Wort kommen, wie jedes andere. Dafür wird jedem Teilnehmer ein Beobachter zugeteilt, der per Strichliste die Anzahl dessen Wortmeldungen notiert. Die Gruppen spielen nacheinander.

Die erste Gruppe diskutiert ein gestelltes oder beliebiges Thema und ab diesem Zeitpunkt dürfen sich auch die anderen Gruppen nicht mehr unterhalten (Diese Übung enthält keine Planungszeit!). Sobald ein Teilnehmer zwanzigmal das Wort ergriffen hat, ist die Diskussion zu Ende und die zweite Gruppe beginnt ihr Gespräch.

Die Punkteauswertung pro Gruppe erfolgt, wenn alle ihre Gespräche beendet haben, nach folgender Rechnung: Die höchste Zahl an Beiträgen wird mit 1 multipliziert, die zweithöchste mit 2, die dritthöchste mit 3 usw. Die Summe aller Werte ergibt die Gesamtpunktezahl.

| *Zum Beispiel:* | *Gruppe I* | *Gruppe II* | *Gruppe III* |
|---|---|---|---|
| | 20 x 1 = 20 | 16 x 1 = 16 | 18 x 1 = 18 |
| | 16 x 2 = 32 | 13 x 2 = 26 | 10 x 2 = 20 |
| | 5 x 3 = 15 | 10 x 3 = 30 | 8 x 3 = 24 |
| | 2 x 4 = 8 | 7 x 4 = 28 | 7 x 4 = 28 |
| | Ges.: 75 | Ges.: 100 | Ges.: 90 |

Gruppe zwei hat gewonnen. Es haben sich alle intensiv an dem Gespräch beteiligt. Bei Gruppe I hingegen liegen der Dritte und Vierte weit hinter den beiden Stimmgewaltigsten, zwischen denen sich das Gespräch hauptsächlich hin- und her bewegt haben musste. Gruppe III hatte zwar einen starken Wortführer, der Rest der Gruppe beteiligte sich aber gleichmäßig an der Diskussion; dies zahlte sich bei der Punktevergabe aus.

Kommentar / Diskussionsanregungen:

- Was ist an dem Sprichwort „Reden ist Silber, Schweigen ist Gold." dran?
- Wie kommt die unterschiedliche Wertung zustande?
- Sind Beiträge von „Vielrednern" wertvoller als Gedanken und Vorschläge Schweigsamer?
- Gibt es eine Wechselbeziehung zwischen Einfluss und der Häufigkeit des Redens?
- Gibt es eine Wechselbeziehung zwischen Wissen und der Häufigkeit des Redens?

Variationen: –

Quelle: Hans Frör (1987): Spiel und Wechselspiel, Kaiser Taschenbücher

# Mord in Palermo

| | |
|---|---|
| Ort: | im Seminarraum |
| Schwerpunkt: | Wahrnehmung, Argumentation, Entscheidung |
| Material: | pro Mitspieler je ein Kärtchen |

Vorbereitung: Auf jedes Kärtchen einen Buchstaben schreiben und zwar:

- auf (Anzahl Teilnehmer n – 2)-Kärtchen kommt ein „B" wie Bürger
- auf ein Kärtchen kommt ein „M" für Mörder
- und auf ein Kärtchen wird ein „D" für Detektiv geschrieben.

Beschreibung: Die Karten werden gemischt und an die Mitspieler verdeckt ausgeteilt. Jeder Mitspieler schaut sich seine Karte, ohne dass die anderen Mitspieler den Buchstaben sehen, an und legt sie verdeckt auf den Tisch. Die Karten dürfen auch im weiteren Verlauf des Spieles nicht hergezeigt werden.

Danach moderiert der Seminarleiter den Spielablauf folgendermaßen:
*1. Schritt:* „Die ganze Stadt schläft ein ..." → alle Mitspieler schließen die Augen
*2. Schritt:* „Der Mörder wacht auf ..." → der ‚Mörder' öffnet die Augen „... und verrichtet sein grausiges Handwerk ..." → deutet auf einen Mitspieler, der sein Opfer sein wird, „... und schläft wieder ein ..." → der ‚Mörder' macht die Augen wieder zu.
*3. Schritt:* „Der Detektiv wacht auf ..." → der ‚Detektiv' öffnet die Augen, „... und äußert einen Verdacht ..." → zeigt auf einen Mitspieler, von dem er glaubt, er könnte der Mörder sein (evtl. hat der ein Geräusch gehört oder er rät einfach aufs Geratewohl), „... und schläft wieder ein ..." → der ‚Detektiv' macht die Augen wieder zu.
*4. Schritt:* „Die Stadt wacht auf ..." → alle machen die Augen auf, „... bis auf den / die ..., denn der / die ist tot (der Mitspieler, auf den der Mörder gedeutet hat, darf nicht mehr mitdiskutieren) und der Verdacht des Detektivs war ... („richtig" oder „falsch", je nachdem, ob der Detektiv beim Deuten zufällig den richtigen Mörder erraten hat oder nicht).

Jetzt ist das Feld zur Diskussion und für Spekulationen freigegeben. Die Mitspieler dürfen sich jetzt also gegenseitig befragen, beobachten, verdächtigen, provozieren etc. Dies erfolgt mit dem Ziel, den wahren Mörder aufgrund stichhaltiger Verdachtsmomente, wie zum Beispiel auffälliges „andersartiges" Verhalten, hysterisches Kichern, Schwitzen beim Antworten, Rotwerden, Nervosität zeigen etc. zu entlarven.

Wenn sich nach eingehender Befragung und Diskussion die Mehrheit der Mitspieler dafür entscheidet, den Mörder gefunden zu haben, wird abgestimmt. Nun gibt es zwei Möglichkeiten:

A. In dem Fall, dass die Abstimmung über den tatsächlichen Mörder positiv verlaufen ist, ist hier das Spiel zu Ende und die Karten werden erneut ausgeteilt, sodass auch die Rollen neu verteilt sind.

B. In dem Fall, dass über einen Unschuldigen, sei es Detektiv oder Bürger, abgestimmt wurde, ist der Betreffende „gelyncht" (darf also auch nicht mehr mitdiskutieren – und „die Stadt schläft wieder ein ..." – Schritte 1 – 4 folgen, sodass die Stadt nun insgesamt drei Bürger weniger hat.

Das Spiel läuft so lange weiter, bis entweder der richtige Mörder per Abstimmung gefasst wird oder bis nur noch ein Bürger und der Mörder übrig sind.

Anmerkungen:

1. Wenn der Detektiv vom Mörder ermordet oder von den Bürgern gelyncht wird, ist er selbstverständlich mausetot und kann somit auch keinen Verdacht mehr äußern.
2. Der Detektiv darf sich jederzeit outen, sprich sagen: „Ich bin der Detektiv.", darf aber zum Beweis nicht seine Karte herzeigen, sondern muss die anderen davon überzeugen, dass er die Wahrheit spricht. Clevere Mörder behaupten in diesem Moment manchmal auch von sich, dass sie der Detektiv sind!
3. Ein geouteter Detektiv ist begehrtes Opfer von Mördern, da der Detektiv der Einzige ist, der valide – vom Seminarleiter bestätigte – Informationen über eine Verdächtigung pro Runde sammeln kann.

Kommentar / Diskussionsanregungen:

Dies ist ein faszinierendes und gleichzeitig ein sehr unterhaltsames Spiel, mit dem sich sowohl die Wahrnehmung und Beobachtung schärfen lässt als auch die Kunst der überzeugenden Argumentation. Einfache Prinzipien und Glaubensätze – wenn, dann ...– werden hinterfragt, Fremd- und Selbstwahrnehmung des eigenen Verhaltens können abgeglichen, alle Aspekte der gelungenen Selbstpräsentation und Kommunikation können näher beleuchtet.

Auf der anderen Seite kann dieses Spiel einfach auch nur „Just for Fun" am Abend für Stimmung sorgen.

Variationen: –

Quelle: Frank Holzkämper, frank.holzkaemper@dpsg1300.de

# Pan-Koloss

Ort: im Seminarraum

Schwerpunkt: Kommunikation, Auswerten von Informationen, Bewusstsein für negative Rollen im Team

Material: Informationskärtchen (siehe unten)

Vorbereitung: –

Beschreibung: Der Seminarleiter liest die Instruktion vor:

*„Auf dem von Menschen bewohnten Planeten Juvania soll in der aurobinischen Hauptstadt Rubenia in Erinnerung an eine abgewendete Naturkatastrophe ein „PAN-Koloss", ein massives rechteckiges Monument, erbaut werden. Das Bauwerk muss innerhalb von vier Wochen vollendet sein.*

*Aufgabe der Gruppe ist es nun, herauszufinden, an welchem Tag das Bauwerk fertig gestellt wird.*

*Sie haben dazu 58 Minuten Zeit.*

*Sie werden Kärtchen mit Informationen über die Aufgabe enthalten. Sie können diese Informationen mündlich weitergeben, dürfen aber Ihre Kärtchen auf gar keinen Fall direkt herzeigen."*

Danach werden die Informationskarten möglichst gleichmäßig unter den Teilnehmern verdeckt verteilt. Nach 58 Minuten werden die Kärtchen eingesammelt und das Ergebnis abgefragt.

Die Lösung heißt: Neptiminus.

1. Die Ausmaße des Pan-Kolosses ergeben, dass er aus 50000 Kubikellen Raum besteht.
2. Jeder Block hat eine Kubikelle, deshalb werden 50000 Blöcke benötigt.
3. Jeder Arbeiter arbeitet 7 Quags pro Tag (2 Quags sind Ruhepause).
4. Jeder Arbeiter legt 150 Blöcke pro Quag, das ergibt 1050 Blöcke pro Tag.
5. Es arbeiten immer 8 Leute am Pan-Koloss, diese legen 8400 Blöcke pro Arbeitstag.
6. Der 50000. Block wird am 6. Arbeitstag gelegt.
7. Weil am Meltemi nicht gearbeitet wird, ist der 6. Arbeitstag der Neptiminus.

Alle anderen Angaben sind in diesem Fall irrelevant.

Kommentar / Diskussionsanregungen:

- Wie ging die Gruppe mit den unterschiedlichen Qualitäten von Information um?
- Wie ging es jedem Einzelnen während der Übung? Welchen Einfluss hatten die „verschriebenen" Rollen auf die Dynamik in der Gruppe?
- Gab es in der Gruppe während der Aufgabe Impulse aufzugeben? Von wem gingen sie aus? Wer hat diesen Impuls unterstützt? Wer hat ihn abgewehrt?
- Was war letztendlich ausschlaggebend für die Fortführung bzw. Aufgabe?
- Wie hoch war die Identifikation der einzelnen Gruppenmitglieder mit der Lösung? Was hätte man tun können, um sie zu erhöhen?

Variationen: Je nach Gruppengröße kann die Anzahl der negativen Rollen verringert werden.

Quelle: zugeschickt bekommen von Andreas Patrzek, Wirtschaftspsychologische Organisationsberatung, Bichl. www.patrzek.de.

Es gibt auch eine ältere Variante mit dem Namen „Der Sin-Obelisk". Ich konnte die Quelle leider nicht eruieren.

Achtung! Sie übernehmen bei dieser Übung eine besondere Rolle: Neben der „normalen" Information am unteren Ende der Karte finden Sie im direkt nachfolgenden Text **IHRE** besondere / individuelle Rolleninformation.

- Über den Inhalt dieser Karte bitte niemanden informieren.
- Verhalten Sie sich auch bitte so, dass das „beabsichtigte und fremdgesteuerte Verhalten" für die anderen Gruppenmitglieder nicht deutlich zutage tritt.

Ihre ganz besondere Aufgabe bei der Übung besteht darin, den vermeintlichen Moderator / Führer der Gruppe immer wieder zu kritisieren. Werfen Sie ihm Unvermögen vor, glauben Sie ihm nichts ... und seien Sie überkritisch.

Achten Sie dann auf zwei Dinge: a) Wie reagieren die „Führer" und die Gruppe darauf?
b) Wie geht es Ihnen damit?

Ihre „Normale Information der Karte" :

**Blassviolette Blöcke kosten zwei Dollar mehr.**

Achtung! Sie übernehmen bei dieser Übung eine besondere Rolle: Neben der „normalen" Information am unteren Ende der Karte finden Sie im direkt nachfolgenden Text **IHRE** besondere / individuelle Rollen-Information.

- Über den Inhalt dieser Karte bitte niemanden informieren.
- Verhalten Sie sich auch bitte so, dass das „beabsichtigte und fremdgesteuerte Verhalten" für die anderen Gruppenmitglieder nicht deutlich zutage tritt.

Ihre ganz besondere Aufgabe bei der Übung besteht darin, in der Gruppe Desinteresse und Unmut über diese Übung allgemein zu zeigen. Erwähnen Sie also immer wieder, dass diese Übung Ihrer Meinung nach total unsinnig ist und man sich nicht so viel im Detail aufhalten solle.

Achten Sie dann auf zwei Dinge: a) Wie reagieren die „Führer" und die Gruppe darauf?
b) Wie geht es Ihnen damit?

Ihre „Normale Information der Karte" :

**„20 Trogs sind circa 10 Youghs."**

Achtung! Sie übernehmen bei dieser Übung eine besondere Rolle: Neben der „normalen" Information am unteren Ende der Karte finden Sie im direkt nachfolgenden Text **IHRE** besondere / individuelle Rolleninformation.

- Über den Inhalt dieser Karte bitte niemanden informieren.
- Verhalten Sie sich auch bitte so, dass das „beabsichtigte und fremdgesteuerte Verhalten" für die anderen Gruppenmitglieder nicht deutlich zutage tritt.

Ihre ganz besondere Aufgabe bei der Übung besteht darin, sich in der Gruppe möglichst unauffällig zu verhalten. Treten Sie also nicht in Erscheinung und schweigen Sie viel. Auf Anfragen reagieren Sie bitte „leise" und einsilbig.

Achten Sie dann auf zwei Dinge: a) Wie reagieren die „Führer" und die Gruppe darauf?
b) Wie geht es Ihnen damit?

Ihre „Normale Information der Karte" :

**„1 antediluvialer Yard entspricht ca. 5 Trogs."**

Achtung! Sie übernehmen die dieser Übung eine besondere Rolle: Neben der „normalen" Information am unteren Ende der Karte finden Sie im direkt nachfolgenden Text **IHRE** besondere / individuelle Rolleninformation.

- Über den Inhalt dieser Karte bitte niemanden informieren.
- Verhalten Sie sich auch bitte so, dass das „beabsichtigte und fremdgesteuerte Verhalten" für die anderen Gruppenmitglieder nicht deutlich zutage tritt.

Ihre ganz besondere Aufgabe bei der Übung besteht darin, sich in der Gruppe „der / die Langsame" zu sein. Geben Sie sich bewusst „begriffsstutzig", fragen Sie immer wieder nach, drängen Sie auf „Verlangsamung".

Achten Sie dann auf zwei Dinge: a) Wie reagieren die „Führer" und die Gruppe darauf?
b) Wie geht es Ihnen damit?

Ihre „Normale Information der Karte" :

**„Der fünfte Tag folgt auf den vierten Tag."**

Achtung! Sie übernehmen bei dieser Übung eine besondere Rolle: Neben der „normalen" Information am unteren Ende der Karte finden Sie im direkt nachfolgenden Text **IHRE** besondere / individuelle Rolleninformation.

- Über den Inhalt dieser Karte bitte niemanden informieren.
- Verhalten Sie sich auch bitte so, dass das „beabsichtigte und fremdgesteuerte Verhalten" für die anderen Gruppenmitglieder nicht deutlich zutage tritt.

Ihre ganz besondere Aufgabe bei der Übung besteht darin, in der Gruppe „der Clown" zu sein. Machen Sie Witze, äffen Sie andere nach und unterbrechen Sie die Arbeit der Gruppe immer wieder einmal.
Achten Sie dann auf zwei Dinge: a) Wie reagieren die „Führer" und die Gruppe darauf?
b) Wie geht es Ihnen damit?

Ihre „Normale Information der Karte" :

**„Der vierte Tag folgt auf den dritten Tag."**

Achtung! Sie übernehmen bei dieser Übung eine besondere Rolle: Neben der „normalen" Information am unteren Ende der Karte finden Sie im direkt nachfolgenden Text **IHRE** besondere / individuelle Rolleninformation.

- Über den Inhalt dieser Karte bitte niemanden informieren.
- Verhalten Sie sich auch bitte so, dass das „beabsichtigte und fremdgesteuerte Verhalten" für die anderen Gruppenmitglieder nicht deutlich zutage tritt.

Ihre ganz besondere Aufgabe bei der Übung besteht darin, in der Gruppe „der Blockierer" zu sein. Weichen Sie öfter auf Randprobleme aus und bringen Sie Erfahrungen ein, die nichts mit dem vorliegenden Problem zu tun haben. Weisen Sie ab und zu Ideen aus affektiven Vorurteilen ohne jede Überlegung ab.
Achten Sie dann auf zwei Dinge: a) Wie reagieren die „Führer" und die Gruppe darauf?
b) Wie geht es Ihnen damit?

Ihre „Normale Information der Karte" :

**„Der zweite Tag folgt auf den ersten Tag."**

**Hinweis:** Die Karten müssen alle die gleiche Größe haben wie die auf den S. 145f. (Downloadmöglichkeit zum einfachen Ausdrucken unter: www.ziel.org/pep2)

| | |
|---|---|
| 1 Steinblock kostet 2 pharaonische Dollar. | Die Steinblöcke werden vor dem Mauern gedreht. |
| 8 Atlantis-Chips ergeben 1 pharaonischen Dollar. | Mit welcher Seite nach oben steht der Pan? |
| Nur 1 Gruppe arbeitet jeweils am Bau des Pan-Kolosses. | Wer war Pan? |
| Die Arbeit beginnt am Aquatag bei Tagesanbruch. | Wird am Sonntag gearbeitet? |
| In jeder Gruppe arbeiten 2 Frauen. | Eine antediluviale Parasange hat 3,5 Ellen. |
| Blassviolett hat am Avgamatia eine besondere kultische Bedeutung. | Ein Klaster ist ein Würfel, dessen Kantenlängen 1 antediluvialen Yard betragen. |

Was ist ein Klaster?

Jeder Arbeiter hat 16 Yoghs Pause.

Am Meltemi wird nicht gearbeitet.

Ein Arbeitstag dauert 9 Quags.

1 Mitglied jeder Gruppe hat rituelle Pflichten und legt keine Blöcke.

Die Woche in Juvania hat 5 Tage.

Während der Arbeitszeit befinden sich je 1 Gruppe von 9 Leuten am Bau.

Der 5. Tag der juvenianischen Woche heißt Meltemi.

Jeder Arbeiter legt 150 Blöcke pro Quag.

Der 4. Tag der juvenianischen Woche heißt Ninildu.

1 Quag besteht aus 8 Yoghs.

Der 3. Tag der juvenianischen Woche heißt Avgamatia.

Der 2. Tag der juvenianischen Woche heißt Neptiminus.

Die Länge des Pan-Kolosses beträgt 50 Ellen.

Der 1. Tag der juvenianischen Woche heißt Aquatag.

Der juvenianische Tag ist unterteilt in Quags und Yoghs.

Jeder Steinblock ist 1 Kubikelle groß.

Die elementare Zeiteinheit in Juvenia ist der Tag.

Der Pan-Koloss wird aus Steinblöcken zusammengesetzt.

Es werden stets so viele Steinblöcke angeliefert, dass keine Lieferengpässe bestehen können.

Die Breite des Pan-Kolosses beträgt 10 Ellen.

Alle Blöcke aus dem Steinbruch werden auf einem zentralen Lagerplatz zwischengelagert.

Die Höhe des Pan-Kolosses beträgt 100 Ellen.

Grünliche Blöcke dürfen nur am Avgamatia betrachtet werden.

Der Pan-Koloss darf nur aus blassvioletten Blöcken bestehen.

Jeder 3. Block weist leichte Risse an der Oberkante auf.

Ca. 10 – 20 % aller Blöcke, die im Steinbruch gefördert werden können, sind grünlich gefärbt.

Der 9. Tag der atlantischen Woche heißt Olpundo.

Grünlich gefärbte Blöcke dürfen nur von Frauen berührt werden.

Der Umfang des Kolosses beträgt 120 Ellen.

Jeder 100. Block bekommt einen Namen.

**Zur Info:**
Alle Spielkarten in Originalgröße können Sie im Internet unter www.ziel.org/pep2 downloaden.

# Romeo und Julia

Ort: im Seminarraum

Schwerpunkt: Kommunikation, Fragestrategie

Material: –

Vorbereitung: –

Beschreibung: Diese Art von Rätseln ist sicherlich schon vielen Menschen bekannt. Oft wird ein recht morbides Szenario vorgestellt, dessen Hintergründe lediglich mit geschlossenen Fragen (Fragen, auf die man nur mit „Ja" oder „Nein" antwortet) erforscht werden dürfen.

*1. Rätsel:*
Romeo und Julia liegen tot auf dem Boden in einer Wasserpfütze. Das Fenster über ihnen ist offen. Was ist geschehen?

Lösung: Romeo und Julia sind Fische. Als das Fenster durch einen Windstoß aufgeschlagen wurde, knallte es gegen das Aquarium und es zerbrach.

*2. Rätsel:*
Ein Mann kommt nach Hause, sieht die Sägespäne nicht und erschießt sich. Warum?

Lösung: Der Mann war der kleinste Mann der Welt. Der zweitkleinste Mann hat die Beine des Tisches abgesägt, damit der kleinste Mann, wenn er sich an den Tisch setzt, denkt er sei gewachsen. Dies hat funktioniert und so hat der kleinste Mann, seiner Existenzgrundlage beraubt, Selbstmord begangen.

*3. Rätsel:*
Ein Mann fährt mit dem Auto in die Arbeit. Er hört ein Lied im Radio. Daraufhin fährt er mit Vollgas an den nächstbesten Baum und ist tot.

Lösung: Der Mann war Radiomoderator einer Livesendung. Er hatte seit langem vor, seine Frau zu ermorden. Sein Alibi organisierte er sich, indem er seine Sendung vorher aufzeichnete und dann abspielte, bevor er nach Hause fuhr, um seine Frau zu töten. Auf dem Rückweg vom Mord merkt er an dem Lied, dass die Aufnahme hängen geblieben und damit sein Alibi aufgeflogen ist.

*4. Rätsel:*
Ein Mann verlässt morgens seine Wohnung im 13. Stock eines Hochhauses fährt mit dem Aufzug hinunter ins Erdgeschoss und geht zur Arbeit. Da es regnet, fährt er nach der Arbeit zurück in den 13. Stock, ansonsten fährt er nur in den 9. Stock und geht die restlichen Stockwerke zu Fuß.

Lösung: Dieser Mann ist Liliputaner. Wenn es regnet, hat er seinen Regenschirm dabei und erreicht mit diesem den Knopf für den 13. Stock. Ansonsten reicht sein Arm nur bis zum 9. Stock.

*5. Rätsel:*
Ein Mann springt aus dem 9. Stock in die Tiefe. Während des Falles hört er ein Telefon klingeln und denkt sich: „Hätte ich das vorher gewusst, wäre ich nicht gesprungen!“ Warum?

Lösung: Nach einem Nuklearkrieg meint der Mann der einzige Überlebende zu sein und begeht Selbstmord. Dadurch, dass das Telefon klingelt, weiß er das es mindestens noch einen Überlebenden gibt.

Kommentar / Diskussionsanregungen:

Neben dem Spaß, die Rätsel zu lösen, kann es außerdem interessant sein, eine Fragestrategie zu entwickeln. Dabei kann das Modell der Abstraktionspyramide – gefunden in R.-M. Hahn; N. Stickel: Gut gefragt ist fast gewonnen, rororo – hilfreich sein:

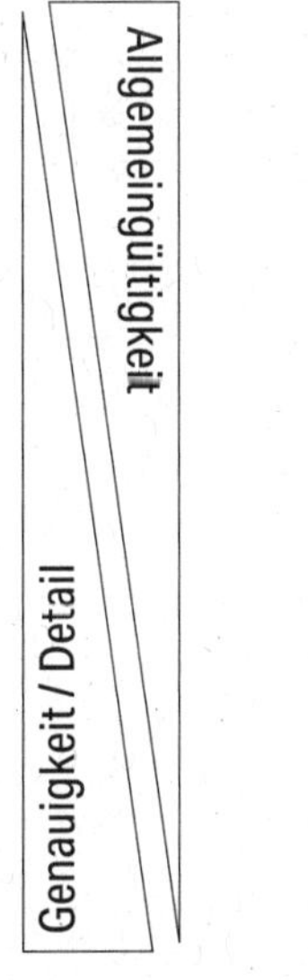


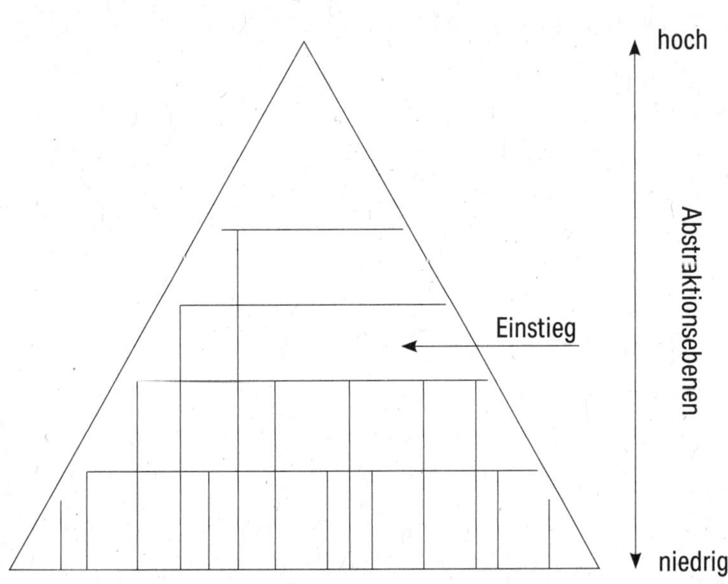

Stellen Sie sich vor, dass die Teilnehmer einer Besprechung ständig von Detail zu Detail springen und sich in diesen verlieren. Um einen Sprung in die nächsthöhere Abstraktionspyramide zu vollziehen, könnte Ihre Frage lauten: „Macht es momentan Sinn, dass wir jetzt diese Details diskutieren? Wäre es nicht sinnvoller, wenn die Details außerhalb der Besprechung vorbereitet werden, sodass wir dann auf dieser Grundlage bei der nächsten Besprechung eine Entscheidung treffen können?" Ziel der Abstraktionspyramide ist es, eine Sache so schnell wie möglich auf den Punkt zu bringen. Dies kann auf der Prozessebene und der Sachebene passieren. Bewegen Sie sich hauptsächlich auf einer hohen Abstraktionsebene, vernachlässigen Sie evtl. die Details. Sind Sie vorrangig auf der Detailebene unterwegs, ist die Chance gering, dass Thema auf den Punkt zu bringen.

Auch bei den Rätseln ist es sinnvoll, vertikal hin und her zu springen und die eigenen Vorannahmen zu überprüfen. Bei „Romeo und Julia" zum Beispiel, die Vorannahme es handele sich um Personen, bei dem zweiten Rätsel ist es wichtig, auf den Beruf des Selbstmörders zu kommen etc.

Variationen: –

Quelle: mir unbekannt

# Steine der Macht

Ort: im Seminarraum

Schwerpunkt: Kommunikation, Argumentation, Rollen und Macht

Material: pro Teilnehmer: 15 Steine (Murmeln, Kieselsteine oder Ähnliches)

Vorbereitung: –

Beschreibung: Jeder Teilnehmer erhält 15 Steine. Aufgabe der Gruppe ist es, – für die nächste Aktion – einen geeigneten Chef zu finden. Dieser Suchprozess wird durch die Verteilung der Steine geregelt. Wer nach 30 min die meisten Steine auf sich vereinigen kann, weil er sie beispielsweise geklaut oder geschenkt bekommen hat, wird der Teamleiter. Allerdings muss diese Entscheidung auch von allen Teammitgliedern getragen bzw. bestätigt werden.

Kommentar / Diskussionsanregungen:

Bei dieser Übung ist es interessant herauszufinden, nach welchen Kriterien die Gruppenmitglieder ihre einzelnen Steine vergeben haben.

- War die Gruppe bestrebt die Harmonie aufrechtzuerhalten und ist so schnell zu einem gemeinsamen Entschluss gekommen?
- Welche Fähigkeiten und Stärken wurden dabei in die Waagschale geworfen?
- Gab es Koalitionen etc.?

Variationen: –

Quelle: Pit Forster, Geschäftsführer der Trainingsfirma „Forum Momentum", www.forummomentum.com

Oliver Fink, Geschäftsführer von „fink different", www.finkdifferent.com

# Steinsortiment

Ort: im Seminarraum

Schwerpunkt: Einstimmung aufs Thema „Kommunikation"

Material: 4 große Steine (ungefähr Handballgröße) bei 8 Teilnehmern
Augenbinden für die Hälfte der Teilnehmer
1 Tisch

Vorbereitung: Gruppe in zwei Kleingruppen aufteilen. Nachdem die Hälfte der Gruppe den Raum verlassen hat, Steine auf einem Tisch in einer Reihe positionieren.

Beschreibung: Während die eine Gruppe draußen wartet, hat die zweite Hälfte der Gruppe 10 min Zeit sich die Platzierung der Steine einzuprägen. Sie können sich die Steine sowohl anschauen als auch berühren bzw. anfassen. Danach verbinden sie sich die Augen und der Spielleiter ändert die Anordnung der Steine. Die Gruppe, die draußen gewartet hat, betritt den Raum. Diese Gruppe muss nun die Steine innerhalb von 10 min in ihre ursprüngliche Reihenfolge zurücklegen. Jeder Teilnehmer, der von draußen kommt, wird dabei zu einem Experten für einen Stein, d. h. er darf ausschließlich den Stein anfassen, den er zuerst berührt hat. Die „Blinden" dürfen Hinweise geben, aber nicht näher als 2 m an den Tisch heran.

Kommentar / Diskussionsanregungen:
Bei dieser Übung ist die klare, eindeutige Kommunikation besonders wichtig. Eine Rolle spielt aber auch die Absprache zwischen den „Blinden". Wer hat welche Verantwortung? Wie wird die Instruktion strukturiert? Wer redet wann? etc.

Variationen: –

Quelle: abgeändert nach Sam Sikes: Feeding The Zircon Gorilla

# 3.5 Kooperation und Strategie

# Balkenbalance

Ort: draußen, mit einem gesunden Baum (mit grünen Blättern) und einem Durchmesser von ca. 30 cm und stabilen, dicken Ästen

Schwerpunkt: Kooperation, Strategie

Material: ein Vierkantbalken mindestens 15 x 15 cm x 3 – 4 m
ein kurzes Seilstück von einem Kletterseil
zwei Bandschlingen
zwei Karabiner
ein langes Seil zur Begrenzung der „verbotenen" Fläche

Vorbereitung: Das eine Ende des kurzen Seils an dem Balken mit einem Webeleinenstek (Mastwurf) und mit mindestens einem halben Schlag (das ist ebenfalls ein Knoten) dahinter fixieren. Um einen der unteren Äste die zwei Bandschlingen mit Ankerschlingen legen. Das Seil mit einem Achterknoten und zwei Karabinern in jeweils eine Bandschlinge einklinken. Eine „verbotene" Fläche am Boden mit Hilfe eines Seils auslegen (Durchmesser ist ein wenig kürzer als die Länge des Balkens).

Beschreibung: Aufgabe der Gruppe ist es, alle Teilnehmer auf den Balken zu bugsieren und diesen im Gleichgewicht zu halten. Während der Aktion darf niemand den Boden in der gekennzeichneten Fläche berühren.

Kommentar / Diskussionsanregungen:
Bei dieser Übung muß der Seminarleiter besonderes Augenmerk auf die Qualität des Materials (Baum, Seil, Balken) legen. Wer sich hier nicht auskennt, sollte die Finger von der Übung lassen.
Für die Basisreflexion eignen sich je nach Fokus alle Fragen der Reflexionsübungen „Standard" und „Fragenkatalog".

Variationen: Statt des Balkens kann auch die Gruppe sich einen entsprechenden Ast im Wald suchen und zurechtsägen. Auch diesen sollte der Seminarleiter aus sicherheitstechnischen Gründen auf alle Fälle noch mal auf Tauglichkeit prüfen.

Quelle: mir unbekannt

# Baumloser Säureteich

Ort: draußen auf ebener großer Fläche

Schwerpunkt: Kooperation, Strategie

Material: ein Seil zum Auslegen des „Säureteiches"
ein Statikseil für den Rahmen des Netzes
(ein Statikseil verwenden, das nicht so dehnungsfähig ist wie beispielsweise ein Kletterseil)
zahlreiche Reepschnüre oder andere Seile zum Knüpfen des Netzes
eine Augenbinde für einen Teilnehmer
ein zu rettendes Objekt, z. B. cin Plastikhuhn

Vorbereitung: Die nicht zu berührende Fläche mithilfe eines Seils auslegen (Durchmesser ca. 6 m) und als „Säureteich" definieren. Das zu rettende Objekt in der Mitte des Teiches legen.

Beschreibung: Im ersten Band „Praktische Erlebnispädagogik" ist die Übung „Säureteich" bereits beschrieben. Die gleiche Übung funktioniert auch ohne Baum, jedoch erst ab einer Teilnehmerzahl von zwölf Personen!

Die Gruppe bekommt den Auftrag, das im Säureteich schwimmende Objekt zu bergen. Dabei dürfen weder Material noch Menschen den Boden innerhalb des Teiches berühren. Die Benutzung weiterer Hilfsmittel – außer den zur Verfügung gestellten – ist nicht erlaubt. Wenn die Person, die das Objekt bergen soll, über den Teich gehoben wird, werden ihr die Augen verbunden, damit sie nicht durch die giftigen Dämpfe beeinträchtigt werden.

Die Lösung besteht letztendlich darin, die Seile bzw. Reepschnüre so zu verweben, dass ein Netz entsteht, auf dass sich ein Teilnehmer legen kann, während die anderen das Netz durch Muskelkraft spannen.

Kommentar / Diskussionsanregungen:
Für die Basisreflexion eignen sich je nach Fokus alle Fragen der Reflexionsübungen „Standard" (S. 257) und „Fragenkatalog" (S. 245).

Variationen: Dies ist eine nette Übung zum Abschluss, wenn im Säureteich eine Sektflasche und Gläser auf einem Tablett stehen.

Quelle: mir unbekannt

# Brot und Spiele

Ort: im Seminarraum bzw. im Hotel oder auf der Hütte

Schwerpunkt: Kommunikation, Kooperation, Strategie

Material: –

Vorbereitung: Mit der Hotel- bzw. Hüttenleitung vorab klären, ob die Küche überhaupt benützt werden darf. Falls dies nicht der Fall ist, besteht die zusätzliche Herausforderung für die Gruppe, sich Koch- bzw. Grillgelegenheiten und -utensilien zu organisieren.

Beschreibung: Der Seminarleiter stellt folgendes Szenario vor:
„Heute Abend findet die große Abschlussveranstaltung statt. Bei dieser Veranstaltung wird in einem liebevoll geschmückten Raum ein viergängiges Menü serviert, es wird eine Rede gehalten, es werden zwei künstlerische Darbietungen aufgeführt und ein Abendprogramm, bei denen die Gäste involviert werden, angeboten. Leider hat die Eventfirma, die das Ganze organisieren und durchführen sollte, Insolvenz angemeldet. Deswegen ist die Wahl jetzt auf Sie gefallen. Sie sind als effizienter und preisgünstiger Anbieter solcher Dienstleistungen weltweit bekannt. Sie bekommen ein Budget von
10 E/Person und drei Stunden Vorbereitungszeit zur Verfügung.
Herzlichen Dank schon im Voraus und wir werden Sie bei erfolgreicher Durchführung weiterempfehlen!"

Kommentar / Diskussionsanregungen:
Bei dieser Übung werden vielfältige Talente und Stärken abgefragt (wer kann kochen, singen, dekorieren, Reden halten etc.?) und das knappe Budget zwingt zur Improvisation. Eventuell muss sogar noch etwas dazuverdient werden.

Variationen: –

Quelle: mir unbekannt

# Bullring

Ort: im Seminarraum oder draußen

Schwerpunkt: Kommunikation, Kooperation

Material: an einen Ring mit einem Innendurchmesser von ca. 4 cm werden der Teilnehmerzahl entsprechend ca. 2 m lange Schnüre gebunden (um zu verhindern, dass die Schnüre in die Handflächen einschneiden, kann man kleine Holzstückchen an die Enden binden)
ein Hartgummiball mit einem Durchmesser von ca. 10 cm
zwei kurze Seile (ca. 10 m)
zwei Markierungsbänder
einige Augenbinden

Vorbereitung: Den Ring auf den Boden legen, die Schnüre ausbreiten und den Ball auf den Ring legen. Ein Seil in einer Höhe von ca. 40 cm zwischen zwei Bäume und zwischen zwei andere Bäume ein zweites Seil in einer Höhe von ca. 1,40 m spannen. Zwei eng beieinander stehende Bäume (Abstand ca. 1 m) mit Markierungsband markieren.

Beschreibung: Aufgabe der Gruppe ist es, über das niedrige Seil hinüber, unter dem höheren Seil durch und zwischen den beiden engen Bäumen hindurch, den Ball zu transportieren. Dabei darf der Ball zu keiner Zeit berührt werden. Außerdem muss zwischen Spielern und Ball stets ein Sicherheitsabstand von zwei Metern – entspricht der Schnurlänge – gewahrt werden. Die Seile oder Bäume dürfen ebenfalls nicht berührt werden. Jeder Teilnehmer muss zu jeder Zeit sein Seil am äußersten Ende halten. Zur Erschwerung der Aufgabe werden einigen Teilnehmern aus der Gruppe die Augen verbunden.

Kommentar / Diskussionsanregungen:

Es lohnt sich, vorher auszuprobieren, welcher Ball wackelig und doch stabil genug auf dem Ring sitzt. Der Ball sollte herunterfallen, wenn die Seile nicht vom Boden aus gespannt werden, sondern von Hüfthöhe aus.

Für die Basisreflexion eignen sich je nach Fokus alle Fragen der Reflexionsübungen „Standard" (S. 257) und „Fragenkatalog" (S. 245), insbesondere jedoch die Fragen bzgl. der unterschiedlichen Rollen (sehend/blind)

Variationen: Von dieser Übung gibt es zahlreiche Variationsmöglichkeiten:

1. Man kann z. B. statt dem Metallring und dem Hartgummiball auch eine Kette, die mit einem Karabiner verbunden ist, und einen Petziball nehmen. Dann ist das Ganze ziemlich groß!
2. Oder man verwendet keinen Metallring, sondern verteilt nur 3 m lange Schnüre – eine Schnur pro Paar – und verwendet einen mit Wasser gefüllten Ballon als Transportgut. Die Schnüre dürfen dann aber nicht verknotet, sondern nur verflochten werden.
3. Oder man kennzeichnet drei Orte, die die Gruppe mit dem Ball anlaufen muss. Am ersten Ort beginnt die Reise, alle sind noch sehend. Nach Erreichen des zweiten Ortes darf nicht mehr gesprochen werden, nach dem Anlaufen der dritten Stelle wird einer Hälfte der Gruppe die Augen verbunden usw.

Quelle: gespielt mit Henrike Grell, Caritas Bad Reichenhall, h.grell@caritasmuenchen.de

# Codeknacker

Ort: im Seminarraum oder draußen auf ebener Fläche

Schwerpunkt: Kommunikation, Kooperation, Strategie

Material: pro Teilnehmer 2 – 3 Pappteller
ein Seil zum Auslegen der „Sperre"

Vorbereitung: Mit dem Seil einen Kreis von ca. 6 m Durchmesser so auslegen, dass er vom Besprechungsort aus nicht einsehbar ist. Der Kreis symbolisiert das „Computerprogramm".
In dem Kreis die mit fortlaufenden Zahlen versehenen, Pappteller mit der Zahl nach unten in beliebiger Reihenfolge auslegen. Die Anzahl der Pappteller – und damit auch die der Zahlen – richtet sich nach der Anzahl der Teilnehmer. Die Pappteller symbolisieren die Einzelbestandteile eines Codes.

Variationen: Als Variation kann man sowohl die Anzahl der Versuche als auch die Zeit als auch die Anzahl der Pappteller variieren.

Beschreibung: Der Spielleiter versammelt die Gruppe an einem gekennzeichneten Besprechungsort und verteilt folgende Instruktion:

Aufgabe: **Der Code**

Ihre Gruppe hat den geheimdienstlichen Auftrag, den Code einer Firewall in kürzester Zeit zu knacken.

Dabei ist Folgendes zu beachten:

- Das Firewall-Programm ist dann geknackt, wenn die Zahlenkombination in numerischer Reihenfolge durch Berührung ausgelöst worden ist – d.h., die Pappteller in ihrer Reihenfolge von 1 – 30 umgedreht wurden.
- Die Gruppe hat vor dem tatsächlichen Knacken zweimal die Möglichkeit, den Code auszuspionieren. Beide Versuche dürfen max. 2 Minuten dauern. Dann muss die Gruppe zurück in den Besprechungsraum. Ansonsten werden sie von dem aufmerksamen Wachpersonal verhaftet.
- Es darf sich immer nur eine Person im Programm – innerhalb der Seilmarkierung – befinden, die anderen dürfen außen stehen und zusehen. Diese Person darf maximal drei Codebestandteile kurz umdrehen, sich einprägen und zurücklegen, ohne sie den anderen zu zeigen. Beim tatsächlichen Knacken dürfen die Codebestandteile offen liegen bleiben.
- Am Computer und auch woanders dürfen keine Markierungen angebracht werden. Ansonsten bemerkt das aufmerksame Wachpersonal, dass etwas nicht stimmt und alarmiert die Polizei.
- Jede Person muss in jedem Spionageversuch und auch beim tatsächlichen Knacken mindestens einen, maximal drei Codeblöcke (Pappteller) dechiffriert haben.
- An der Sperre (Seilmarkierung) selbst darf nicht gesprochen werden, nur am Besprechungsort.
- Nach einem dritten erfolglosen Versuch, löst das Programm Alarm aus und ist nicht mehr zu knacken.
- Insgesamt haben Sie 30 Minuten Zeit.
- Sie müssen Ihre Zeit selbst kontrollieren.

Kommentar / Diskussionsanregungen:

Die Zeit, die man am Computerprogramm selbst verbringen darf und die insgesamt zur Verfügung steht, richtet sich natürlich ein wenig nach der Teilnehmerzahl. Die hier angegebenen zwei Minuten beziehen sich auf eine Gruppe von 10 – 14 Personen, die ca. 30 Pappteller umdrehen müssen.

Für die Basisreflexion eignen sich je nach Fokus alle Fragen der Reflexionsübungen „Standard" (S. 257) und „Fragenkatalog" (S. 245), vor allem jedoch die Fragen bzgl. der Entscheidungsprozesse für Strategie und das Zeitmanagement.

Quelle: ausgearbeitet nach Gilsdorf/Kistner (2001): Kooperative Abenteuerspiele 2, Kallmeyerscher Verlag

# Das Netz

Ort: draußen, benötigt werden zwei Bäume, die ca. 5 m voneinander entfernt stehen, auf ebenem und möglichst wurzelfreiem Untergrund

Schwerpunkt: Kommunikation, Kooperation, Strategie, Projektmanagement

Material: ein altes Kletterseil à 50 bis 60 m

Vorbereitung: –

Beschreibung: Die Gruppe erhält folgenden Arbeitauftrag:

**Arbeitsauftrag „Netz"**

Der Arbeitsauftrag besteht darin, unter Zuhilfenahme eines Seils eine vertikale Konstruktion zwischen zwei Bäumen zu entwickeln. Diese Konstruktion zeichnet sich durch verschieden große, dreieckige Löchern aus. Die Löcher sollen mindestens der Anzahl der Teilnehmer entsprechen und dürfen nicht nur nebeneinander, sondern müssen zum Teil auch übereinander liegen.

Die Aufgabe für das Team besteht im Anschluss an die Konstruktionsphase darin, von der einen Seite der Konstruktion auf die andere zu gelangen, wobei jedes Loch nur einmal benutzt werden darf. Außerdem ist das Überqueren über und unter dem geknüpften Netz sowie das Berühren der fertigen Konstruktion verboten. Bei Berührung des Netzes, muss der Teilnehmer und zusätzlich ein zweiter wieder zurück in die Ausgangsposition.

... aus dem Team bekommen die Augen verbunden.

Die Zeit für den gesamten Arbeitsauftrag ist auf ... min begrenzt.

Viel Erfolg!

Kommentar / Diskussionsanregungen:
Diese Übung ist eine attraktive Erweiterung des klassischen Spinnennetzes, das normalerweise vom Trainer aufgebaut wird. Neben der Notwendigkeit einer intensiveren Planung – für den Aufbau des Spinnennetzes –, bekommt auch der Aspekt, dass von Anfang an einer bestimmten Anzahl von Leuten die Augen verbunden sind, eine interessante Bedeutung: Wie werden diese Personen trotzdem eingebunden, motiviert und respektiert?

Variationen: –

Quelle: Lars Geiseler, selbstständiger Trainer, Berater und Coach, www.mindset-training.de

# Der See des Schweigens

Ort: draußen, auf Wiese mit Baum oder im Wald

Schwerpunkt: Kommunikation, Kooperation

Material: ein Seil zur Begrenzung des „Sees“
ein Topf mit mind. 30 cm Durchmesser und 20 cm Höhe
ein Brettchen, auf dem der Topf stehen kann
zwei alte Kletterseile

Vorbereitung: Auf ebenem Boden den „See“ mithilfe des Seils auslegen. Er sollte einen Durchmesser von mindestens 7 m haben. In die Mitte des Sees einen mit Wasser gefüllten Topf auf das Brettchen stellen.

Beschreibung: Aufgabe der Gruppe ist es, mithilfe der beiden Kletterseile den Topf aus der Mitte des mit ätzender Stinkesäure verseuchten Sees, zu holen. Selbstverständlich will und darf keiner den See berühren, weder die Teilnehmer noch die Materialen. Auch darf das Wasser aus dem Topf nicht herausschwappen. Und weil die Säure so stinkend ist, darf auch niemand die Dämpfe einatmen und jeder muss seinen Mund während der Aktion geschlossen halten. Dafür bekommt die Gruppe jedoch eine Viertelstunde Planungszeit, in der sie noch reden darf. Das Problem ist nur zu lösen, wenn die Gruppe die Seile parallel zueinander an die Seiten des Topfes hält und dann jeweils gegeneinander die Seile verdreht.

Kommentar / Diskussionsanregungen:

Für die Basisreflexion eignen sich je nach Fokus alle Fragen der Reflexionsübungen „Standard“ (S. 257) und „Fragenkatalog“ (S. 245), insbesondere:

- Wie klappte die Verständigung in der Planungsphase, als man noch reden durfte, und wie klappte sie in der Aktionsphase, als man sich nur noch durch Zeichen unterhalten durfte?
- Welche Kommunikation hatte welchen Vor- und welchen Nachteil?
- Wie wurde sichergestellt, dass alle Optionen vor der Aktion ausgesprochen und auch gehört wurden?

Variationen: –

Quelle: Greystone Adventure Centre, Südafrika

# Eieruhr

Ort: im Seminarraum oder draußen im Wald oder auf einer Wiese mit Baum

Schwerpunkt: Kooperation

Material:
ein kurzes Stück Paketschnur
ein rohes Ei
eine Zeitung
eine Schere
ein Stück Tesafilm, ca. 1 m lang

Vorbereitung: Das Ei mit der Schnur in ca. 4 m Höhe an einem Ast aufhängen. Wenn die Übung im Seminarraum durchgeführt wird, muss man sich eine entsprechende Konstruktion überlegen und den wahrscheinlichen Landeplatz mit einer Zeitung schützen.

Beschreibung: Die Gruppe hat 20 Minuten Zeit, um eine freistehende Konstruktion mit Zeitung und Tesafilm zu bauen, damit das Ei, wenn die Schnur durchgeschnitten wird, nicht kaputtgeht. Die Geschichte kann man natürlich auch noch verzieren, z. B. mit einer „Bombenentschärfungs"-Story.

Kommentar / Diskussionsanregungen:
Für die Basisreflexion eignen sich je nach Fokus alle Fragen der Reflexionsübungen „Standard" (S. 257) und „Fragenkatalog" (S. 245), insbesondere: „Welche Rolle spielt der Zeitdruck?"

Variationen: –

Quelle: Greystone Adventure Centre, Südafrika

# Ein Eimer auf Füßen

Ort: draußen auf ebener Fläche mit weichem Untergrund

Schwerpunkt: Kommunikation, Kooperation, Strategie

Material: ein Plastikeimer mit einem Durchmesser von ca. 40 cm

Vorbereitung: Das Gefäß fast randvoll mit Wasser füllen.

Beschreibung: Die Teilnehmer legen sich möglichst eng – „Po an Po" – in einem Kreis auf den Rücken und strecken die Beine in die Luft zum Mittelpunkt des Kreises hin aus. Auf die Schuhe platziert der Seminarleiter das Gefäß mit Wasser. Alle Schuhsohlen sollen den Eimer berühren.

Jeder Teilnehmer muss nun möglichst schnell seine Schuhe ausziehen, ohne dass das Gefäß abgesetzt oder Wasser verschüttet wird. Man kann eventuell eine Zeitvorgabe geben, um ein wenig Schwung hineinzubringen. Typisch ist für den Verlauf der Übung, dass zu viele Personen, gleichzeitig und ohne genaue Absprache mit den anderen, versuchen, ihre Schuhe auszuziehen und so der Eimer herunterfällt. Es braucht schon seine Zeit bis man einfach zwei bis vier Leute bestimmt, die den Eimer so stützen, dass die anderen ihre Füße wegziehen und bequem ihre Schuhe ausziehen können.

Dieses Spiel sollte man nur bei schönem Wetter spielen.

Kommentar / Diskussionsanregungen:
Für die Basisreflexion eignen sich je nach Fokus alle Fragen der Reflexionsübungen „Standard" (S. 257) und „Fragenkatalog" (S. 245).

Variationen: –

Quelle: Greystone Adventure Centre, Südafrika

# Eiszeit

**Ort:** überall möglich, ebene Fläche nötig (Platz mit ca. 15 m Durchmesser)

**Schwerpunkt:** Teamarbeit, Koordination, Zeitmanagement, Umgang mit Stress und Ressourcen im Team

**Material:** pro Teilnehmer eine Teppichfliese oder ein Holzbrettchen à 30 x 40 cm, auf deren Rückseite Zeiten von 5 bis 12 min gut lesbar geschrieben sind
Eine Plane, die so groß ist, dass gerade noch alle Teilnehmer auf ihr Platz haben
Stoppuhr

**Vorbereitung:** Die Brettchen werden mit der Zeitangabe nach unten in einem Kreis mit 7 m Radius auf dem Boden um die Plane herum verteilt, einige etwas näher, andere etwas weiter entfernt. Dabei liegen zwei Brettchen als möglicher „Startpunkt" nur einen Meter voneinander entfernt. Die Zeiten, die auf diesen Brettchen stehen, sind 5 min und 6 min. Die übrigen Brettchen sollten gut vermischt rund um die Plane liegen, sodass sich kurze Zeiten (5 – 7 min) mit mittleren (8 – 9 min) und längeren (10 – 12 min) abwechseln.

**Beschreibung:** Der Seminarleiter beschreibt das folgende Szenario: „Der Eisberg, über den das Expeditionsteam gerade unterwegs war, ist in viele Stücke zerbrochen. Gott sei Dank ist kein Expeditionsteilnehmer in die tödliche Kälte des Eismeers gefallen. Jeder Teilnehmer konnte sich auf eine einzelne Eisscholle (Brettchen) retten. Allerdings schmelzen diese Eisschollen langsam vor sich hin. Aus diesem Grund muss sich das Team aufs Expeditionsschiff (Plane) retten, bevor die Eisschollen geschmolzen sind. Dabei darf das Polarmeer (Boden) nicht berührt werden – andernfalls droht Ertrinken oder Erfrieren. Das Mutterschiff liegt vor Anker, kann also nicht bewegt werden."

Für den Umgang mit den Eisschollen gelten folgende Regeln:

Eine Eisscholle
- kann nur bewegt werden, wenn sie leer ist.
- kann nur weitergereicht, nicht geworfen werden.
- trägt max. zwei Personen.
- schmilzt nach einer gewissen Zeit (Zeitangabe auf dem Brettchen) und wird dann vom Spielleiter aus dem Spiel entfernt.

Die Zeit läuft in dem Moment, in dem die Eisschollen umgedreht werden und die Teilnehmer die Zeiten sehen können.

Vor Ablauf dieser Zeit müssen die Passagiere auf dem Mutterschiff oder auf einer anderen Eisscholle untergekommen sein, sonst ertrinken sie ganz jämmerlich. Der Spielleiter sagt minutenweise die Zeit an, die vergangen ist.

Körperteile, die das Polarmeer berühren, frieren leider ab und sind nicht mehr zu benutzen: Es geht für die betroffene Person auf einem Bein bzw. mit der Hand in der Hosentasche weiter. Teilnehmer, die komplett auf dem Boden stehen, sind für das Team verloren.

Kommentar / Diskussionsanregungen:

Die Personen, die auf den Startpositionen stehen, haben den Höllenjob, die anderen einzusammeln. Es wäre also sinnvoll, wenn die anderen „Opfer", die auf ihre Rettung warten oder bereits auf dem Mutterschiff sind, versuchen würden, das Prozedere zu koordinieren, da sie den besseren Überblick haben, als die, die hin und her rennen.

Natürlich kann man der Gruppe auch vor Betreten der Brettchen die Aufgabe erklären und eine Planungszeit einräumen. Dann rückt die Planung mit einer Unbekannten als Reflexionspunkt in den Vordergrund. Weitere Themen sind: Hol-/Bringschuld für Hilfe, Rollen-/Aufgabenverteilung, Aufgabenlösung unter Stress/Zeitdruck, Qualität vs. Schnelligkeit (v.a. bei Erfrierungen).

Variationen: Je nach Aufbau ist die Wahrscheinlichkeit, dass die Gruppe beim ersten Versuch scheitert, recht groß. Die Gruppe lernt in der anschließenden Reflexion sehr viel – wir planen deshalb oft einen zweiten Versuch ein, der häufig wesentlich besser klappt.

Variante zum Thema „Nutzung von Ressourcen": ein, zwei Eisschollen mehr hinlegen.

Quelle: diese Version stammt von Regina Mang, Trainingsfirma Viactiva, www.viactiva.de

# Feuer im Hotel

Ort: im Seminarraum

Schwerpunkt: Kommunikation, Kooperation

Material:
Augenbinden für (Anzahl der Teilnehmer – 3) Teilnehmer
Paketklebeband
Stühle
eine Stoppuhr
evtl. Radiogerät

Vorbereitung: Den „Notausgang" mit Paketklebeband kennzeichnen (zwei parallele Streifen, mit einer Länge von ca. 5 m und ca. 1 m voneinander entfernt, auf den Boden kleben)

Beschreibung: Bis auf drei Personen wird dem Rest der Gruppe die Augen verbunden. Die „blinden" Teilnehmer werden in einen Raum geführt, in dem Stühle kreuz und quer verteilt sind und der Notausgang – wie oben beschrieben – gekennzeichnet ist.

Das Szenario: „Im Hotel ist ein Feuer ausgebrochen. Die Hotelgäste haben sich in einen feuerfesten Raum geflüchtet, in den aber Rauch eingedrungen ist – deswegen müssen sie Augenbinden tragen – und von dem aus sie jetzt möglichst schnell und effektiv über den Notausgang gerettet werden sollen." In dem Raum herrscht ein Höllenlärm, symbolisiert durch ein Radiogerät, das auf Kurzwelle läuft und Rauschgeräusche produziert.

Das Rettungsteam, dass aus den drei Teilnehmern besteht, denen die Augen nicht verbunden wurden, befindet sich vor dem Raum. Es hat pro Rettungsversuch 1 min Zeit, um von der Tür aus die Teilnehmer durch die Notausgangsschleuse – die Paketbänder dürfen von den Teilnehmern nicht touchiert werden – zu lotsen. Dann bricht das Notstromaggregat wieder zusammen, was bedeutet, dass sich die Tür schließt und der Radiolärm wieder einsetzt. In der Zeit, in der das Rettungsteam die Tür öffnen kann, ist auch der Radiolärm unterbrochen.

Kommentar / Diskussionsanregungen:

Für die Basisreflexion eignen sich je nach Fokus alle Fragen der Reflexionsübungen „Standard" und „Fragenkatalog", insbesondere:

- Wurden die Opfer über die Pläne des Rettungsteams ausreichend informiert?
- Wie wurde die Rettung strategisch angelegt?
- Wer traf die Entscheidungen? Wie waren die Rollen verteilt?
- Wie ergaben sich Prioritäten und Arbeitsschritte, geplant oder zufällig?
- Wie wurde mit Missverständnissen umgegangen?

Variationen: –

Quelle: Ein Kursteilnehmer, dessen Namen ich leider vergessen habe. Bitte melden!

# Figurengarten

Ort: im Seminarraum

Schwerpunkt: Kommunikation, Kooperation, Strategie

Material: Figurengarten-Puzzleteile (siehe unten)
Instruktionsbogen

Vorbereitung: Den Figurengartenbogen zerschneiden und die Teile möglichst gleichmäßig unter den Teilnehmern verdeckt verteilen.

Beschreibung: Der Seminarleiter liest die Instruktion aus dem Instruktionsbogen vor. Aufgabe der Gruppe ist es, nach 45 Minuten Planung die Teile auf einen Rutsch hin zusammenzusetzen.

Kommentar / Diskussionsanregungen:
Für die Basisreflexion eignen sich je nach Fokus alle Fragen der Reflexionsübungen „Standard" (S. 257) und „Fragenkatalog" (S. 245).

Variationen: –

Quelle: zugeschickt bekommen von Andreas Patrzek, Wirtschaftspsychologische Organisationsberatung, Bichl. www.patrzek.de.

**Anleitung Figurengarten**

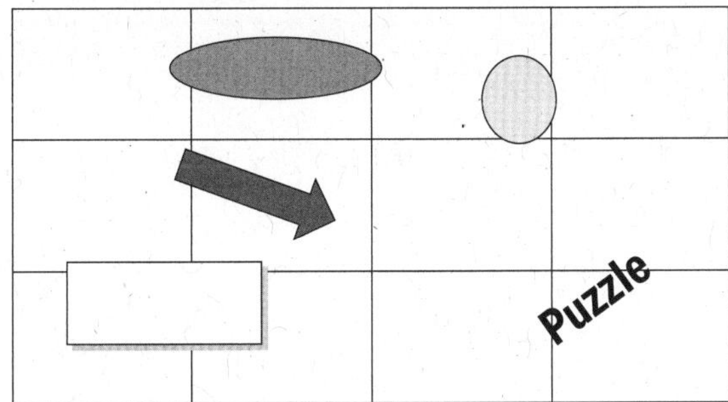


Ihre Gruppe soll aus verschiedenen Einzelteilen (Kärtchen) eine zusammenhängende Figur bauen, welche die Form eines Rechtecks hat.

Es gelten folgende Regeln:

- Die Karten dürfen auf keinen Fall untereinander ausgetauscht bzw. hergezeigt werden.
- Auch ersatzweise Skizzierungen der Inhalte der Karten auf Hilfsblättern sind nicht erlaubt.
- Eine Weitergabe der Karten an andere Personen ist nicht erlaubt (Tausch ...).
- Die Gruppe darf sich über den Inhalt der Einzelteile nur verbal austauschen.
- Die zur Verfügung stehende Zeit beträgt 45 Minuten.
- Das Ende der Übung besteht darin, dass die Figur auf einmal gebaut wird. D.h., die Figur wird also nicht über die Zeit hinweg sukzessive – Teil für Teil – aufgebaut, sondern am Ende der Beratungszeit auf einmal von allen Teilnehmern gemeinsam.

Viel Erfolg!

**Figurengartenbogen**

Den Farbbogen für dieses Spiel können Sie im Internet unter www.ziel.org/pep2 downloaden.

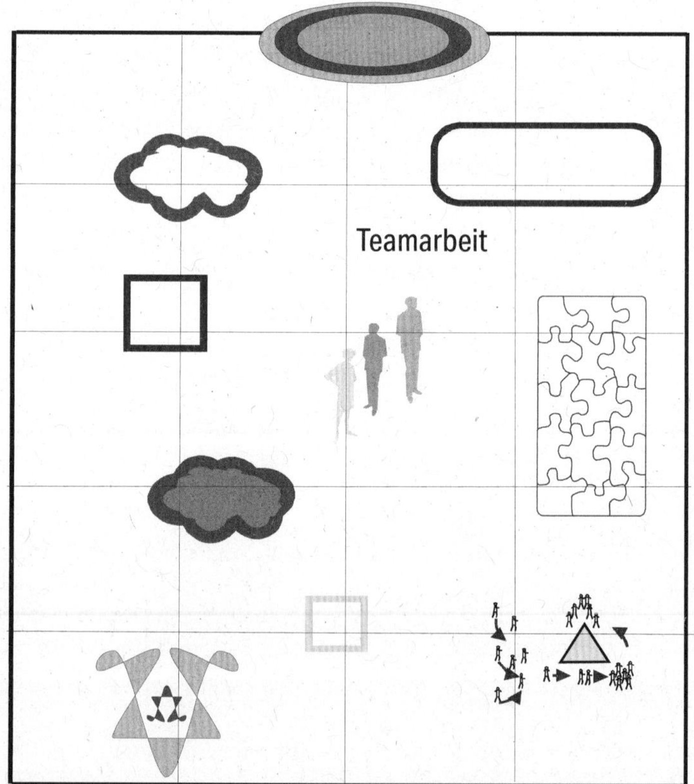

# Flaschen-Fun-Park

Ort: draußen an einem kleinem Abhang und nur, wenn Schnee liegt

Schwerpunkt: Kooperation, Projektmanagement

Material: drei Aluflaschen, gefüllt mit Wasser (dann rutschen sie schneller!) eine Lawinenschaufel/Schaufel pro Gruppe

Vorbereitung: –

Beschreibung: Aufgabe der Gruppe ist es, einen Flaschen-Fun-Park zu bauen. Dafür werden zwei bis drei Kleingruppen à zwei bis vier Personen gebildet. Jeder Kleingruppe baut eine eigene Flaschenbahn im Schnee. Die Flaschenbahnen aller Kleingruppen müssen jedoch so konstruiert sein, dass alle Flaschen auf allen Bahnen bei gleichzeitigem Start auch gleichzeitig ihr Ziel erreichen. Alle Flaschen müssen so rutschen oder springen, dass sie ohne fremde Hilfe vom Start bis zum Ziel laufen. Start und Ziel jeder Bahn sollten ungefähr 10 m auseinander liegen. Jede einzelne Bahn sollte außerdem noch ganz spezielle Anforderungen erfüllen, die je nach Altersgruppe und Schwierigkeitsgrad gewählt werden können. Die Anforderungen müssen sich nicht gleichen, sie können unterschiedlichst gewählt werden, z. B.:

- Eine Bahn muss eine Sprungschanze enthalten, die mindestens 50 cm hoch ist und die Flasche muss mindestens 30 cm weit fliegen.
- Eine Bahn hat einen Tunnel, der mindestens 1 m lang ist
- Auf einer Bahn muss sich die Flasche einmal um 180° drehen

Kommentar / Diskussionsanregungen:

Für die Basisreflexion eignen sich je nach Fokus alle Fragen der Reflexionsübungen „Standard“ (S. 257) und „Fragenkatalog“ (S. 245).

Am besten zum Bau der Bahn eignet sich besonders nasser Frühlingsschnee. Bei Pulverschnee muss man vorher testen, ob der Schnee auch zusammenhält!

Variationen:

1. Um die Interaktion zwischen den Kleingruppen zu erhöhen, wird nur ein Hindernis fest vorgegeben, dass in jeder der drei Bahnen vorkommen muss. Zusätzlich hat jede Gruppe nun 5 min Zeit, um sich ein Hindernis zu überlegen, dass die andere Gruppe in ihre Bahn einbauen soll. Gruppe 2 denkt sich etwas für Gruppe 1 aus, Gruppe 1 für Gruppe 3, und Gruppe 3 für Gruppe 2. Dann werden die Hindernisse den jeweiligen Gruppen mitgeteilt und jede Gruppe beginnt mit dem Bau. Weitere Vorschläge für Hindernisse:
   - eine Brücke, die mindestens 20 cm hoch sein muss, und 50 cm lang
   - eine Schneeskulptur – Haus, Schloss Neuschwanstein, Schneemonster, Drachen, Renntier etc. –, durch die die Flasche durchrutschen muss. Hierbei können dann auch Kreativitätspreise vergeben werden.
   - eine S-Kurve

2. Der Flaschen-Fun-Park kann auch als ein größeres Projekt konzipiert werden, z. B.: „Ein großes Skigebiet möchte einen neuartigen Fun-Park erstellen und hat das Projekt an Ihre Firma vergeben. Sie sind mit Ihrem Spezialteam angereist, um innerhalb von drei Stunden, den Fun-Park aus dem Schnee zu stampfen. Dummerweise haben Sie die Baupläne, die Ihr Chef erstellt hat, in Ihrem Home-Office in Holland liegen gelassen. Mittlerweile haben Sie jedoch Telefonkontakt zu Ihrem Praktikanten herstellen können, der wegen einer Darmgrippe zu Hause bleiben musste. Dieser hat sich Zugang zu Ihrem Büro verschafft und die Pläne vor sich liegen. Er kann Ihnen somit die wichtigsten Informationen mündlich übermitteln, muss jedoch alle 60 Sekunden für vier Minuten auf die Toilette, um seiner Darmgrippe seinen Tribut zu zollen. Ansonsten ist er ein relativ cleveres Bürschchen. Los geht's, die Zeit läuft!"

Quelle: Katrin Lippmann – katlippmann@yahoo.com –, die es meines Wissens nach von Outward Bound Baad – www.outwardbound.de – kennt.

# Flaschenpfeifen

Ort: im Seminarhaus

Schwerpunkt: Kooperation

Material: pro Teilnehmer: eine Flasche
pro Teilnehmer: eine Augenbinde

Vorbereitung: Die Flaschen mit jeweils einer unterschiedlichen Menge Wasser füllen, sodass jede einen unterschiedlichen Ton erzeugt, wenn man auf ihr bläst.

Beschreibung: Die Flaschen werden in beliebiger Reihenfolge vor der Gruppe auf einen Tisch gestellt. Allen Teilnehmern werden die Augen verbunden und sie dürfen nicht mehr sprechen. Die Teilnehmer versuchen nun, das Lied „Alle meine Entchen" auf den Flaschen zu pfeifen.

Kommentar / Diskussionsanregungen:
Für die Basisreflexion eignen sich je nach Fokus alle Fragen der Reflexionsübungen „Standard" (S. 257) und „Fragenkatalog" (S. 245).

Variationen: Die Flaschen werden erst im Haus versteckt. Sobald ein Teilnehmer eine Flasche gefunden hat, verbindet er sich die Augen und darf nicht mehr sprechen.

Quelle: Entwickelt von einer Gruppe des ZAB – Lehrgang Outward Bound in Werfenweng, 1994.

# Gates

Ort: draußen

Schwerpunkt: Kooperation, Kommunikation, Berührungsängste abbauen

Material: drei gespannte „Spinnennetze" (Aufbau siehe unten)

Beschreibung: Die Gruppe wird in drei Teams aufgeteilt, die jeweils die folgende Teilnehmeranleitung bekommen:

**Aufgabe: Gates**

Ihre Firma wird in drei Teams Gruppen aufgeteilt, die jeweils zwei Gates passieren müssen. Sowohl Ihre Gates, als auch die Durchgangsrichtung sind wie folgt vorgeschrieben (hier ein Blick aus der Vogelperspektive):

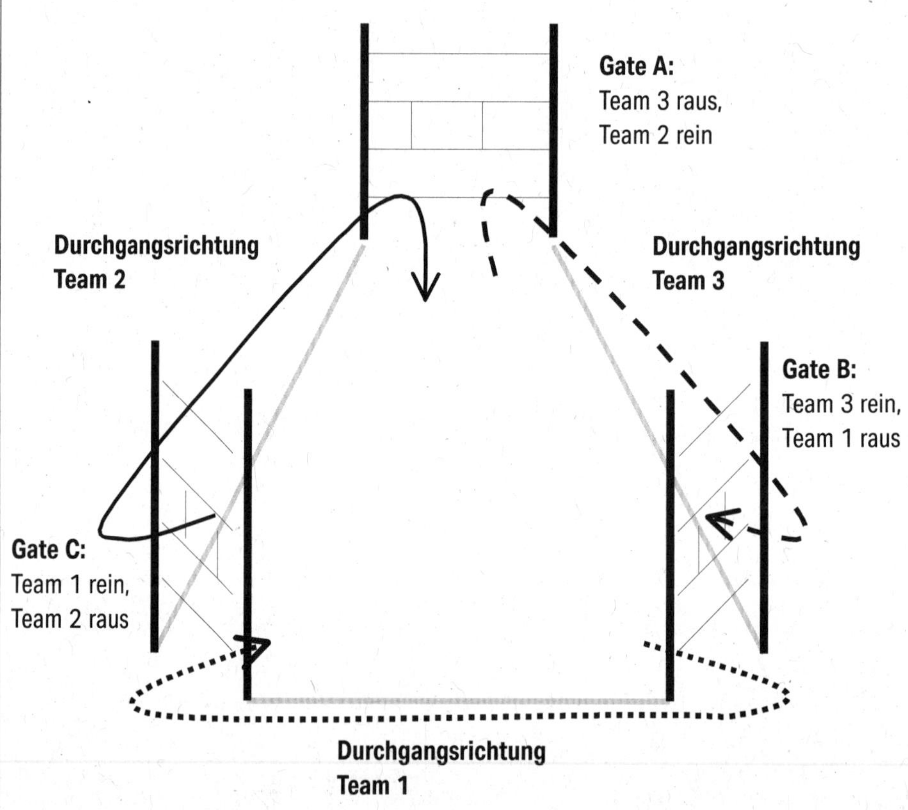


Insgesamt stehen Ihnen max. 90 min für die komplette Übung zur Verfügung

Dabei gelten die folgenden Regeln:

- Die unterste Öffnung des Gates darf maximal 1 Mal benutzt werden.
- Die zweitunterste Öffnung des Gates darf maximal 2 Mal benutzt werden.
- Die zweitobere mittlere Öffnung des Gates muss minimal 2 Mal benutzt werden.
- Eine beliebige Anzahl an Personen dürfen durch die oberste Öffnung gehoben werden, dabei müssen aber minimal 2 Personen auf jeder Seite des Gates stehen, um diese Person sicher hinüberzuheben.
- Niemand und nichts darf das Gate berühren. Falls eine Berührung stattfindet, müssen die Kleinteams, die gerade an dem jeweiligen Gate operieren, an ihre Startposition zurück. Die Gates werden dann neu geöffnet.
- Die Gruppe setzt selbst ihren Qualitätsstandard und meldet Berührungen dem Kunden und beginnt dann selbständig von vorn.
- Alle Gates des Gesamtprojekts haben dieselben Gate-Regeln.

Aufbau der Spinnennetze (idealerweise mit Pfosten)

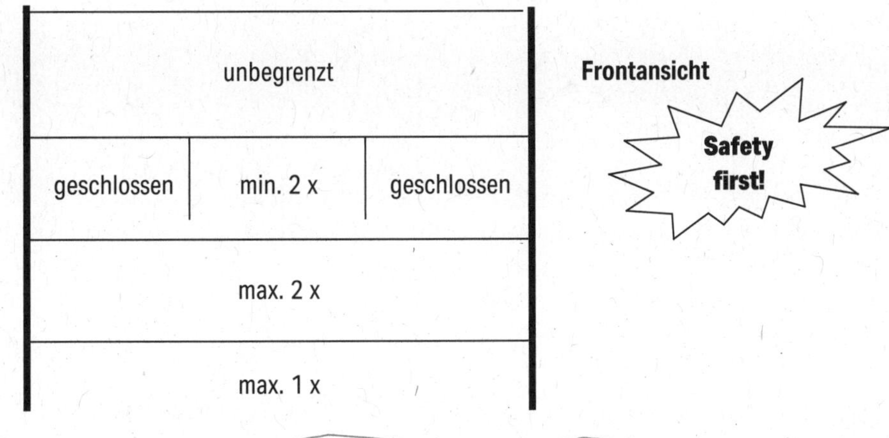


Kommentar / Diskussionsanregungen:

Dies ist eine sehr anspruchsvolle Variante des altbekannten Spinnennetzes (Spielbeschreibung siehe Annette Reiners: Praktische Erlebnispädagogik, Band 1). Wie streng die Auflagen bei Berührung des Netzes gehandhabt werden, obliegt der Einschätzung des jeweiligen Trainers/der jeweiligen Trainerin. Die Schweizer lassen angeblich die gesamte Firma wieder an die Originalpositionen zurückkehren.

Variationen: –

Quelle: gesehen bei Stucki Personalentwicklung Schweiz, www.stucki.ch

Sehr schöne und praktische mobile Spinnennetze gibt es z. B. bei ZIEL-Seminarmaterialien – http://www.ziel-verlag.de

# Gefangenendilemma

Ort: im Seminarraum

Schwerpunkt: Entscheidung, Konkurrenz- und Gruppendruck, Kooperation

Material: ein Kartenspiel

Vorbereitung: –

Beschreibung: Die Gruppe wird in zwei Teams aufgeteilt. Jedes Team erhält je eine rote und eine schwarze Spielkarte. In diesem Spiel kommt es nur auf die Farbe der Karten an. Die Wertigkeit der jeweiligen Karten spielt keine Rolle.

Folgende Regeln sind gültig:

- Beide Teams spielen auf Kommando gleichzeitig je eine Karte offen aus.
- Wenn beide Teams ROT spielen (Karo oder Herz), erhält jedes Team drei Pluspunkte.
- Wenn beide Teams SCHWARZ spielen (Pik oder Kreuz), dann erhalten beide Teams drei Minuspunkte.
- Wenn Ihr Team SCHWARZ spielt (Pik oder Kreuz) und das andere Team ROT (Herz oder Karo), dann erhalten Sie sechs Pluspunkte und das andere Team sechs Minuspunkte.
- Wenn Ihr Team ROT spielt (Herz oder Karo) und das andere Team SCHWARZ (Pik oder Kreuz), dann erhalten Sie sechs Minuspunkte und die anderen sechs Pluspunkte.

*Gewinnplan:*

| | | |
|---|---|---|
| (1) beide Gruppen spielen Rot | 2 x Rot: | für beide Gruppen<br>3 Pluspunkte |
| (2) beide Gruppen spielen Schwarz | 2 x Schwarz: | für beide Gruppen<br>3 Verlustpunkte |
| (3) eine Gruppe spielt Rot, eine Schwarz | 1 x Schwarz:<br><br>1 x Rot: | für Schwarz-Gruppe<br>6 Gewinnpunkte<br>für Rot-Gruppe<br>6 Verlustpunkte |

*Wenn also Rot ausgespielt wird, ist dies ein Zeichen für kooperatives Verhalten, da damit ein Gewinn für beide Gruppen gewährleistet wäre:*

| **Team A** | | **Team B** | |
|---|---|---|---|
| Kooperation | Nonkooperation | Kooperation | Nonkooperation |
| + 3 (Rot) | | + 3 (Rot) | |
| | + 6 (Schwarz) | – 6 (Rot) | |
| – 6 (Rot) | | | + 6 (Schwarz) |
| | – 3 (Schwarz) | | – 3 (Schwarz) |

Kommentar / Diskussionsanregungen:

Mögliche Reflexionsfragen:

- Wie lässt sich dieses Experiment im Hinblick auf längerfristige Kooperationen deuten?
- Welche Voraussetzungen braucht Kooperation?

Diese Übung kommt aus der Spieltheorie, die sich mit dem Paradoxon des bereits in der Antiken bekannten „Gefangenendilemmas" beschäftigt hat.

Bei der Originalversion des Gefangenendilemmas geht es um zwei Gefangene.

Beide werden verdächtigt, gemeinsam eine Straftat begangen zu haben. Die Höchststrafe für das Verbrechen beträgt fünf Jahre.

Die vertrackte Situation ergibt sich aus folgenden Tatsachen, die beiden bekannt sind. Wenn einer gesteht und somit seinen Partner belastet kommt er ohne Strafe davon und der andere muss die vollen fünf Jahre absitzen. Wenn beide schweigen, bleiben genügend Indizienbeweise, um beide für zwei Jahre einzusperren. Gestehen aber beide die Tat, erwartet jeden eine Gefängnisstrafe von vier Jahren. Nun werden die Gefangenen unabhängig voneinander befragt. Es besteht weder vor noch während der Befragung die Möglichkeit für die beiden sich abzusprechen.

Dieses Dilemma kann als paradox bezeichnet werden, da die vernünftige Entscheidung der Gefangenen – zu gestehen – zu einem für beide Beteiligten schlechteren Ergebnis führt, als wenn beide schweigen und sich damit irrational verhalten würden. Eine eindeutige verbindliche Handlungsanweisung kann nicht ohne weiteres angegeben werden.

Die Nutzenmatrix für die Gefangenen und ihr Dilemma:

| | | Ihr Komplize | |
|---|---|---|---|
| | | Hält dicht | singt |
| Sie | 'halten dicht | (– 2/– 2) | (– 5/0) |
| | singen | (0/– 5) | (– 4/– 4) |

Das Gefangenendilemma wird auch in der Spieltheorie zum Thema Kooperation und Betrug untersucht. Der amerikanische Politologe Robert Axelrod veranstaltete dazu ein Computerturnier zum iterierten Gefangenendilemma. Beim iterierten Gefangenendilemma treffen die Spielteilnehmer („Gefangenen") mehrmals in der gleichen Situation aufeinander, wobei sie sich erinnern können, wie sich der andere in früheren Situationen verhalten hat. Bei diesem Computerturnier konnten Teilnehmer Computerprogramme mit verschiedenen Strategien schreiben, die gegeneinander antraten. Die insgesamt erfolgreichste Strategie und gleichzeitig eine der einfachsten war „Tit for Tat" („Wie du mir, so ich dir."), entwickelt von Anatol Rapoport. Sie kooperiert („verzichtet auf den Verrat"), solange der andere ebenfalls kooperiert. Versucht der andere, sich einen Vorteil zu verschaffen („Verrat"), tut sie dies beim nächsten Mal ebenfalls.

Die Kernelemente der nutzenbringenden Kooperation sind diesem Modell entsprechend:

- Wie du mir, so ich dir! (Tit for tat!)
- Nettigkeit (Kooperiere stets beim Zug eins Danach tue das, was der andere Spieler im Zug vorher getan hat.).
- Provozierbarkeit (Mogle, wenn du provoziert worden bist)
- Versöhnlichkeit (Zeigen Sie grundsätzlich Versöhnungsbereitschaft.)
- Klarheit (So kompliziert zu sein, dass keiner Sie mehr versteht, ist gefährlich.)

Ein interessanter Hinweis an dieser Stelle: Gegenüber einem unzugänglichen Spieler allerdings, der stur sein Spiel macht, ohne sich um das Verhalten der anderen zu kümmern, ist mogeln immer die passendere Alternative. Nur wenn ich durch meine Verhaltensweisen den anderen beeinflussen kann, hat Kooperation einen Sinn!

Literaturhinweis: Axelrod, R.: Die Evolution der Kooperation.
Spektrum der Wissenschaft. Digest: Kooperation und Konkurrenz.
Artikel: Tit for Tat.
Seite 60 – 66. Autor: Douglas R. Hofstadter. Jahrgang 1998.

Variationen: siehe „Gewinnt so viel ihr könnt!"

Quelle: Praxis kennen gelernt bei Pit Forster, Geschäftsführer der Trainingsfirma „Forum Momentum", www.forummomentum.com

Theorie: http://de.wikipedia.org/wiki/Gefangenendilemma

# Gewichtsfragen

Ort: im Seminarraum

Schwerpunkt: Kreativität und Kooperation

Material: das, was handelsüblich im Seminarraum vorhanden ist
eine 1-Euromünze

Vorbereitung: –

Beschreibung: Aufgabe der Gruppe ist es, mithilfe der im Seminarraum vorhandenen Materialien herauszufinden, wie viel eine 1-Euromünze wiegt.

Die Lösung besteht darin, dass die Gruppe einen Gegenstand sucht, von dem sie das genaue Gewicht kennt. Dieser Gegenstand muss leichter als das mutmaßliche Gewicht der Münze und möglichst in kleinen Einheiten vorhanden sein. Bei uns waren es die Pfefferminzröllchen des Seminarhotels, die als Begrüßung auf den Stühlen lagen. Auf ihnen war das Gewicht abgedruckt. Danach wird eine möglichst sensible Waage aus Büroklammern, Moderationskarten, Stiften etc. gebaut und das entsprechende Gewicht abgemessen (7,5 g). Eine 50-Centmünze wiegt übrigens 7,8 g, eine 2-Euromünze 8,5 g.

Kommentar / Diskussionsanregungen:
Hier ist der Erfindungsreichtum der Gruppe gefragt. Dies betrifft sowohl den Bau der Waage als auch die Suche nach passenden Gewichtseinheiten.

Variationen: evtl. mit Zeitvorgabe

Quelle: mir unbekannt

# Irrgarten

Ort: im Seminarraum oder draußen auf ebener, freier Fläche

Schwerpunkt: Kooperation, Strategie, Konzentration

Material: eine Plane (ca. 6 x 6 m) mit aufgeklebtem Gitternetz oder Kreide, um ein Gitternetz auf den Asphalt zu malen
ein Masterplan auf Papier und Klebepunkte zum Markieren der benützten Felder

**Ziel**

| | | | | | | | X | |
|---|---|---|---|---|---|---|---|---|
| | | | | X | | | | X |
| | | | X | | X | | X | |
| | | | X | | X | | | X |
| | | X | | | | X | X | |
| | | X | | | | | | |
| | X | | | | | | | |
| X | | | X | | X | X | | |
| | X | X | | X | | | X | |
| | | | | | | | | X |

**Start**

Vorbereitung: Die Plane ausgelegen bzw. das Gitternetz auf den Asphalt malen.

Beschreibung: Die Aufgabe der Gruppe ist es, in einem Irrgarten den richtigen Weg durch eine aus vielen Einzelfeldern bestehenden Fläche zu finden und die gesamte Gruppe durchzuschleusen. Dafür stehen bei 14 Teilnehmern 25 Minuten zur Verfügung. Der Irrgarten hat eine festgelegte Start- und Zielseite sowie „verbotene" und „erlaubte" Felder. Um den richtigen Weg durch den Irrgarten herauszufinden, versucht die Gruppe im „Trial-and-Error-Verfahren" die sicheren von den verbotenen Feldern zu unterscheiden, um letztendlich den Weg nur auf den sicheren Feldern zurückzulegen.

Der Gruppe werden neben der Aufgabenstellung folgende Regeln mitgeteilt:

- Es gibt nur einen sicheren Weg durch den Irrgarten.
- Die gesamte Gruppe muss durch den Irrgarten gehen.
- Es darf jeweils nur eine Person im Irrgarten sein.
- Jeder muss den kompletten Weg durch den Irrgarten auf erlaubten Feldern zurückgelegt haben. Erlaubte Felder sind im Plan, den der Seminarleiter besitzt, mit einem Kreuzchen gekennzeichnet. Auf der Plane selbst sind natürlich keine Markierungen.
- Es muss die vorher festgelegte Reihenfolge, in der die einzelnen Personen durch den Irrgarten gehen, beibehalten werden.
- Es dürfen nur benachbarte Felder betreten werden: vorwärts, rückwärts, diagonal und seitwärts.
- Tritt eine Person auf ein verbotenes Feld – ein Feld ohne Kreuzchen im Plan –, muss sie den Irrgarten auf dem gleichen Weg, den sie gekommen ist, wieder verlassen. Anschließend kann die nächste Person starten.
- Wird ein verbotenes Feld zum ersten Mal betreten, ist hierfür keine Strafgebühr zu entrichten. Bei einem weiteren Fehltritt, verkürzt sich die Zeit, die zur Verfügung steht, um zwei Minuten.
- Die gleiche Strafgebühr wird fällig, wenn nach einem Fehltritt der Irrgarten nicht auf dem ursprünglichen Weg verlassen wird.
- Nach Ablauf der Planungsphase und mit dem Start der ersten Person ist es verboten, zu sprechen.
- Es ist verboten Felder zu markieren, sich etwas aufzuschreiben oder die im Irrgarten befindliche Person zu berühren.

Kommentar / Diskussionsanregungen:

In der Regel sieht der Plan folgendermaßen aus: Die einzelnen Teilnehmer verteilen sich an der Seite der Plane auf die einzelnen Kästchenreihen und versuchen sich dort die verbotenen Felder einzuprägen. Die Informationen über verbotene Felder erhalten sie natürlich nur, wenn ein anderer Teilnehmer bei seinem Versuch den Irrgarten zu durchqueren, eines betritt.

Interessant ist bei dieser Übung, dass Fehler eine wichtige Information für die Gruppe bedeuten und dass sie gemacht werden müssen, um Orientierung zu gewinnen. Fehler sind jedoch nur produktiv, wenn man sie möglichst selten – bei dieser Übung einmal macht – beim zweiten Mal kosten sie Zeit und Nerven.

Variationen: Größere Gruppen kann man in zwei Kleingruppen aufteilen, die von entgegengesetzten Seiten beginnen. Dabei ist zu Beginn nicht klar, dass beide Gruppen den gleichen Weg haben.

Dann könnten in der Reflexion folgende Fragen interessant werden:

- Wer hat das Spiel als Wettkampf gesehen? Welche Konsequenzen hat das möglicherweise gehabt?
- Wie funktionierte die Kooperation zwischen den verschiedenen Gruppen?
- Wie lief der Informationsaustausch?

Quelle: Kölsch/Wagner (1998): Erlebnispädagogik in Aktion, Luchterhand Verlag

# Labyrinth

Ort: draußen, im Wald

Schwerpunkt: Entscheidung, Kooperation

Material: vier bis sechs alte Seile oder Schnüre

Vorbereitung: In einem ebenen Waldstück mithilfe von Schnüren oder Seilen ein Labyrinth spannen. Die Schnüre stellen die Wände des Irrgartens dar, d.h., es darf weder über sie gestiegen noch darunter durchgeklettert werden.

Beschreibung: Allen Teilnehmern werden die Augen verbunden, dann werden sie einzeln in das Labyrinth geführt. Aufgabe der Gruppe ist es, wieder aus dem Irrgarten herauszufinden. Wer den Ausgang gefunden hat, hat folgende Optionen: Er kann die Augenbinde abnehmen und als Zuschauer die Bemühungen der anderen beobachten. Er kann aber auch „blind" bleiben, wieder in den Irrgarten zurückkehren und versuchen anderen Teilnehmern den richtigen Weg zu weisen.

Kommentar / Diskussionsanregungen:

Mögliche Auswertungsfragen:

- Was bedeutet es, einmal erlangte Sicherheit aufgeben zu müssen? Welche Ähnlichkeiten verbinden Sie damit zum Alltagsleben? Welche Chancen und Gefahren bieten sich dadurch?
- Was bedeutet für den einen das „Festhalten", für den anderen das „Loslassen"?

Variationen:

1. Im Irrgarten können zusätzlich Gegenstände wie z. B. Bälle versteckt werden, die von der Gruppe eingesammelt werden.
2. Die Gruppe soll eine detaillierte Karte des Irrgartens zeichnen. Sie wird dafür zum Eingang des Irrgartens geführt, darf in das Labyrinth rein- und rausgehen und an einem Ort außer Sichtweite die Augenbinden abnehmen und die Wege auf einer Karte einzeichnen.
3. Beide Variationen können auch kombiniert werden.

Quelle: des Spieles – Rohnke. (1989): Cowtails and Cobras II, Kendall/Hunt Company
der Variationen – Gilsdorf/Kistner (2001): Kooperative Abenteuerspiele, Kallmeyerscher Verlag

# Lauter Blinde!

Ort: draußen, am besten im Wald oder in einer Kombination aus Wald und Wiese

Schwerpunkt: Kooperation, Schnittstellenmanagement, Vertrauen

Material: pro Teilnehmer eine Augenbinde
Markierungsmaterial für Start und Zielpunkt

Vorbereitung: Start- und Zielpunkt markieren

Beschreibung: Die Aufgabe der Gruppe ist es, innerhalb von 45 min als eine Gesamtgruppe von einem Ausgangspunkt A zu einem Zielpunkt B zu gelangen, wobei alle beim Start die Augen verbunden bekommen. Zusätzlich muss sich für jeden Teilabschnitt immer ein Teilnehmer explizit und deutlich erkennbar verantwortlich zeigen. Die Länge der einzelnen Teilabschnitte bestimmt die Gruppe selbst. Bevor der blinde Durchlauf startet hat die Gruppe die Möglichkeit sich auf diese Aufgabe vorbereiten, z. B. die Strecke abgehen und Teilstrecken verteilen. Jeder Verantwortliche hat Zeit, sich sehenden Auges seinen Streckenabschnitt einzuprägen. An der Gegend dürfen jedoch keine Veränderungen vorgenommen werden. Sobald die Gruppe beschließt, die Aufgabe durchzuführen, bekommen alle die Augen verbunden bis sie gemeinsam den Zielpunkt erreicht haben.

Kommentar / Diskussionsanregungen:

Für die Basisreflexion eignen sich je nach Fokus alle Fragen der Reflexionsübungen „Standard" (S. 257) und „Fragenkatalog" (S. 245), insbesondere:

- Wie war das Zeitmanagement zwischen Vorbereitung und Durchführung?
- Wie hat die Gruppe/haben Einzelne auf Unsicherheiten bei der Wegwahl reagiert?
- Wurde in die einzelnen Verantwortungsbereiche „hineingepfuscht" oder wurden die jeweils Verantwortlichen unterstützt? Woran wird der Unterschied spürbar?

Variationen:

1. Zwei Gruppen haben verschiedene Ausgangspunkte, aber gemeinsame Zielpunkte und können kooperieren.
2. Zwei Gruppen, wobei jeweils der Startpunkt der einen Gruppe der Zielpunkt der anderen ist.

Quelle: mir unbekannt

# Murmelbahn

Ort: in Seminarräumen, pro Gruppe ein Gruppenraum

Schwerpunkt: Kooperation, Kreativität und Präsentation

Material: eine Flipchart für Bewertungskriterien
eine Stoppuhr
pro Kleingruppe (3 – 5 Personen):

- 4 x DIN-A3-Bogen
- 15 x DIN-A4-Bogen
- 1 Rolle Tesa
- 2 Scheren
- 1 Murmel zum Testen
- 1 Flipchart und Stifte für die Präsentation

Vorbereitung: Das Material für die Kleingruppen auf Haufen verteilen.

Beschreibung: Die Gruppe wird in Kleingruppen à 3 – 5 Personen aufgeteilt.

Folgendes Szenario wird vorgestellt:

„Die Stadt XYZ hat beschlossen als Touristenattraktion eine große Kugelrollbahn auf dem Marktplatz zu bauen. Dafür sucht das Kulturreferat jetzt Unternehmen, die diesen Auftrag adäquat und innovativ ausführen können. Es haben sich bereits mehrere Firmen beworben, die ein Modell 'ihrer' Kugelrollbahn aus Papier für Anschauungs- und Bewertungszwecke präsentieren sollen.

Die an die Rollbahn gestellten Bedingungen sind:

- Die einmal eingesetzte Kugel soll ohne weitere Impulse durchgängig rollen.
- Die Kugelrollbahn soll freistehend und transportabel sein.
- Die Konstruktion soll über ein Auffangbecken für die Kugel verfügen.
- Die Laufzeit der Kugel soll so lange wie möglich sein.

Für die Konstruktion stehen 60 min zur Verfügung, dann erfolgt eine Präsentation, die mit Stoppuhr und 'Klatschometer' bewertet wird."

| Bewertungskriterien | Gruppe A | Gruppe B | Gruppe C |
|---|---|---|---|
| Laufzeit der Kugel | | | |
| Funktionalität | | | |
| Design | | | |
| Präsentation | | | |

100

50

0

Dann wird das Material verteilt und die Kleingruppen in die Räume aufgeteilt. Nach 60 min trifft sich die Gesamtgruppe wieder und die Präsentationen mit den Demonstrationen starten. Der Seminarleiter nimmt dabei mit der Stoppuhr die Zeit und trägt die Laufzeit der Kugel in die Übersicht ein.

Die anschließende Bewertung mit dem „klatschometer" erfolgt folgendermaßen: Der Seminarleiter liest das Kriterium vor und die Gesamtgruppe – außer der bewerteten Kleingruppe – beginnt zu klatschen. Mit seinem Finger fährt der Seminarleiter langsam von „0" beginnend die Skala nach oben, in Richtung 100 so lange bis das Klatschen erstirbt. Dann notiert er den erreichten Wert in die Tabelle.

Kommentar / Diskussionsanregungen:
Überraschenderweise bewerten sich die Gruppen gegenseitig meist fair und realistisch. In der Reflexion können die gängigen Fragen zur Zusammenarbeit und Kommunikation abgefragt werden.

Variationen: Eine Bedingung kann auch sein, dass beide Kugeln möglichst lange, aber auch gleichlang rollen müssen. Bei dieser Variante empfiehlt es sich, ein Extraberatungszimmer einzurichten, sodass sich Vertreter der Gruppen für Absprachen treffen können, ohne die Bauwerke zu sehen.

Quelle: mir unbekannt

# Nikolaus und Pentagramm

Ort: im Seminarraum oder draußen auf ebener, freien Fläche

Schwerpunkt: Kooperation, Kreativität (Vorannahmen entrinnen)

Material: ein ca. 50 m langes Seil
ein DIN-A4-Zettel, auf dem ein Pentagramm abgebildet ist
ein DIN-A4-Zettel, auf dem ein Nikolaushaus abgebildet ist

Vorbereitung: Das Seil mit einem Sackstich an den Enden zusammenknoten und auf den Boden legen.

Beschreibung: Die erste Aufgabe der Gruppe ist es, mit der gesamten Länge des Seils ein möglichst gleichschenkliges Pentagramm zu legen. Wie ein Pentagramm aussieht, kann die Gruppe dem DIN-A4-Zettel entnehmen.

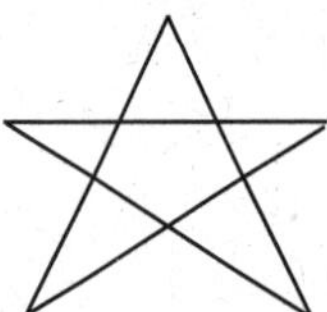

Die zweite Aufgabe besteht darin, aus dem gleichen Seil nun das Nikolaushaus zu legen. Jetzt jedoch darf nicht mehr gesprochen werden.

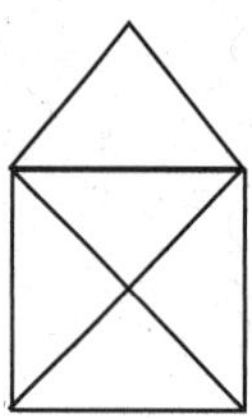

Kommentar / Diskussionsanregungen:
Die Schwierigkeit der zweiten Aufgabe besteht darin, aus der Vorannahme, das Seil verknotet zu benützen, herauszusteigen und den Knoten zu lösen. Anders bekommt man nämlich das Nikolaushaus nicht zustande. Dieser Schritt – der Gewohnheitsrille zu entkommen – ist bei kreativen und innovativen Problemlösungen entscheidend.

Variationen: –

Quelle: Priest/Rohnke (2000):– 101 Of The Best Corporate Teambuilding Activities We Know!, Kendall & Hunt Company

# Performance Puzzle

Ort: drinnen oder draussen

Schwerpunkt: Kooperation, Change Management

Material: pro Team (ca. 4 – 5 Personen) ein Performance Puzzle

Beschreibung: Das Puzzle aus 14 unterschiedlich langen Bretter mit Schlitzen, so schnell wie möglich (Rekord ist unter einer Minute) nach den vorgegebenen Regeln zusammenzubauen:

Bei jedem Versuch der gemessen wird, müssen die Bretter beim Start so aufeinander gelegt sein, dass das längste unten und das kürzeste oben ist.

Die Bretter sowie der Boden dürfen in keiner Art und Weise markiert werden.

Das fertige Puzzle muss dem Plan entsprechen, d. h. die Bretter passen ineinander ohne dass sie gebogen werden müssen und jeder Winkel 90° misst.

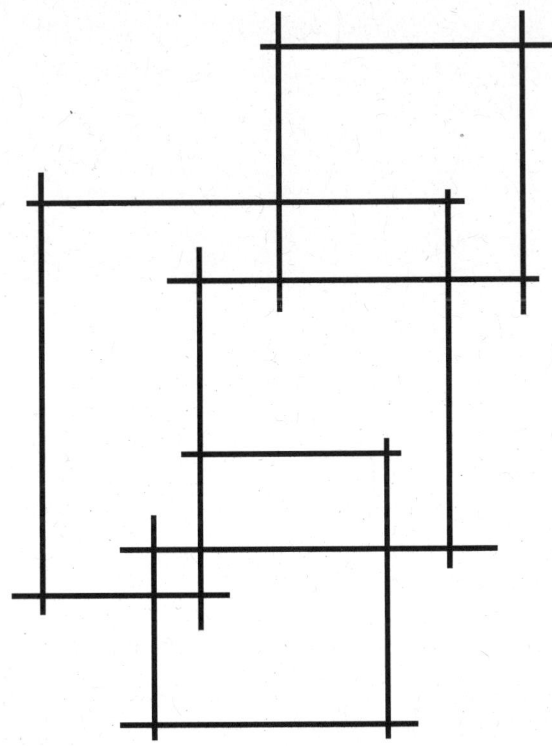

Kommentar / Diskussionsanregungen:

Im Change Management Prozess hat sich folgende Variante als sehr interessant erwiesen: die Teams haben 60 Minuten Zeit zum Üben – danach wird präsentiert. Die Gruppe mit der besten Zeit setzt den internen Benchmark sowie die Standardvorgehensweise. Die Mitglieder dieses Teams müssen nun die anderen Teams coachen und diese Standardvorgehensweise beibringen – wobei sehr wahrscheinlich mit starken Widerständen zu rechnen ist, da die anderen Teams meist nur sehr ungern „ihre" hart erarbeitete Vorgehensweise aufgeben möchten.

Sehr schöne und praktische Performance Puzzles in verschiedenen Farben und Größen gibt es z. B. bei
ZIEL-Seminarmaterialien – http://www.ziel-verlag.de

# Plankenhüpfen

| | |
|---|---|
| Ort: | draußen, auf ebener Fläche |
| Schwerpunkt: | Kooperation |
| Material: | ein kurzes, altes Kletterseilstück, ca. 3 m<br>für 10 Personen ein Brett von ca. 80 x 120 cm mit einem Loch vorn in der Mitte (10 cm Abstand zur Brettkante), durch das das Seilstück eingefädelt werden kann |
| Vorbereitung: | Eine Strecke von ungefähr 15 m mit Markierungslinien kennzeichnen. |
| Beschreibung: | Aufgabe der Gruppe ist es, die markierte Strecke, auf einmal in der Gesamtgruppe zu überwinden. Erschwerend kommt hinzu, dass nur eine Person den Boden berühren darf. Die anderen haben leider keine der handelsüblichen säurefesten Schuhe ausgehändigt bekommen. Kommt dennoch eine Person mit dem Boden in Kontakt, werden ihr die Augen verbunden oder ähnliche Foltermaßnahmen angewandt. |

Kommentar / Diskussionsanregungen:

Mögliche Auswertungsfragen:

- Wie sind Sie zu Ihrem gemeinsamen Rhythmus gekommen?
- Wie sind Sie mit anfänglichen Frustrationen umgegangen?
- Was können Sie aus dieser Übung lernen?

Variationen: Als Material wird zusätzlich ein langes, altes Kletterseil von ca. 40 m Länge zur Verfügung gestellt. Die Aufgabe verändert sich dann insofern, dass niemand die Säure berühren darf, die Gruppe den Weg aber auf zweimal überwinden darf.

Die Lösung besteht dann darin, dass ein Teilnehmer auf dem Brett mit dem langen Kletterseil, dessen Ende der Rest der Gruppe hält, die Strecke erst einmal allein überwindet. Dies bewerkstelligt er, indem er das kurze Seilstück ans Brett knüpft und das Brett so auf den Boden legt, dass das Loch mit dem Seilstück zum Streckenanfang liegt, während die andere Seite in Richtung Streckenende hin liegt. Er muss nun hüpfen und mithilfe des Seils das Brett vorwärts bewegen. Wenn er drüben angekommen ist, ziehen die Kollegen das Brett mit dem langen Kletterseil wieder zu sich herüber, wobei der Erste das zweite Ende bei sich behält. Die Gruppe knüpft das lange Seil an das Brett und legt das Brett so auf den Boden, dass das Ende mit dem Loch – und dem Seil – zum Streckenende hin liegt. Der Erste zieht nun so wie in der Originalversion auf Kommando das Brett, während der Rest der Gruppe gleichzeitig in die Höhe springen muss.

Quelle: gesehen beim Teamentwicklungsworkshop der Volleyballerinnen des SV Inning, geleitet durch Henrike Grell, Caritas Bad Reichenhall

# Praktische Mathematik

Ort: draußen, auf großer, ebener und freier Fläche

Schwerpunkt: Kommunikation, Kooperation, Strategie

Material: zwei Seile à ca. 50 m
Augenbinden für alle Teilnehmer

Vorbereitung: –

Beschreibung: Die Gruppe bekommt die Aufgabe innerhalb von 60 min aus zwei Seilen, zwei gleich große Quadrate zu legen, die sich um genau 25 Prozent überschneiden. Dabei muss die gesamte Länge der beiden Seilen vollständig ausgeschöpft werden. Die Gruppe kann innerhalb der 60 min so lange planen, wie sie möchte. Sie hat dann aber natürlich weniger Zeit für die Durchführung zur Verfügung. Während der Planung dürfen die Seile nicht berührt werden. Sobald aber mit der Ausführung der Aufgabe begonnen wird, müssen sich alle Teilnehmer die Augen verbinden. Jeder Teilnehmer berührt bei der Ausführung zu jeder Zeit das Seil mit mindestens einer Hand.

Eine spielerische Einführung könnte so lauten:

**Aufgabe**

„Sie sind das Marketingteam Ihrer Firma und Sie haben ein neues Logo kreiert. Die Vorgaben lauteten: Das Logo soll aus zwei Quadraten bestehen, die sich um 25 Prozent überlappen.

Ihr Vorstandsvorsitzender landet in genau 60 min mit seinem Hubschrauber, um das neue Logo zu besichtigen. Sie haben als clevere PR-Menschen beschlossen, den Landeplatz mit Ihrem neuen Logo in Großformat auszulegen. Dazu haben Sie zwei gleich lange Seile zur Verfügung, deren Länge auch voll ausgenützt werden muss.

Wie Sie die Zeit bis zur Ankunft des Hubschraubers nützen – Planung und Ausführung –, bleibt Ihnen überlassen. Sobald Sie jedoch eines der Seile berühren oder den Hubschrauberlandeplatz betreten, bekommen alle wegen der gefährlichen Staubaufwirbelung an Landeplätzen die Augen verbunden."

Kommentar / Diskussionsanregungen:

Bei dieser Übung ist das Zeitmanagement interessant. Viele Gruppen verbrauchen ausgesprochen viel Zeit bei der Planung, die ihnen bei der Durchführung dann fehlt, wenn Unvorhergesehenes eintritt.

Erfolgreiche Gruppen üben die Durchführung mit Schnürsenkeln etc. Wichtig ist, dass jeder Teilnehmer sowohl über seine eigene Rolle bzw. seinen Einsatzzeitpunkt Bescheid weiß als auch eine Vorstellung des Gesamtplans entwickeln kann. Aufgrund der Augenbinden wird sich spätestens bei der Durchführung ein Führer/Koordinator herausbilden.

Variationen:

1. Die Gruppe wird in Untergruppen aufgeteilt und entweder mit unterschiedlichen Aufträgen – ein Dreieck und ein Quadrat, die sich um einen bestimmten Prozentsatz überschneiden – oder mit gleichem Auftrag ausgestattet, wobei aber die Anzahl der Personen eine Kooperation der beiden Gruppen erfordert – jede Gruppe muss ein Fünfeck legen, die Gruppe besteht aber nur aus vier Mitspielern.
2. Sehend wird ein Hexagramm aus einem Seil, das zusammengebunden ist, gelegt.
3. Aus einem Seil wird erst ein kurzes Wort stumm, daraufhin ein Wort blind gelegt. Dabei gilt, dass alle Buchstaben gleich groß sein müssen.

Quelle: mir unbekannt

# Quadratesalat

Ort: im Seminarraum

Schwerpunkt: Kooperation

Material: Quadratische Karten oder ausgesägte Brettchen

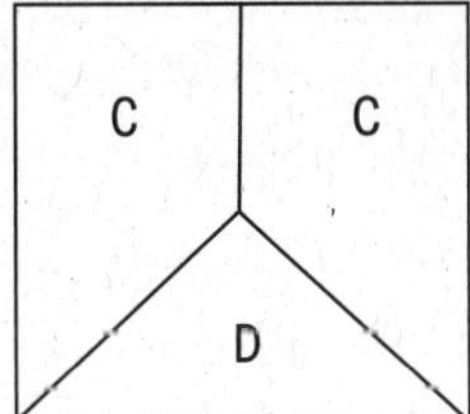


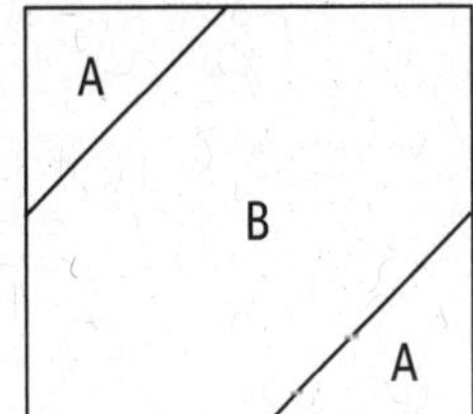


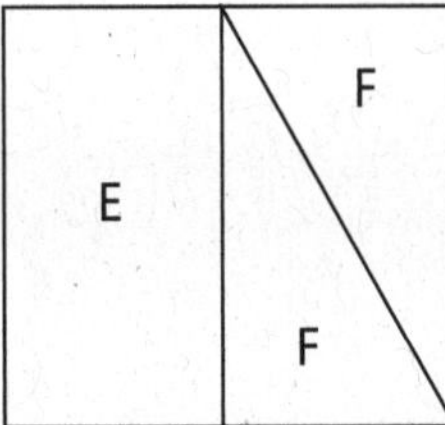


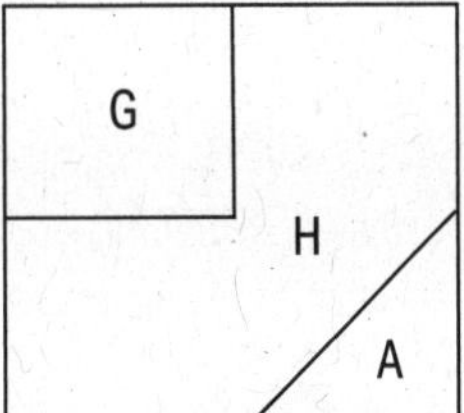


Vorbereitung: Die Karten oder Brettchen auf diese Art und Weise in fünf Haufen aufteilen: EHI, AAAC, DJ, AF, BCFG

Beschreibung: Der Gruppenleiter gibt folgende Spielanleitung: „Die Gruppe soll fünf Mitglieder als Spieler benennen. Die anderen sind Beobachter und sollen möglichst je einen Teilnehmer beobachten.

Wenn das Signal zum Start gegeben worden ist, ist es die Aufgabe der spielenden Gruppe, aus den gegebenen Teilen fünf Quadrate gleicher Größe zusammenzustellen. Die Teile dürfen nicht abgeschnitten, gefaltet werden oder sich überlappen. Die Aufgabe ist erst dann erfüllt, wenn jeder Teilnehmer vor sich ein Quadrat der gleichen Größe wie die Quadrate der anderen vier Mitspieler liegen hat.

Folgende Regeln sind dabei zu beachten:

- Keiner darf sprechen, auch nicht die Beobachter.
- Keiner darf sich eine Karte von einem anderen nehmen, noch darf man einem anderen signalisieren, dass man gerne eine von ihm hätte.
- Die Teilnehmer dürfen sich gegenseitig Karten geben.

Die Buchstaben auf den Teilen haben nichts mit der Zusammensetzung der Quadrate zu tun."

Nach diesen Anweisungen werden die Karten/Brettchen nach dem obigen Schema verteilt. Ab der Verteilung darf nicht mehr gesprochen werden.

Die einzig mögliche Lösung besteht in der Zusammenstellung: HAG, BAA, CCD, EFF, IJA.

Die Beobachter können gebeten werden insbesondere auf Gefühlsregungen wie Ungeduld, Ärger, Scham, Erleichterung, Genugtuung, Gleichgültigkeit, Überlegenheit, Panik etc. zu achten.

Kommentar / Diskussionsanregungen:

Mögliche Auswertungsfragen:

- Haben Sie sich an die Regeln – nicht sprechen und keine Signale – gehalten?
- Wie schwer fiel es, gebaute Quadrate wieder aufzulösen?
- Wer hat das Spiel als Wettkampf gesehen und welche Konsequenzen hatte das?
- Wie zufrieden sind Sie mit Ihrer Arbeit?

Variationen: Eventuell können die Beobachter während des Spiels auch zu Teilnehmern werden bzw. mit diesen die Rollen tauschen.

Quelle: mir unbekannt

# Riesenrollbahn

**Auftrag: Riesenrollbahn**

- Bauen Sie eine vier Meter hohe Kugelbahn.
- drei Kugeln unterschiedlicher Größe müssen darin ohne fremde Hilfe laufen können.
- Von Start bis Ziel dürfen die Kugeln nicht länger als 60 Sekunden aber auch nicht kürzer als 40 Sekunden unterwegs sein.
- Bauen Sie im Vorfeld ein Modell der Bahn.
- Entwerfen Sie ein Banner, auf dem die positiven Eigenschaften Ihrer Gruppe abgebildet sind.
- Verwenden Sie nur das gelieferte Material plus die Naturstoffe, die Sie finden.
- Die Leitung wechselt alle 60 Minuten! Briefen Sie Ihren Nachfolger professionell.
- Dokumentieren Sie das Projekt.
- Bauen Sie Ihre Konstruktion so stabil, dass sie acht Personen tragen kann.
- Sie haben sechs Stunden Zeit.

**Viel Glück!!!**

Ort: draußen, in einer Gegend, in der viel Holz am Boden liegt

Schwerpunkt: Kooperation, Projektmanagement, Konfliktlösung

Material: drei Bälle verschiedener Größe, z. B. Handball, Volleyball und Basketball
500 Meter Paketschnur, vier Scheren, ein weißes Bettlaken
Farben und Pinsel, evtl. Sägen und Äxte, evtl. Funkgeräte

Vorbereitung: Material vorbereiten, Gelände aussuchen, evtl. mit Förster sprechen

Beschreibung: Eine Gruppe von mindestens zehn Mitgliedern soll innerhalb von sechs Stunden eine vier Meter hohe Kugelbahn bauen (meistens ist der Ast, an dem das Banner befestigt ist, auf einer Höhe von vier Metern angebracht). Auf dieser Bahn sollen drei Bälle verschiedener Größe in einer von der Leitung vorgegebenen Zeit von Start bis Ziel rollen. Zur Erleichterung kann man der Bauleitung Funkgeräte zur Verfügung stellen.

Für den Bau der Riesenrollbahn gelten außerdem folgende Vorgaben:

- Alle „natürlichen" Materialien, die vor Ort gefunden werden, dürfen benutzt werden, so lange deren Benutzung keine Umweltschäden zur Folge hat.
- Vor Baubeginn muss ein Modell präsentiert werden.
- Ein Banner, auf dem die positiven Eigenschaften aller Teilnehmer aufgemalt werden, krönt die Spitze der Kugelbahn.
- Die Bauleitung des Projekts wechselt alle 60 Minuten. Es wird ein professionelles Briefing der nächsten Projektleitung verlangt.
- Die Konstruktion muss so stabil gebaut werden, dass sie mindestens sechs Teilnehmer mindestens 60 Sekunden trägt (Einsturzgefahr / Sicherheitskonzept!)

Kommentar / Diskussionsanregungen:

Bei dieser Übung handelt es sich um eine Übung für Großgruppen. Sie eignet sich auch für interkulturelle Trainings. Spannung und Reibung in der Gruppe bilden bei dieser Übung das Zentrum der Aktivitäten. Der Fokus der Abschlussreflexion sollte auf Konfliktlösestrategien liegen.

Variationen:

1. Natürlich kann man mit den verschiedenen Parametern wie zum Beispiel der Laufzeit der Bälle, Anzahl der Bälle, Größenunterschiede der Bälle, der zur Verfügung gestellten Werkzeuge, der Produktionsgesamtzeit die Übung erleichtern oder erschweren. Auch ob und wenn ja, wie viele Bäume eingebunden werden dürfen, spielt eine Rolle. Die oben vorgestellten Stellgrößen machen die Übung ziemlich anspruchsvoll.
2. Bei sehr großen Gruppen – ab 20 Personen – kann die Übung auch in Kooperation von zwei Gruppen stattfinden. Dabei sind nur zwei Bälle im Spiel. Jede Gruppe baut für einen der beiden Bälle eine Bahn. Ziel ist es, dass die Bälle nicht nur zwischen 40 und 60 Sekunden laufen, sondern, dass sie auch beide gleichzeitig unten ankommen.

3. Die Übung kann aber auch im Wettbewerb zwischen zwei Gruppen durchgeführt werden. Dann ist es angebracht, die Kleingruppen bei der Präsentation der Bahn auch ein Marketingkonzept vorstellen zu lassen.
4. Diese Übung ist auch eine großartige City Bound Aktion, wenn die Bahn in der Fußgängerzone einer Stadt nur aus „Müll" produziert werden darf. Der Müll kann aus Mülleimern, aber auch von Baustellen und Abbruchhäusern besorgt werden. Hier empfiehlt es sich, dass die Gruppe verschiedene Kleinteams ins Leben ruft. Ein Team beispielsweise übernimmt die Logistik für die Materialbeschaffung, ein Team ist zuständig für die Sicherheit und Sauberkeit und setzt sich mit Polizei und Stadtreinigung auseinander, ein Team managt den Kontakt mit der durch die Fußgängerzone flanierenden Bevölkerung usw. Den Teilnehmern müssen für diese Variante Schürzen und Handschuhe zur Verfügung gestellt werden.

Quelle: Martin Reber – v.m.reber@gmx.de

# Robin-Hood-Saga

Ort: draußen, in einem Gelände mit kleinem Graben

Schwerpunkt: Kooperation, Projektmanagement

Material: Sägen, Äxte, evtl. Farben

Vorbereitung: Mit dem Landbesitzer klären, welches Holz verwendet werden darf.

Beschreibung: Der Seminarleiter stellt folgendes Szenario vor:

„Ihr Team ist aufgefordert worden, bei den hiesigen Kulturtagen die Robin-Hood-Saga zu inszenieren. Der Schwerpunkt wird auf der Rückkehr des Königs Löwenherz liegen, der in einer Sänfte über die Zugbrücke vor der Ortschaft getragen wird und sich bei Robin Hood für seinen mutigen Einsatz während seiner Abwesenheit bedankt. Für die Aufführung steht Ihnen ein Budget für Ihre Auslagen in Höhe von 200 E zur Verfügung. Es wird nötig sein, für das Stück ein Drehbuch zu schreiben, Kostüme und Requisiten herzustellen, eine Sänfte und die Zugbrücke über die Schlucht zu bauen. Das bereits verfügbare Material besteht aus Sägen, Äxten, Farben und Holzstämmen. Die Aufführung findet in vier Stunden statt."

Kommentar / Diskussionsanregungen:

In dieser relativ knappen Zeit gilt es, die notwendigen Prozesse zu parallelisieren. Eine Gruppe startet zum Baumarkt, während die andere beginnt, das Drehbuch zu schreiben, das Gelände – vor allem die Schlucht – und das verfügbare Material vor Ort zu sichten etc. Über Handys bleiben die Kleingruppen miteinander in Kontakt und informieren sich über den momentanen Stand der Lage.

Variationen: Unzählige andere Sagen und Legenden, bei denen etwas gebaut werden muss.

Quelle: mir unbekannt

# Schafe und Schäfer

Ort: draußen, auf großer, ebener Fläche

Schwerpunkt: Kommunikation, Kooperation, Strategie

Material: 20 m Seil oder Baustellenmarkierungsband, um den „Schafstall" zu markieren
Augenbinden entsprechend der Anzahl der Teilnehmer

Vorbereitung: Bei einer Gruppe von zehn Teilnehmern mit dem Seil einen ca. 4 x 4 m großen Stall auslegen.

Beschreibung: Bei dieser Übung dirigiert ein Schäfer seine ausgebrochenen Schafe wieder zurück in einen Schafsstall.

Allen Teilnehmern werden dafür nach einer 15- bis 20-minütigen Besprechungsphase die Augen verbunden. Dann werden sie einzeln auf dem Gelände verteilt. Sie müssen dort schweigend auf die verabredeten Signale warten. Einem Teilnehmer wird die Augenbinde abgenommen. Damit wird er von der Spielleitung zum Schäfer erklärt. Aufgabe des Schäfers ist es, die „erblindeten" Schafe mit akustischen Signalen in den „Stall" zu lotsen. Dabei darf der Schäfer seinen Standort nicht verlassen und die Schafe nicht berühren. Weder Schäfer noch Schafe können die menschliche Sprache verstehen oder sprechen.

Kommentar / Diskussionsanregungen:
Es empfiehlt sich als Schäfer einen Teilnehmer zu wählen, der nicht in unmittelbarer Nähe des Stalls steht.

Mögliche Auswertungsfragen:
- Wie gut war der Plan ausgearbeitet?
- Wie wurde mit Abhängigkeiten umgegangen?
- Welche Schwierigkeiten traten in der Kommunikation auf?

Variationen: Man kann die Übung mit Zeitdruck anreichern – 15 min Planungsphase und je nach Gruppengröße zwischen 10 min und 25 min Durchführungsphase.

Quelle: mir unbekannt

# Schatzsuche

Ort: draußen, am besten in einem Waldstück mit wenig Unterholz und einigen Freiflächen

Schwerpunkt: Kommunikation, Kooperation, Strategie

Material: pro Teilnehmer eine Augenbinde
pro Teilnehmer einen Gegenstand, z. B. Ball, Frisbee, Becher etc.
eine Kiste, in die alle Gegenstände passen (Schatzkiste)
alte Kletterseile zum Markieren des Gebiets, ca. drei Stück à 60 m

Vorbereitung: Mit den Kletterseilen ein Waldstück markieren, indem das Seil auf Hüfthöhe gespannt von Baum zu Baum wird.

Beschreibung: Jeder Teilnehmer darf sich aus der Schatzkiste einen Gegenstand aussuchen. Diesen deponiert er in dem markierten Gebiet irgendwo, wo es ihm passend erscheint.

Danach wird die Aufgabe gestellt: Die Gruppe soll alle Gegenstände mit verbundenen Augen wiederfinden, wobei sie

1. nicht weiß, von welcher Stelle aus die Suche begonnen werden darf und
2. zusätzlich noch die Schatzkiste suchen muss, von der die Gruppe nicht weiß, wo sie sich befinden wird (der Spielleiter deponiert sie im Gelände, nachdem die Augen verbunden worden sind).

Nach Erklärung hat die Gruppe 45 min Zeit, die Aufgabe zu lösen.

Kommentar / Diskussionsanregungen:
Für die Basisreflexion eignen sich je nach Fokus alle Fragen der Reflexionsübungen „Standard" (S. 257) und „Fragenkatalog" (S. 245), insbesondere:

- War die Zeiteinteilung für Planung und Durchführung effizient?
- Gab es Meilensteine, die jedem Teilnehmer bekannt waren?
- Wie wurden Unwägbarkeiten eingeplant?
- Wie wurde mit Abweichungen vom Plan umgegangen?
- Wie wurden Verantwortlichkeiten/Rollen verteilt und wahrgenommen?

Variationen:
1. Feste Zeitvorgaben für Planung und Durchführung machen.
2. Die Schätze werden vom Seminarleiter auf dem Gelände verteilt und die Gruppe nimmt zur Kenntnis, um wie viele es sich handelt.

Quelle: mir unbekannt

# Tonnenvariationen

Ort: draußen
auf ebener Fläche

Schwerpunkt: Kooperation, Kreativität

Material: eine 100-l-Plastiktonne (ca.1 m hoch mit einem Durchmesser von ca. 40 cm) mit Deckel
Sand oder Wasser, um den Boden der Tonne mit ca. 10 cm Sand oder Wasser zu bedecken
ein Tennisball
ein Seilstück zum Markieren der Fläche, die nicht berührt werden darf
ein stabiles Brett (ca. 1 m x 20 cm x 4 cm)
mehrere unterschiedlich lange Seile (3 – 10 m)

Vorbereitung: Mit dem Seilstück einen Kreis von ca. 3 m Durchmesser auslegen. In die Mitte des Kreises die Tonne platzieren. Auf den Deckel der Tonne den Tennisball legen.

Beschreibung: Aufgabe der Gruppe ist es, so viele Wege wie möglich innerhalb einer bestimmten Zeit – z. B. 30 min – zu finden, um die Tonne aus dem Kreis zu heben, ohne dass

- der Tennisball – der nicht berührt werden darf – den Deckel verlässt,
- die Tonne, das andere Material oder ein Teilnehmer den Boden innerhalb der Seilmarkierung touchiert.

Kommentar / Diskussionsanregungen:

Diese Aufgabe weckt den Ehrgeiz, wenn mehrere Gruppen unabhängig voneinander die Übung durchführen und ihre Ergebnisse am Ende vergleichen können. Ist der Wettkampfgedanke nicht gewünscht, bietet die Übung einen hervorragenden Einstieg zum Thema „innovative Teamarbeit" an, da es darum geht, Alternativen zu entdecken.

Variationen: –

Quelle: gespielt beim Tag der offenen Tür der IHK München/Westerham, www.muenchen.ihk.de

# Turmbau zu Babel

Ort: draußen auf ebener Fläche mit Raum nach oben

Schwerpunkt: Kooperation, Projektmanagement

Material: 50 – 100 Stück Vierkanthölzer,
3 x 3 x 100 cm
mindestens vier kurze Seile
(ca. 10 – 20 m)
zwei große Rollen Paketklebeband
Scheren
pro Teilnehmer einen Helm

Vorbereitung: –

Beschreibung: Die Aufgabe der Gruppe ist es, mit dem Paketklebeband und den Vierkanthölzern einen möglichst hohen freistehenden Turm zu bauen. Die Seile stehen lediglich für den Aufbau zur Verfügung. Bei der Präsentation dürfen diese keine haltende oder tragende Funktion erfüllen.

Kommentar / Diskussionsanregungen:

Dieser Turm kann beispielsweise zu Beginn eines Workshops gebaut werden und dann die nächsten Tage als Symbol der gemeinsamen Teamkompetenz stehen bleiben. Insofern eignen sich für die Basisreflexion je nach Fokus alle Fragen der Reflexionsübungen „Standard" (S. 257) und „Fragenkatalog" (S. 245).

Variationen:

1. Zu Beginn kann die Gruppe aufgefordert werden, sich auf eine Einschätzung, wie hoch der Turm werden soll, zu einigen. Damit rückt dann der Entscheidungsprozess verstärkt mit in die Reflexion.
2. Auch kann man bei größeren Gruppen mehrere Zusatzaufgaben verteilen, z. B.: Vor Beginn des Baus muss beispielsweise eine Konstruktionszeichnung abgegeben werden, für die Präsentationsphase muss ein Werbeslogan mit Kurzpräsentation entwickelt werden etc.
3. Wie bei allen Konstruktionsübungen können Konkurrenzsituationen simuliert werden, indem zwei Kleingruppen zwei Türme bauen. Kooperationssituationen zwischen zwei Teams können abgebildet werden, indem die jeweils eine Gruppe nach der Konstruktionszeichnung der anderen den Turm baut.

Quelle: Michael Rehm, ZIEL-Verlag, www.ziel.org

# Verbandelt

Ort: in drei Seminar-/Kleingruppenräumen

Schwerpunkt: Kooperation, Strategie

Material: drei unterschiedliche Instruktionsbogen für drei Gruppen
drei Seile in den verschiedenen Farben
ein Ring
ein Holzstab
eine Holzkugel
ein Knotenbuch oder Blatt, das die folgenden Knoten erklärt: Webeleinenstek, Fischerstek, Spierenstich, Affenfaust, Liebesknoten, Wasserknoten

Vorbereitung: –

Beschreibung: Die drei Kleingruppen – zwei bis fünf Teilnehmer je Kleingruppe – sind in drei verschiedenen Räumen verteilt und bekommen das jeweilige Material (siehe unten) und den entsprechenden Instruktionsbogen ausgehändigt. Außer dem ausgegebenen Material dürfen sie Papier und Stifte benutzen.

Die Gruppe „Segler" bekommt als Material bereitgestellt:
- ein blaues Seilstück
- einen Holzstab

Die Gruppe „Bergsteiger" bekommt als Material bereitgestellt:
- ein rotes Seilstück
- einen Ring

Die Gruppe „Angler" bekommt als Material bereitgestellt:
- ein grünes Seilstück
- eine Kugel
- das Knotenhandbuch

Der Spielleiter übernimmt den Postverkehr zwischen den Gruppen:
- Er sammelt eine Minute vor den vollen zehn Minuten die „Post" bei den einzelnen Gruppen ein.
- Er verteilt die Post um eine Minute nach den vollen zehn Minuten an die jeweiligen Gruppen.
- Der erste Postverkehr ist zehn Minuten nach Beginn der Aufgabe.

**Verbandelt**

– Instruktionsbogen Gruppe „Segler" –

Informationen:

- Die „Bergsteiger" müssen in die Mitte des grünen Seils einen WEBELEINENSTEK um den Holzstab knüpfen.
- Alle Seile werden miteinander verbunden.
- Das blaue Seil muss mit dem roten mit einem WASSERKNOTEN verbunden werden.
- Die „Angler" haben momentan das grüne Seil.
- Außer den „Seglern" gibt es noch „Angler" und" „Bergsteiger"

Regeln:

- Innerhalb von 60 Minuten muss Ihr eigenes Produkt fertig gestellt sein.
- Der Raum darf nicht verlassen werden.
- Auf dem Postweg können nur Schriftstücke und Gegenstände, jedoch keine Personen befördert werden.
- Post wird jeweils nach vollen zehn Minuten eingesammelt und jeweils eine Minute nach den vollen zehn Minuten ausgeteilt.
- Der Postdienst ist kostenlos.
- Es dürfen nur die eigenen Knoten geknüpft und verändert werden.

**Verbandelt**

– Instruktionsbogen Gruppe „Bergsteiger" –

Informationen:

- Die „Angler" müssen in die Mitte des blauen Seils einen FISCHERSTEK in den Holzring knüpfen.
- Alle Seile werden miteinander verbunden.
- Das grüne Seil muss mit dem roten mit einem SPIERENSTICH verbunden werden.
- Die „Segler" haben momentan das blaue Seil.
- Außer den „Bergsteigern" gibt es noch „Angler" und „Segler".

Regeln:

- Innerhalb von 60 Minuten muss Ihr eigenes Produkt fertig gestellt sein.
- Der Raum darf nicht verlassen werden.
- Auf dem Postweg können nur Schriftstücke und Gegenstände, jedoch keine Personen befördert werden.
- Post wird jeweils nach vollen zehn Minuten eingesammelt und jeweils eine Minute nach den vollen zehn Minuten ausgeteilt.
- Der Postdienst ist kostenlos.
- Es dürfen nur die eigenen Knoten geknüpft und verändert werden,

**Verbandelt**
– Instruktionsbogen Gruppe „Angler" –

Informationen:

- Die „Segler" müssen in die Mitte des roten Seils eine AFFEN-FAUST um die Holzkugel knüpfen.
- Das grüne Seil muss mit dem blauen mit einem ECHTEN LIEBESKNOTEN verbunden werden.
- Außer den „Anglern" gibt es noch „Bergsteiger" und „Segler".

Regeln:

- Innerhalb von 60 Minuten muss Ihr eigenes Produkt fertig gestellt sein.
- Der Raum darf nicht verlassen werden.
- Auf dem Postweg können nur Schriftstücke und Gegenstände, jedoch keine Personen befördert werden.
- Post wird jeweils nach vollen zehn Minuten eingesammelt und jeweils eine Minute nach den vollen zehn Minuten ausgeteilt.
- Der Postdienst ist kostenlos.
- Es dürfen nur die eigenen Knoten geknüpft und verändert werden.

Kommentar / Diskussionsanregungen:

So sollte das Endprodukt eigentlich aussehen:

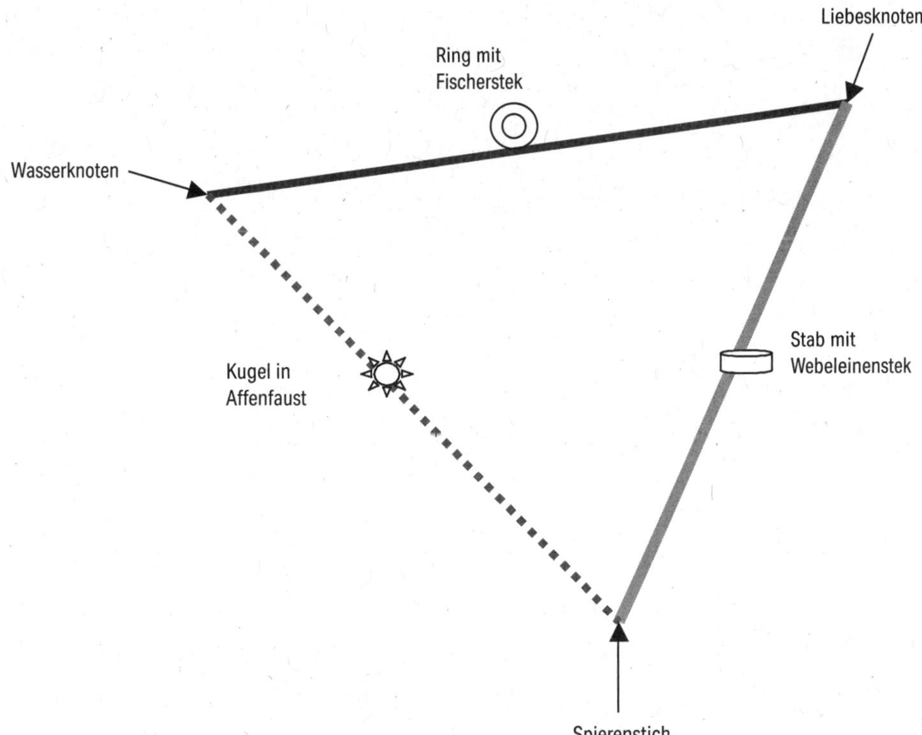

Interessant für die Reflexion sind insbesondere die Fragen:

- Wie zufrieden waren Sie mit der Strategie, die Sie in der Kleingruppe ausgetüftelt haben?
- Wie wirkten die Strategien der anderen Kleingruppen auf Sie?
- Wie sind Sie mit etwaigen Frustrationen umgegangen?
- Wie habe Sie den Zeitdruck und die eingeschränkte Kommunikation empfunden?
- Was würden Sie beim nächsten Mal anders machen?

Variationen: –

Quelle: Erwin Mayer, Outward Bound Deutschland; mayer@outwardbound.de

**Zur Info:**
Alle Knoten zu diesem Spiel können Sie im Internet unter www.ziel.org/pep2 downloaden.

# Verheddert

Ort: draußen, auf freier, ebener Fläche

Schwerpunkt: Kommunikation, Kooperation

Material: eine Schnur zum Üben
ein ca. 50 m Seil

Vorbereitung: Das Seil an den Enden mit einem Sackstich zusammenknoten und auf den Boden legen.

Beschreibung: Wie bei dem bekannten Schnur- bzw. Fadenspiel, das unter den Namen „Hexenspiel", „Cat's Cradle" oder „Abnehmespiel" kursiert, werden mit dem Seil bestimmte Muster geknüpft. Bei dieser Übung ist das Seil nur ein wenig länger und darf den Boden nicht berühren. Die Gruppe bekommt zusätzlich eine kurze Schnur zu Übungszwecken.

Ausgangsposition kann das Bild 1 sein, dann werden die Bilder ihrer Reihenfolge nach mit dem gesamten Personal bis Bild 3 live nachgestellt.

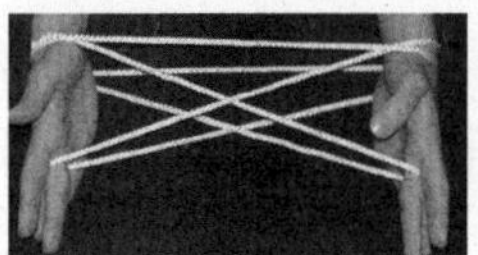

1

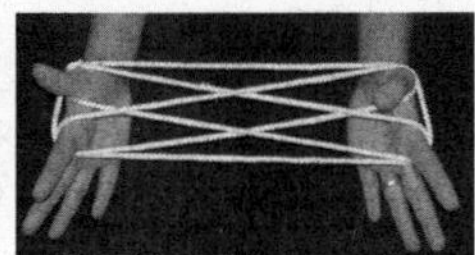

2

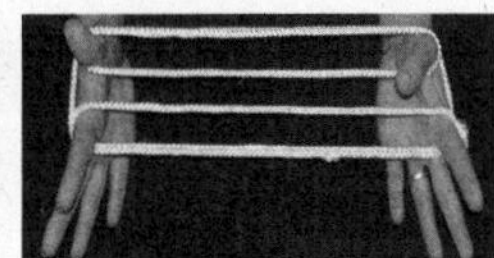

3

Kommentar / Diskussionsanregungen:
Für die Basisreflexion eignen sich je nach Fokus alle Fragen der Reflexionsübungen „Standard" und „Fragenkatalog".

Funktioniert erst ab 10 Teilnehmern, ansonsten gehen einem die Hände und Halter aus.

Variationen: Es gibt noch zahlreiche andere Muster, die mit dieser Vorgehensweise hergestellt werden können, wie zum Beispiel „der Stern" oder „Schweinchen auf der Leiter" oder „Tasse und Untertasse".

Quelle: Katrin Lippmann – katlippmann@yahoo.com
DuMont Taschenbücher

# Zielfoto

Ort: in einem großen Seminarraum oder draußen auf ebener, großer Fläche

Schwerpunkt: Kooperation, Koordination und Strategie

Material: zwei Seile zum Auslegen der Start- und der Ziellinie
eine Digital- oder Polaroidkamera
eine Stoppuhr

Vorbereitung: Die Start- und Ziellinie in einem Abstand von ca. 15 m auslegen.

Beschreibung: Aufgabe der Gruppe ist es, in möglichst kurzer Zeit von der Startlinie zur Ziellinie zu kommen und die Ziellinie zum exakt gleichen Zeitpunkt zu überschreiten. Teil der Aufgabe ist es auch, herauszufinden, wie am besten und verlässlichsten die Gleichzeitigkeit festgestellt werden kann. Eine Digitalkamera dient als Belegmöglichkeit und wird von einem Teilnehmer bedient. Das Foto muss aber einen absolut schlüssigen Beweis zum Zeitpunkt der Überquerung liefern. Wenn ein Teilnehmer vor und nach einem anderen die Ziellinie überschreitet, wird ein neuer Versuch gestartet.

Kommentar / Diskussionsanregungen:
Interessant ist neben dem offensichtlichen Koordinationsproblem die unterschiedliche Einschätzung der einzelnen Teilnehmer über ihren, im wahrsten Sinne des Wortes, „Fortschritt".

Variationen: –

Quelle: Sikes: Feeding The Zircon Gorilla And Other Team Building Activities, Tulsa, Oklahoma, USA

# 3.6 City Bound

## Erlebnispädagogik in der Stadt

# Blinder Spielplatz

Ort: auf einem Spielplatz

Schwerpunkt: Wahrnehmung, Vertrauen

Material: eine Augenbinde pro Teilnehmerpaar

Vorbereitung: –

Beschreibung: Diese Übung kann direkt an die bekannte Übung „Blind führen"[15] angeschlossen werden, bei der jeweils ein Partner mit verbundenen Augen entweder mit Körperkontakt und / oder mit verbalen Signalen durch ein bestimmtes Territorium geführt wird. Der Partner mit den verbundenen Augen wird zu einem Kinderspielplatz geführt. Dort kann er sich entscheiden, welche Spielgeräte er und wie er sie gerne blind ausprobieren möchte. Zum Beispiel kann bei der Rutsche gemeinsam gerutscht werden. Bei einer Wippe kann der Blinde bestimmen, wie schnell gewippt werden soll, bei einer Schaukel kann er sich entscheiden von niedriger Schaukelhöhe abzuspringen etc. So kann sich das Paar ganz nach Lust und Laune durch die Spielgeräte spielen, wobei neben den Entscheidungen des „Blinden" auch ein Vetorecht des Sehenden. Wenn er zum Beispiel das Gefühl hat, nicht mehr für die Sicherheit des anderen bürgen zu können, weil dieser zu hoch schaukeln oder zu heftig wippen will, kann er ein Veto gegen die Aktion einlegen. Insofern erfolgt die Durchführung unter stetiger Absprache. Nach ca. 15 min werden die Rollen „sehend / blind" gewechselt.

Kommentar / Diskussionsanregungen:
Eventuell lohnt es sich die Übung „Sicherheit" (S. 116) vor dieser Übung durchzuführen, um die Sensibilität für die Verantwortung, sichere Entscheidungen zu treffen zu erhöhen.

Variationen:
1. blind in der U-Bahn
2. blind in der Fußgängerzone einkaufen
3. blind ...

Quelle: mir unbekannt

15 Reiners, A. (2007): Praktische Erlebnispädagogik – S. 77 f

# Chaos im Informationsbüro

Ort: in einer Stadt

Schwerpunkt: Kennenlernen einiger Sehenswürdigkeiten einer Stadt, Kommunikation und Koordination

Material: ein Zettel mit dem Arbeitsauftrag (siehe unten)

Vorbereitung: Fotos der einzelnen Sehenswürdigkeiten schießen und Ausschnitte vergrößern

Beschreibung: Diese Übung haben wir im Rahmen eines dreitägigen Seminars mit dem Thema „Kommunikation, Teamarbeit und Beheimatung in der neuen Stadt" mit Studienanfängern einer Fachhochschule durchgeführt. Die Aktion war eingebettet in eine Nachmittagseinheit, in der Kleingruppen von ca. zehn Studenten die unterschiedlichsten Aufträge durchführen mussten. Um dies erfolgreich innerhalb des Zeitrahmens bewältigen zu können, mussten sich die Kleingruppen noch einmal in Unterteams von ca. drei bis fünf Personen aufteilen.

**Chaos im Informationsbüro**

Oje, oje, im Touristeninformationsbüro ist einiges durcheinander gekommen! Überall liegen die Fotos für den neuen Prospekt herum und kein Mensch weiß mehr, zu welchen Sehenswürdigkeiten welches Photo gehört! Finden Sie dies bis ... Uhr heraus, denn dann geht der Prospekt in Druck. Die Fotos sind in der Nähe folgender Sehenswürdigkeiten aufgenommen worden:

- ehemaligen Wasserbastei
- Spindlerdenkmal
- Glas Riedel
- Alpenverein
- ein Foto muss nicht zugeordnet werden

Kommentar / Diskussionsanregungen:

Der Grund dafür, dass ein Foto nicht zugeordnet werden musste, lag darin, dass es die Gruppe dazu zwang, alle vier Orte anzulaufen und nicht im Ausschlussverfahren zum Schluss einen nicht aufzusuchen.

Variationen: –

Quelle: mir unbekannt

# Chiffre

Ort: in einer Stadt

Schwerpunkt: Kennenlernen einer Stadt und ihrer markanten Plätze und Sehenswürdigkeiten

Material: ein Zettel mit dem Arbeitsauftrag (siehe unten)

Vorbereitung: Fotos von Sehenswürdigkeiten schießen und an gut sichtbaren Stellen Aufkleber mit Nummern an denselben Sehenswürdigkeiten anbringen.

Beschreibung: Diese Übung haben wir im Rahmen eines dreitägigen Seminars mit dem Thema „Kommunikation, Teamarbeit und Beheimatung in der neuen Stadt" mit Studienanfängern einer Fachhochschule durchgeführt. Die Aktion war eingebettet in eine Nachmittagseinheit, in der Kleingruppen von ca. zehn Studenten die unterschiedlichsten Aufträge durchführen mussten. Um dies erfolgreich innerhalb des Zeitrahmens bewältigen zu können, mussten sich die Kleingruppen noch einmal in Unterteams von ca. 3 bis 5 Personen aufteilen.

**Chiffre**

Die Sehenswürdigkeiten dieser Stadt sollen katalogisiert werden. Zu diesem Zweck hat bereits ein Trupp der Gemeindeverwaltung Aufkleber an die Sehenswürdigkeiten angebracht. Leider hat diese Mannschaft vergessen, bei den drei Sehenswürdigkeiten, die Sie hier unten sehen, mitzuschreiben, welche Nummer sie dort angebracht hat.

Aufgrund der Tests, die wir diese Woche durchgeführt haben, scheinen Sie das geeignete Team zu sein, diesen Fehler innerhalb der nächsten 30 min wieder beheben zu können, sodass der Katalog heute Abend dem Bürgermeister präsentiert werden kann.

Bitte behandeln sie diesen Auftrag vertraulich. Sie wissen schon, die Steuerzahler ...

Kommentar / Diskussionsanregungen:

Zum einen mussten die Studenten also herausfinden, welche Sehenswürdigkeiten sich hinter den Fotos verbergen, zum anderen mussten sie diese Stationen aufsuchen und die Nummern herausfinden.

Variationen: –

Quelle: mir unbekannt

# Ein fetter Auftrag

Ort: in einer Stadt

Schwerpunkt: Kennenlernen einiger Sehenswürdigkeiten einer Stadt, Kommunikation und Koordination

Material: eine Digital- oder Polaroidkamera
ein Zettel mit dem Arbeitsauftrag (siehe unten)

Vorbereitung: –

Beschreibung: Diese Übung haben wir im Rahmen eines dreitägigen Seminars mit dem Thema „Kommunikation, Teamarbeit und Beheimatung in der neuen Stadt" mit Studienanfängern einer Fachhochschule durchgeführt. Die Aktion war eingebettet in eine Nachmittagseinheit, in der Kleingruppen von ca. zehn Studenten die unterschiedlichsten Aufträge durchführen mussten. Um dies erfolgreich innerhalb des Zeitrahmens bewältigen zu können, mussten sich die Kleingruppen noch einmal in Unterteams von ca. drei bis fünf Personen aufteilen.

**Ein fetter Auftrag!**

Der Tourismusverband dieser Stadt will eine neue Broschüre herausbringen. Ihre Truppe ist engagiert worden, das Fotomaterial zu beschaffen.
Der Auftrag ist relativ speziell, man will Fotos von Ihnen haben, auf denen Folgendes deutlich erkennbar ist:

- Ein Bild vom Eingang des „Abenteuers der Wahrnehmung" mit vier Gruppenmitgliedern von Ihnen davor.
- Ein Bild vom Nähmaschinenmuseum mit Mutter und Kleinkind auf dem Arm.
- Drei Models vor dem Rathaus, lächelnd und intelligent dreinschauend.

Redaktionsschluss ist um ... Uhr.

Zubehör: 1 Kamera

Kommentar / Diskussionsanregungen:
Zum Abschluss des Nachmittags wurden die Erfahrungen mit den Übungen unter der oben genannten Perspektiven ausgewertet.

Variationen: –

Quelle: mir unbekannt

# Führungskräfte verstecken

| | |
|---|---|
| Ort: | in einer Stadt |
| Schwerpunkt: | Wahrnehmung, Kooperation, Strategie |
| Material: | evtl. Verkleidungsutensilien für die Führungskräfte |
| Vorbereitung: | „Versteckmöglichkeiten" für die Vorgesetzten in ortsansässigen Geschäften eruieren. |

Beschreibung: Bei dieser Übung spüren neue Mitarbeiter eines Unternehmens als Team ihre Vorgesetzten in der Stadt auf. Die entsprechenden Führungskräfte haben sich verkleidet und sind an ganz unterschiedlichen Orten beschäftigt oder lungern dort rum, z. B. als Bäcker, als Polizist auf der Wache, als Apotheker, als Verkäufer in einem Bratwurststand, als Obdachloser auf einer Bank etc. Im Unternehmen selbst hängt zur Orientierung in einem Seminarraum die Liste mit Fotos von den zu suchenden, aber unverkleideten Führungskräfte aus.

Die neuen Mitarbeiter werden entweder in Teams losgeschickt oder als Gesamtgruppe, die sich selbst organisieren muss. Im ersteren Fall muss sich der Seminarleiter entscheiden, wie mit einem Aufspüren der Vorgesetzten umgegangen werden soll. Hier gibt es mehrere Möglichkeiten, z. B.:

- Das Team nimmt jeden Vorgesetzten, den es findet, mit auf seine Suche nach den anderen. Dann muss den anderen Suchtrupps kommuniziert werden, wer bereits gefunden wurde und nicht mehr gesucht werden muss, oder aber
- das Team notiert sich, an welchem Ort es welche Führungskraft entdeckt hat auf einem Zettel (die Variante gefällt mir besser!) und belegt ihre „Funde" mit der Liste.

Kommentar / Diskussionsanregungen:

Je nachdem, wie groß die Stadt ist und wie viel Zeit zur Verfügung steht, muss man das Gebiet, in dem gesucht wird, eventuell auf bestimmte Stadtteile eingrenzen.

Variationen:

1. Die Führungskräfte überlegen und organisieren sich ihre Versteckmöglichkeiten selbst. Damit entsteht auch ein Teamprozess unter den Führungskräften.
2. Zu Beginn eines Seminars einen Zettel an die Seminarraumtür hängen mit der Aufschrift: „Finden Sie Ihre Seminarleitung. Sie befindet sich ... (in der Fußgängerzone, im Hotel etc.) und verhält sich anders als alle anderen."

Quelle: Martin Reber – v.m.reber@gmx.de

# Gegen den Fremdenhass

Ort: in einer Stadt (in diesem Beispiel Berlin)

Schwerpunkt: Rollentausch, Erleben von Fremdheit, Empathie

Material: pro Teilnehmerpaar:

- eine Kiste (z. B. leere Bierkiste)
- ein T-Shirt mit der Aufschrift auf der Vorderseite: „Entschuldigen Sie, ich brauche Hilfe, ich muss um 16.00 Uhr am Brandenburger Tor sein." und der Aufschrift auf der Rückseite: „Ein Projekt gegen Intoleranz und Fremdenfeindlichkeit"
- ein T-Shirt mit der Aufschrift auf der Vorderseite: „Bitte sprechen Sie mich nicht an, ich dokumentiere hier nur." und der Aufschrift auf der Rückseite: „Ein Projekt gegen Intoleranz und Fremdenfeindlichkeit"
- ein Handy für Notfälle
- eine Augenbinde
- ein Fotoapparat
- eine Trillerpfeife und Schreibzeug
- ein Kuvert mit einer Karte vom U-Bahnnetz Berlins

Vorbereitung: Die Stationen, an denen die Teilnehmer ausgesetzt werden, festlegen. Die Polizeireviere, die im Aktionsradius des Experiments liegen, über das Vorhaben informieren. Die Verkehrsgesellschaft, in dessen Örtlichkeiten das Projekt stattfindet, in Kenntnis setzen.

Beschreibung: Die Beschreibung dieser Übung ist dem Projektbericht von Martin Reber entnommen.

Das hier vorgestellte Projekt wurde von ihm als Jugendsozialarbeiter, seinem Praktikanten und drei Lehrern durchgeführt. Es handelt sich um ein Experiment in Berlin, dass mit zwei Abschlussklassen zweier Hauptschulen aus der Oberpfalz durchgeführt wurde.

Im Rahmen des Projektes wurden 19 Teams à zwei Schüler im gesamten Stadtgebiet Berlins verteilt. Von den beiden Partnern in einem Team hatte der eine die Augen verbunden, stand auf einer Kiste und trug ein T-Shirt mit der Aufschrift „Bitte helfen sie mir, ich muss um 16 Uhr am Brandenburger Tor sein". Der andere – sehende – Partner war ausgerüstet mit einer Kamera, einer Trillerpfeife, einem Handy, einem Block und einem T-Shirt mit der Aufschrift „Bitte sprechen Sie mich nicht an! Ich bin Beobachter und dokumentiere das Ganze!" In großen Lettern stand auf der Rückseite beider T-Shirts „Ein Projekt gegen Intoleranz und Fremdenfeindlichkeit." Diese Teams hatten die Aufgabe, das Brandenburger Tor binnen vier Stunden zu erreichen, ohne selbst Initiative zu ergreifen, sondern von Passanten, die ihnen zuvor fremd waren, geführt zu werden.

Nach der Ankunft in Berlin, wurde den Schülern diese Aufgabe vorgestellt. Gemeinsam mit ihnen wurde ein Sicherheitskonzept erstellt und die Regeln des Projektes besprochen. Es beinhaltete, dass der Dokumentator von jedem Team den U-Bahnplan der Stadt Berlin in einem verschlossenen Kuvert erhielt. Außerdem war jedes Team über Handy jederzeit in der Lage, sich mit einem der fünf Betreuer in Verbindung zu setzen. Zusätzlich wurde mit den Schülern vereinbart, dass der Beobachter alle sieben Minuten ein Foto von seinem Partner machen musste, auf dem eine U-Bahnuhr im Hintergrund zu erkennen war. Außerdem wurde mit den Schülern verabredet, dass alle Geschehnisse mitprotokolliert werden, um im Nachhinein alle Stationen der jeweiligen Teams nachvollziehen zu können. Die so entstehende Dokumentation und die Fotoserien stellten die Grundlage für eine Wanderausstellung unter dem Schlagwort „MUT" dar. Denn das war es, was alle, die an diesem Projekt teilnahmen auch wirklich brauchten: Mut, sich einer Herausforderung zu stellen. Mut, Gesicht zu zeigen und für andere auf den Plan zu treten. Mut, sich einer anderen Person anzunehmen und sie sicher an ein Ziel zu begleiten. Mut, blind auf einer Kiste zu stehen und sich ohne Kenntnisse über eine Stadt von Fremden durch diese führen zu lassen, ohne zu wissen ob, wann und wie man sein Ziel erreicht.

Nachdem die Aufgabe präsentiert und von der Gruppe angenommen worden war, wurden die Schüler in vier Gruppen auf die Betreuer verteilt, die die Schüler nach und nach im gesamten Stadtgebiet verteilten. Das erste Foto, das in der U-Bahn noch von den Betreuern geschossen wurde, war das Startsignal für jedes Team. Ab sofort waren die Zweierteams auf sich gestellt.

Allein an den U-Bahnstationen Hermannstraße, Neukölln, Ostkreuz, Frankfurter Allee, Tempelhof, Innsbruckerplatz, Wedding, Jungfernheide, Charlottenburg, Heidelberger Platz, Bundesplatz usw.

Einige wurden von Bundestagsabgeordneten, Polizisten, Touristen, Einheimischen etc. relativ schnell aufgegabelt und zum Brandenburger Tor mitgenommen. Aber nicht alle hatten das Glück, dass sie auf Menschen trafen, die ihnen helfen wollten. So kamen zwei Teams nur schlecht vorwärts und einem Team wurde überhaupt nicht geholfen. Die Schüler waren jedoch so motiviert, dass sie die Aktion bis 16.00 Uhr durchführten.

Kommentar / Diskussionsanregungen:

Die Erlebnisse wurden anschließend in der Gruppe besprochen und aufgearbeitet. Besonders die Gruppen, die Schwierigkeiten hatten, zum Brandenburger Tor zu kommen, erlebten das Gefühl am Rande einer Gesellschaft zu stehen, isoliert, auffällig, dumm, hilflos wahrgenommen oder nicht ernst genommen zu werden, hautnah und waren davon tief beeindruckt.

Variationen: –

Quelle: Martin Reber – v.m.reber@gmx.de

# Geschenkejagd

| | |
|---|---|
| Ort: | in einer Stadt |
| Schwerpunkt: | Einfühlen in andere, Strategie, Organisation, Verhandlung |
| Material: | Karteikarten, auf denen jeweils der Name eines Teammitglieds steht<br>weitere Moderationskarten<br>evtl. Tauschmaterialien oder Gegenstände, die es erleichtern, Geld zu verdienen, (z. B. eine Gitarre für Straßenmusik, einen Lappen zum Scheibenputzen, eine Polaroidkamera zum Fotoschießen und -verkaufen |
| Vorbereitung: | – |
| Beschreibung: | Alle Teilnehmer geben ihren Geldbeutel bzw. ihre Zahlungsmittel dem Seminarleiter. Dann werden die Karteikarten an die Teammitglieder so verteilt, dass keiner seinen eigenen Namen erhält. Nach dem Wichtelprinzip überlegt jeder für sich, was für ein Gegenstand innerhalb eines bestimmten Geldrahmens (ca. 20 €) für den, dessen Name auf der Karteikarte steht, ein passendes Geschenk wäre und schreibt das Geschenk, möglichst spezifisch auf eine andere Karteikarte. |

Alle Karteikarten werden eingesammelt und auf einem Tisch ausgebreitet. Es ist nun Aufgabe der Gesamtgruppe, alle Geschenke innerhalb eines vorgegebenen Zeitrahmens – bei zehn Personen mindestens drei Stunden – zu besorgen, wenn möglich, ohne dabei Abstriche an der ursprünglich gedachten Qualität zu machen. Das heißt, als Erstes müssen Ideen und Talente für die Erwirtschaftung des Geldes gesammelt werden. Dabei sind selbstverständlich nur legale Mittel erlaubt, also keine Bestechung, Diebstahl etc. Auch Versprechungen, Leihgaben, Anpumpen von Freunden und Bekannten sind nicht gestattet. Eventuell können noch ein paar Hilfsmittel (siehe oben: Materialliste) zur Verfügung gestellt werden. Sobald oder während das benötigte Geld erwirtschaftet wird, müssen die Einkaufsmöglichkeiten der meist sehr originellen Geschenke ausgekundschaftet und aufgesucht werden.

Nach drei Stunden treffen sich alle wieder im Seminarraum und die Zeremonie der Geschenkübergabe startet. Wichtig ist also, dass niemand schon vorher erfährt, welches Geschenk für ihn bestimmt ist. Jeder übergibt sein Geschenk an die designierte Person und erklärt evtl., warum er dieses Geschenk für den Betreffenden gewählt hat.

Kommentar / Diskussionsanregungen:

Bei dieser Übung geht es neben dem Einfühlungsvermögen bei der Geschenkwahl, auch darum, die Kompetenzen einer Kleingruppe zu eruieren, um an das entsprechende Geld zu kommen. Gleichzeitig kann es aber auch sein, dass einzelne Teilnehmer an ihre Grenzen geraten, wenn sie, in ihren Augen, zu niedrige Dienste versehen müssen, um an Geld zu kommen.

Gruppen, mit denen ich gearbeitet habe, haben unter anderem diese Strategien entwickelt:

- Betanken und Scheibenwischen von Autos an Tankstellen
- in Supermärkten: Befüllen von Einkaufstüten
- Hilfsdienste im Seminarhotel: Zimmerreinigung, Mitarbeit bei der Pflege der Parkanlage, Küchenhilfe
- Straßenmusik
- Verkauf der Seminargetränke an Passanten etc.

Variationen: Der Seminarleiter kann eine große Gruppe auch in zwei Kleingruppen aufteilen, die sich jeweils für die Gruppenmitgliedern der anderen Gruppe gemeinsam die Geschenke überlegen können. Die Organisation aller Geschenke sollte jedoch wieder von der Gesamtgruppe koordiniert werden.

Quelle: Firma „mindset", Ehrenkirchen. www.mindset-training.de

# Hans im Glück

Ort: in einer Stadt

Schwerpunkt: Kommunikation, Verhandlung

Material: ein Objekt zum Tauschen, z. B. eine Gummiente
eine Digitalkamera
ein Zettel mit dem Arbeitsauftrag (siehe unten)

Vorbereitung: –

Beschreibung: Diese Übung haben wir im Rahmen eines dreitägigen Seminars mit dem Thema „Kommunikation, Teamarbeit und Beheimatung in der neuen Stadt" mit Studienanfängern einer Fachhochschule durchgeführt. Die Aktion war eingebettet in eine Nachmittagseinheit, in der Kleingruppen von ca. zehn Studenten die unterschiedlichsten Aufträge durchführen mussten. Um dies erfolgreich innerhalb des Zeitrahmens bewältigen zu können, mussten sich die Kleingruppen noch einmal in Unterteams von ca. drei bis fünf Personen aufteilen.

Die Gruppe, die die folgende Aufgabe übernahm, bekam zu Beginn der Aktion eine Gummiente als Tauschobjekt zur Verfügung gestellt.

**Auftrag: Hans im Glück**

Mit diesem Auftragsblatt haben Sie ein wertvolles Objekt erhalten.

Versuchen Sie durch möglichst viele und zugleich geschickte Tauschvorgänge ein Maximum an Wertzuwachs zu verwirklichen. Dokumentieren Sie diese Tauschaktionen mit der Digitalkamera. Präsentieren Sie das von Ihnen am Ende der Tauschkette „erworbene" Produkt.

Bestechungen sowie Eintausch gegen Geld sind strengstens untersagt!

Viel Glück!

Kommentar / Diskussionsanregungen:
Zum Abschluss des Nachmittags wurden die Erfahrungen mit den Übungen unter der oben genannten Perspektive ausgewertet.

Variationen: –

Quelle: mir unbekannt

# Rollstuhltour

Ort: in einer Stadt

Schwerpunkt: Auseinandersetzung mit dem Lebensraum Stadt aus einer anderen Perspektive, Kooperation, Sensibilität für die Situation Behinderter

Material: pro Paar: ein Rollstuhl (in München bespielsweise ausleihbar bei der Pfennigparade)
evtl. pro Paar eine Decke

Vorbereitung: –

Beschreibung: Die Gruppe teilt sich in Paare auf. Jedes Paar erhält einen Rollstuhl und eine Decke für die Beine. Ein Partner setzt sich in den Rollstuhl, der andere schiebt. Nach einer vorher bestimmten Zeit (ca. 90 min) wechseln die beiden. Der Rollstuhlfahrer darf bis zum Wechsel den Rollstuhl nicht mehr verlassen. Der Wechsel soll sich außerhalb der Augen der Öffentlichkeit vollziehen.

Als interessante Stationen bieten sich der Einkauf des Mittagsessens im Supermarkt ein, eine U-Bahn –, S-Bahn – oder Busfahrt, der Besuch eines Museums oder die Fahrt durch die Fußgängerzone an.

Kommentar / Diskussionsanregungen:

- Wie wurde die Zusammenarbeit zwischen Schieber und Rollstuhlfahrer empfunden?
- Wie wurden Abhängigkeiten erlebt?
- Wie reagierten andere Menschen auf das Paar / die Gruppe?
- Welche Gefühle treten bei einem selbst bei diesen Reaktionen auf?

Variationen: –

Quelle: mir unbekannt

# Sabotage

Ort: in einer Stadt

Schwerpunkt: Kennenlernen einiger Sehenswürdigkeiten einer Stadt, Kommunikation und Koordination

Material: eine Digital- oder Polaroidkamera
ein Zettel mit dem Arbeitsauftrag (siehe unten)

Vorbereitung: Fotos der Sehenswürdigkeiten schießen.

**Sabotage**

Der Spiel- und Kulturverband soll eigentlich heute um ... Uhr ein neues Werbemittel der Öffentlichkeit vorstellen: „Das Kufstein-Memory". Dazu wurden die wichtigsten Sehenswürdigkeiten in und um Kufstein herum jeweils zweimal fotografiert.

Doch Saboteure vom Wilden Kaiser haben die Doubletten gestohlen, um zu verhindern, dass es noch mehr Touristen in die Stadt zieht.

Jetzt drängt die Zeit! Ihre Truppe ist engagiert worden, die Original-Doubletten der Karten zu organisieren, sprich, noch einmal möglichst ähnliche Fotos der unten stehenden zu schießen. Dazu steht Ihnen eine Polaroidkamera zur Verfügung.

Als Tipp, die Fotografien wurden gemacht:

- von der Festung
- von der Skulptur bei der ehemaligen Wasserbastei
- vom Riedel-Schaufensterraum
- vom Inntalcenter

Beschreibung: Diese Übung haben wir im Rahmen eines dreitägigen Seminars mit dem Thema „Kommunikation, Teamarbeit und Beheimatung in der neuen Stadt" mit Studienanfängern einer Fachhochschule durchgeführt. Die Aktion war eingebettet in eine Nachmittagseinheit, in der Kleingruppen von ca. zehn Studenten die unterschiedlichsten Aufträge durchführen mussten. Um dies erfolgreich innerhalb des Zeitrahmens bewältigen zu können, mussten sich die Kleingruppen noch einmal in Unterteams von ca. drei bis fünf Personen aufteilen.

Kommentar / Diskussionsanregungen:
Zum Abschluss des Nachmittags wurden die Erfahrungen mit den Übungen unter der oben genannten Perspektive ausgewertet.

Variationen: –

Quelle: mir unbekannt

# Scotland Yard

Ort: in einer Stadt mit gut ausgebautem, öffentlichem Verkehrsnetz

Schwerpunkt: Kooperation, Kombination, Antizipation, strategisches Denken

Material: pro Detektivgruppe:

- eine Verbundnetzübersicht (U-Bahn, S-Bahn, Bus, Straßenbahn)
- eine Tagesgruppenkarte für das Verbundnetz
- eine Standortliste
- eine Telefonkarte
- ein Stadtplan

für Mr. X:

- 1 Handy
- zwei T-Shirts mit Aufdruck „X"

Vorbereitung: –

Beschreibung: Das Spiel orientiert sich stark an dem bekannten Brettspiel „Scotland Yard": Eine bestimmte Anzahl von Detektivgruppen jagt Mr. X innerhalb einer bestimmten Zeit (ca. 3 Std.) durch die Stadt. Zu Beginn wird Mr. X durch Los bestimmt. Je nach Teilnehmerzahl teilt sich die restliche Gruppe in Kleingruppen von mindestens drei Personen auf. Informationszentrale ist ein Zimmer mit mindestens zwei Telefonanschlüssen (ein Telefonanschluss für Mr. X und ein Anschluss für die Detektive).

Gespielt wird nach folgenden Regeln:

- Benutzt werden dürfen S-Bahn, U-Bahn, Straßenbahn und Busse.
- Man darf nur an derselben Haltestelle umsteigen, an der man aussteigt. Ansonsten darf das Verkehrsmittel nicht gewechselt werden.
- Mr. X. startet 20 min vor den Detektiven und gibt seinen Standort bekannt.
- Mr. X. muss sich danach exakt alle 15 min (+/– 1 min) nach dem Start melden.
- Im Büro wird der momentane Standort der Gruppen und die Position von Mr. X, d.h. die Station oder, wenn die Bahn unterwegs ist, die Zwischenstationen notiert und an die jeweiligen Anrufer weitergegeben.
- Mr. X darf nur drei Stationen fahren, muss dann aussteigen und entweder die nächste Bahn nehmen oder das Verkehrsmittel wechseln.
- Mr. X ist gefangen, wenn eine Detektivgruppe ihn an einer Haltestelle gesehen hat. Also auch dann, wenn die Detektive beispielsweise mit der U-Bahn durch die Station, an der Mr. X stand, durchgefahren sind.
- Sollte Mr. X in den ersten 75 Minuten gefangen werden, muss er dieser Gruppe ein Mr.-X-T-Shirt geben und mit einem Detektiv die Rolle wechseln. Die Jagd geht danach weiter.
- Zu einem verabredeten Zeitpunkt (nach ca. 3 Std.) treffen sich alle Gruppen wieder beim Büro, unabhängig davon, ob Mr. X gefangen wurde oder nicht.

## Standortliste

| | Mister X | Gruppe 1 | Gruppe 2 | Gruppe 3 | Gruppe 4 | Gruppe 5 | Gruppe 6 |
|---|---|---|---|---|---|---|---|
| Zeit | | | | | | | |
| Ort | | | | | | | |
| Richtung | | | | | | | |
| Zeit | | | | | | | |
| Ort | | | | | | | |
| Richtung | | | | | | | |
| Zeit | | | | | | | |
| Ort | | | | | | | |
| Richtung | | | | | | | |
| Zeit | | | | | | | |
| Ort | | | | | | | |
| Richtung | | | | | | | |
| Zeit | | | | | | | |
| Ort | | | | | | | |
| Richtung | | | | | | | |
| Zeit | | | | | | | |
| Ort | | | | | | | |
| Richtung | | | | | | | |
| Zeit | | | | | | | |
| Ort | | | | | | | |
| Richtung | | | | | | | |
| Zeit | | | | | | | |
| Ort | | | | | | | |
| Richtung | | | | | | | |
| Zeit | | | | | | | |
| Ort | | | | | | | |
| Richtung | | | | | | | |
| Zeit | | | | | | | |
| Ort | | | | | | | |
| Richtung | | | | | | | |
| Zeit | | | | | | | |
| Ort | | | | | | | |
| Richtung | | | | | | | |
| Zeit | | | | | | | |
| Ort | | | | | | | |
| Richtung | | | | | | | |

Kommentar / Diskussionsanregungen:

- Wie wurde Mr. X gefangen? Durch Zufall oder durch Strategie?
- Welche Strategie hatte Mr. X?
- Wie erging es Mr. X als Einzelkämpfer gegen „den Rest der Welt"?
- Wie verlief die Zusammenarbeit bzw. klappten die Absprachen der Gruppen untereinander?

Variationen: Mr. X reist mit seinem ständigen Partner und Begleiter.

Quelle: Frank Rost

# 3.7 Reflexion und Ausklang

# Diashow

Ort: im Seminarraum oder draußen

Schwerpunkt: Reflexion der Höhepunkte, der Tiefpunkte, der wichtigsten und witzigsten Begebenheiten eines Seminars

Material: –

Vorbereitung: –

Beschreibung: Die Gruppe teilt sich in Kleingruppen von ungefähr vier bis fünf Personen auf. Innerhalb von 45 min bereitet jede Kleingruppe eine Live-Diashow mit lebendigen Protagonisten vor.

Dazu überlegt sich jede Kleingruppe zuerst, worin für sie bei der letzten Aktion oder beim gesamten Seminar die Höhepunkte, die absoluten Tiefpunkte, die wichtigsten und die witzigsten Begebenheiten bestanden. Aus diesem Sammelsurium wählen sie je eine Situation aus und setzen sie in ein Standbild um, als ob der Fotograf just in dem entscheidenden Moment ein Dia geschossen hätte. Das Standbild wird mit den Teilnehmern der Kleingruppe nachgestellt.

Nach den 45 min kommen alle Kleingruppen wieder im Plenum zusammen und präsentieren sich gegenseitig die vier Dias. Natürlich gibt es dabei einen Präsentator, der die Bilder inklusive Schlussfolgerungen („Und die Moral von diesem Bild ist ...") erläutert.

Kommentar / Diskussionsanregungen: –

Variationen: –

Quelle: mir unbekannt

# Distanz

Ort: im Seminarraum oder draußen

Schwerpunkt: Reflexionsimpuls

Material: ein Gegenstand, der für die letzte Aktion oder den vergangenen Tag Bedeutung hatte

Vorbereitung: –

Beschreibung: Der Stein wird in die Mitte des Raumes gelegt. Nun äußert der Seminarleiter zum Start oberflächliche Einschätzungen zu der letzten Aktivität. Im Lauf der Statements wird er immer konkreter. Oberflächliche Kommentare wären zum Beispiel: „Die letzte Aktivität hat allen Spaß gemacht.", „Die letzte Aktivität war anstrengend.", etc. Konkretere Einschätzungen wären: „Bei der letzten Aktivität hattet ihr Angst.", „Bei der letzten Aktivität war euer Vertauen in die anderen sehr gefordert.", „Bei der letzten Aktivität haben alle engagiert teilgenommen.", „Bei der letzten Aktivität hat die Planungsphase besonders gut geklappt." etc.

Die Teilnehmer reagieren auf diese Aussagen, indem sie einen persönlichen Gegenstand – Schuh, Stift, Uhr, etc. – entweder nah an den Stein heranlegen oder weiter weg. Die Distanz zu dem Stein drückt dabei den Grad der Zustimmung bzw. Ablehnung aus. Alle schauen sich das Ergebnis an und können Kommentare abgeben oder Nachfragen stellen.

Kommentar / Diskussionsanregungen: –

Variationen: Anstelle des Seminarleiters kann jeder Teilnehmer eine Frage stellen, die ihn interessiert.

Anstelle der persönlichen Gegenstände können sich die Teilnehmer selbst in einer von jedem einzelnen gewählten Distanz zum Stein stellen und damit ihre Zustimmung bzw. Ablehnung ausdrücken.

Quelle: aus der systemischen Beratung und Therapie

# Drei-Karten-Feedback

Ort: im Seminarraum oder draußen

Schwerpunkt: Beziehungsklärung nach gemeinsamen Erlebnissen

Material: Stifte
Moderationskarten in drei unterschiedlichen Farben (Weiß, Grün, Rot)

Vorbereitung: –

Beschreibung: Jedes Teammitglied erhält drei Karten unterschiedlicher Farbe. Auf jede dieser Karten wird der eigene Name geschrieben. Aufgabe ist es, die drei Karten an andere Teammitglieder nach folgenden Kriterien zu verteilen:

- Die weiße Karte erhält jemand, bei dem noch ein Orientierungswunsch besteht, über den man noch mehr wissen will.
- Die grüne Karte bekommt jemand, mit dem momentan ein Problem existiert oder eine wichtige Klärung bzgl. der Zusammenarbeit aussteht.
- Die rote Karte gibt man an eine Person, zu der bereits eine gute, vertrauensvolle Beziehung besteht, von der der Betreffende aber eventuell noch nichts weiß.

Es werden auf alle Fälle alle Karten verteilt. Zusätzlich darf von jeder Kartenfarbe noch maximal eine andere vergeben werden.

Nachdem alle Karten verteilt sind, organisieren sich die Teilnehmer in Zweiergesprächen und arbeiten die Karten in folgender Reihenfolge ab: grün, weiß, rot. Die Initiative geht dabei von der Person aus, die die Karte erhalten hat und dessen Schreiber aufsucht. Nach dem durchgeführten Gespräch (Dauer max. 15 min) bekommt der Schreiber seine Karte wieder zurück, sodass er am Ende der Übung wieder seine drei Karten in der Hand hält.

Nach einer Verschnaufpause werden in einer Abschlussrunde die Erfahrungen mit der Übung besprochen und evtl. noch zu klärende Fragen durchgesprochen.

Kommentar / Diskussionsanregungen:

Gegen die Verteilung der grünen Karten besteht manchmal ein wenig Widerstand. Insofern ist es eventuell hilfreich, auf die Bedeutung der Klärung von Ungereimtheiten für den Gruppenprozess hinzuweisen, evtl. sogar eine kurze Einführung in die Phasen der Gruppendynamik zu geben. Es muss sich dabei nicht immer um massive Störungen oder Probleme handeln.

Variationen: –

Quelle: gefunden in Gellert / Nowak (2002): Teamarbeit-Teamentwicklung-Teamberatung

# Entwicklungsfluss

Ort: im Seminarraum oder draußen

Schwerpunkt: Verarbeitung und Vertiefung der Lerninhalte

Material: ein großes Blatt Papier oder eine Flipchart, Stifte

Vorbereitung: –

Beschreibung: Die Teammitglieder betrachten eine Aktivität unter dem metaphorischen Gesichtspunkt „Entwicklungsfluss" rückblickend mit Fragen, wie:

- Welches Boot haben wir uns ausgesucht (Tiefgang, Größe, Wendigkeit ...)?
- Was war der Ausgangspunkt, der Hafen, von dem wir losgefahren sind?
- Welche Verblockungen, Strudel, Piraten gab es unterwegs?
- Worin bestanden die Haifischbecken?
- Gab es sichere Zwischenhäfen und einsame Inseln zur Erholung?
- Haben wir irgendwann – fast – Schiffbruch erlitten
- Wie wurde die Mündung – das Ziel – erreicht?

Dazu entwickelt die Gruppe ein gemeinsames Plakat, das den Verlauf des Entwicklungsflusses abbildet.

Kommentar / Diskussionsanregungen:
Auch als Einführung für eine Aktivität unter dem Aspekt „Was erwarten Sie?" möglich.

Variationen: Eventuell kann diese Übung auch nur mündlich erfolgen. Dazu ist zunächst jedoch eine Einzelarbeit empfehlenswert, bei der jeder Teilnehmer für sich die obigen Fragen beantwortet. Die Fragen werden hierfür am besten auf eine Flipchart geschrieben. Nach der Einzelarbeit werden die Ergebnisse in der Gruppe diskutiert.

Quelle: In Anlehnung an WUP Seminar Veranstaltungs-design, 21.–24.9.98, Tutzing, Rainer Kittelberger

# Fishbowl

Ort: im Seminarraum oder draußen

Schwerpunkt: Austausch über die gemachten Lernerfahrungen

Material: evtl. Stühle für jeden Teilnehmer

Vorbereitung: –

Beschreibung: Die Teilnehmer setzen sich in einen Kreis. In der Mitte des Stuhlkreises wird ein kleinerer Kreis aus 4 – 5 Stühlen aufgebaut. Der Seminarleiter bittet einige Personen als Vertreter der Gruppe in der Mitte Platz zu nehmen. Ein Stuhl bleibt frei. Mit diesen Teilnehmern wertet er die vorhergegangene Übung aus. Die Teilnehmer im äußeren Kreis hören aufmerksam zu. Eine Diskussion zwischen innerem und äußerem Kreis ist nicht gestattet, jedoch kann jederzeit ein Teilnehmer aus dem äußeren Kreis sich auf den freien Stuhl im inneren Kreis setzen und seinen Beitrag einbringen. Gleichzeitig wechselt aber eine Person aus dem inneren Kreis nach außen, so dass immer ein Stuhl frei bleibt. Die Wechsel sollten nicht zu kurz aufeinanderfolgen, damit die Diskussion nicht völlig zerhackt wird.

Kommentar / Diskussionsanregungen:
Die Fishbowltechnik (nach Beaulieu u. Pernick 1999) eignet sich besonders dann, wenn die Gruppen so groß sind, dass nicht jeder mit dem anderen in Diskussion treten kann. Sie kann auch dann gut eingesetzt werden, wenn unterschiedliche Rollen von mehreren Personen in einer Übung wahrgenommen worden sind.

Variationen: Pro Phase oder Fragestellung bleibt der innere Kreis immer mit den gleichen Personen besetzt. Lediglich für einen Beitrag von zwei bis drei Sätzen kann ein Teilnehmer aus dem äußeren Kreis sich in die Mitte setzen.

Quelle: mir unbekannt

# Flaschenreflexion

Ort: im Seminarraum oder draußen

Schwerpunkt: Reflexionsimpuls

Material: ein Trichter
pro durchgeführter Aktion ein bis zwei Flaschen
Moderationskärtchen
pro Teilnehmer ein Glas mit Wasser

Vorbereitung: –

Beschreibung: Die Flaschen werden in einer Reihe aufgestellt. Vor jede der Flaschen stellt der Seminarleiter ein gefaltetes Moderationskärtchen mit dem Namen einer der Übungen oder Aktivitäten, die den Tag über durchgeführt wurden.

Jeder Teilnehmer bekommt ein Glas voll Wasser und kann dieses nun in die Flaschen verteilen. Er kann sein gesamtes Wasser sowohl in eine Flasche als auch auf mehrere Flaschen aufteilen. Die Kriterien, die für die Menge des Wassers, das der einzelnen Aktion zugeordnet – zugeschüttet – wird, können folgende Fragestellungen sein: „Welche Aktion hat Ihnen am besten gefallen?" oder: „Bei welcher Übung waren Sie am meisten zufrieden mit Ihrer persönlichen Performance?" oder: „Bei welcher Übung sind Sie am meisten zufrieden mit der Performance Ihrer Gruppe gewesen?" oder: „Bei welcher Übung hatten Sie Ihre größten Lernerfolge / neuen Erkenntnisse?" etc.

Mit dieser Auswertung bekommt einerseite der Seminarleiter, andererseits erhalten die Teilnehmer einen ersten Überblick die Relevanz einer Übung bezüglich der abgefragten Kriterien, der in weiterführenden Erläuterungen von den Teilnehmern vertieft werden kann.

Kommentar / Diskussionsanregungen:

„Das war's, kein Zauber, keine schwarze Magie, alles easy!"
(Zitat von Frau Claudia Riedle, die mir von der Grundform dieser Reflexion erzählt hat.)

Variationen: –

Quelle: erzählt bekommen von Claudia Riedle, riedle@anderwerk.de

# Fragenkatalog

Ort: im Seminarraum oder draußen

Schwerpunkt: Verarbeitung und Vertiefung der Lerninhalte, Transferbezüge herstellen

Material: ein Fragenkatalog (siehe unten)

Vorbereitung: –

Beschreibung: Dieser Fragenkatalog bietet die Möglichkeit, der Reflexionsphase am Ende einer Aufgabe oder eines Gruppenprozesses eine Struktur zu geben. Der Leiter sollte sich dabei entweder auf bestimmte Themen / Akzente beschränken.

**1. Einleitung**

- Wie schwierig fanden Sie die Aufgabe?
- Wie zufrieden sind Sie mit dem Lösungsprozess?
- Wie zufrieden sind Sie mit dem Ergebnis?
- Was ist Ihnen besonders gut gelungen?
- Wie waren die einzelnen Gruppenmitglieder an der Aufgabe und deren Lösung eingebunden?

**2. Planung**

- Wie gut hatte jeder den Plan verstanden?
- Wie verlief die Diskussion in der Planungsphase?
- Wie viel Zeit wurde darauf verwendet? Wie strukturiert war der Plan?
- Wie viele Alternativen haben Sie diskutiert?
- Wie kamen Sie zur Entscheidung, welcher Plan angewandt wird? Sind Sie rückblickend mit der Art der Entscheidungsfindung zufrieden?
- Wie waren die Prioritäten gesetzt?
- Welchen Druck fühlten Sie und welchem waren Sie tatsächlich ausgesetzt?

**3. Gruppe**

- Welchen Stellenwert hatte Teamarbeit bei dieser Aufgabe und welche Faktoren waren zu deren Lösung besonders erfolgskritisch?
- Wurde der Plan so umgesetzt, wie Sie es geplant hatten?
- Wie sind Sie mit Fehlentscheidungen während der Umsetzung umgegangen?
- Gab es Konflikte während der Ausführung und wie haben Sie sie gelöst?
- Welche Rollen gab es? Waren welche unter-, fehl-, überbesetzt?
- Gab es Kompetenzstreitigkeiten? Wie wurden diese ausgetragen?
- Was waren die entscheidenden Prozesse?

**4. Einzelpersonen**

- Haben Sie sich als Teil des Teams gefühlt?
- Welche Rolle haben Sie gespielt?
- Sind Sie mit Ihrem Beitrag zufrieden?
- Was war für Sie frustrierend, was ein persönliches Erfolgserlebnis?
- Hatten Sie Angst, haben Sie sich unsicher gefühlt?
- Welche Gefühle haben Sie bezüglich Ihrer Beziehung zu anderen Gruppenmitgliedern?

**5. Leitung**

- Wer hat die Verantwortung übernommen?
- Wie fühlte sich der Teamleiter?
- Wie effektiv war der Teamleiter?
- Was für einen Stil hat er angewandt? Ruhig / angespannt, dominierend / überzeugend, Vielredner / Schweiger, selbstbewusst / nervös, kontrolliert / chaotisch?
- Hat er seinen Stil irgendwann geändert? Was war gegebenenfalls der Anlass?
- Hat der Teamleiter den Rest des Teams über den endgültigen Plan informiert?
- Wie sahen seine Informationen an das Team aus?
- Wusste jeder, was er zu tun hatte?
- Wie wurden die einzelnen Aufgaben verteilt?
- War der Teamleiter mit der Performance seines Team zufrieden?

**6. Zeit**

- Wie haben Sie den Zeitdruck empfunden? Wie sind Sie damit umgegangen?
- Wie sind Sie mit der zur Verfügung stehenden Zeit zurechtgekommen?

**7. Zusammenfassung**

- Was würden Sie beim nächsten Mal anders machen?
- Wie würden Sie beim nächsten Mal mit Ihren Schwächen umgehen?
- Wie würden Sie Ihre Stärken auf dem jetzigen Level halten / verbessern?

**8. Transfer / Fokus**

- Was möchte / sollte der einzelne Teilnehmer in Erinnerung behalten?
- Was haben Sie gelernt, was für Ihre Arbeitssituation relevant ist? Worin bestehen die Unterschiede / Ähnlichkeiten? Welche Erklärung / Hypothesen haben Sie dafür?

Kommentar / Diskussionsanregungen: –

Variationen: unbegrenzt, je nach Fokus

Quelle: mir unbekannt

# Framegames

Ort: im Seminarraum

Schwerpunkt: Verarbeitung und Vertiefung der Lernerfahrungen

Material: Moderationskarten und Flipchartstifte
pro Kleingruppe: eine Flipchart

Vorbereitung: –

Beschreibung: Framegames stellen eine spezifische Struktur zur Verfügung, die für unterschiedliche Lerninhalte genutzt werden können. Die Struktur zeichnet sich durch folgende Schritte aus:

1. Die Teilnehmer suchen sich eine Fragestellung aus, die sie interessiert, beispielsweise: „Was haben wir heute aus der Teamübung gelernt?"
2. Jeder Teilnehmer nimmt sich vier bis fünf Moderationskarten, bearbeitet zunächst für sich allein die Frage und schreibt seine persönlichen Erkenntnisse auf seine Moderationskarten – in Stichworten und für andere leserlich.
3. Der Seminarleiter sammelt die Karten ein, mischt sie und verteilt nach dem Zufallsprinzip an jeden Teilnehmer drei der Karten. Die übrigen Karten werden auf den Tisch gelegt.
4. Die Teilnehmer lesen ihre erhaltenen Karten und ordnen diese nach persönlicher Präferenz, etwa nach dem Ausmaß ihrer Zustimmung zu diesen Aussagen.
5. Danach dürfen die Teilnehmer ihre Karten mit denen, die auf dem Tisch verblieben sind, tauschen, wenn sie möchten. Dies geschieht noch ohne zu sprechen. Sie sollten aber am Schluss der Tauschsequenz wieder drei Karten in der Hand haben.
6. Jetzt dürfen die Teilnehmer auch noch untereinander Karten tauschen. Dazu dürfen sie miteinander sprechen. Sie sollen mindestens eine Karte tauschen und am Ende wieder drei Karten besitzen.
7. Danach formieren sich die Teilnehmer in kleinen Teams (drei bis fünf Personen). In diesen Teams diskutieren sie die Aussagen auf ihren Moderationskarten und entscheiden sich für drei, die sie für sich am zutreffendsten erachten. Die anderen werden beiseite gelegt.
8. Die Teams bereiten dann eine Präsentation auf Flipchart vor, die die gewählten Aussagen bildlich darstellen.
9. Schließlich erfolgt die kurze Präsentation der Flipcharts durch die einzelnen Teams.

Kommentar / Diskussionsanregungen: –

Variationen: Auch andere Lerninhalte oder Problemlösungen können mit dieser Struktur erarbeitet werden.

Quelle: gefunden in Kriz / Nöbauer (2002) Teamkompetenz, Vandenhoeck & Ruprecht

# Gut gemacht

Ort: im Seminarraum oder draußen

Schwerpunkt: Wertschätzung anderer Teilnehmer

Material: –

Vorbereitung: –

Beschreibung: Der Seminarleiter teilt die Gruppe in Paare auf. Jeder Teilnehmer überlegt sich, was sein Partner bei der letzten Aktivität aus seiner Sicht besonders gut gemacht hat, was ihn speziell beeindruckt oder positiv überrascht hat. Dies sprechen die Teilnehmer in der Gesamtgruppe laut aus und wenden sich dabei an den Partner, z. B.: „Ich finde, du hast heute wirklich toll deine Höhenangst überwunden.", „Mich hat heute besonders beeindruckt, wie ruhig du in unserer hitzigen Diskussion geblieben bist." etc.

Kommentar / Diskussionsanregungen:
Wichtig ist bei dieser Übung, dass der Lobende den Partner direkt in der Du-Form anspricht, anstatt allgemein in die Gruppe zu sagen: „Ich finde, der Markus hat heute toll seine Höhenangst überwunden."

Variationen: –

Quelle: mir unbekannt

# Gute Frage!

Ort: im Seminarraum oder draußen

Schwerpunkt: Verarbeitung und Vertiefung der Lernerfahrungen

Material: –

Vorbereitung: –

Beschreibung: In der Systemischen Beratung gibt es viele Fragen, die sich auch gut für Reflexionen handlungsorientierter Seminare eignen, z. B.:

- Wie würde wohl ein unbeteiligter Spaziergänger, der sich die Vorgänge aufmerksam angesehen hat, den Ablauf – das Problem, den Vorfall, die Aktion ... – beschreiben?
- Wie erklären Sie sich, dass der Ablauf so und nicht anders war? Wie würde sich das Ihr Chef / Ihre Sekretärin / Ihr Mitarbeiter erklären? Was würde Ihnen Ihr Kollege / Ihr Mitarbeiter / Ihr Chef wohl raten, um den Prozess zu verbessern?
- Was würde euer Chef / eure Chefin zu eurem Vorgehen und zu eurem Ergebnis sagen?
- Angenommen, wir drehen die Zeit einen Monat vor und Sie blicken auf die Erfahrung von heute zurück, welche Lernfortschritte möchten Sie aus Ihrer Erfahrung von heute für welche Situationen in der Zukunft gezogen haben?
- Angenommen, wenn Sie morgen in Ihren Arbeitskontext zurückkehren und plötzlich ein entscheidender Faktor, der bisher problematisch war, sich positiv verändert hätte, welchen Einfluss hat die heutige Erfahrung auf diese Veränderung gehabt?
- Woran werden Sie die Veränderung als Erstes bemerken?
- An welchen Aktionen, Maßnahmen und Verhalten werden andere merken, dass Sie auf diesem Seminar waren?

Kommentar / Diskussionsanregungen: –

Variationen: Weiterführende Literatur:
Schlippe v., Schweitzer: Lehrbuch systemischer Beratung und Therapie
Simon, F.: Zirkuläres Fragen. Systemische Therapie in Fallbeispielen

Quelle: siehe Variationen

# Kreuze und Raster

Ort: im Seminarraum

Schwerpunkt: Reflexionsimpuls

Material: Flipcharts oder bespannte Pinnwände
Stifte
evtl. selbstklebende Moderationspunkte

Vorbereitung: Flipcharts mit einem Fadenkreuz versehen

Beschreibung: Diese Auswertungsformate bedienen sich der Methoden der klassischen Moderation. Eine Möglichkeit sind so genannte „Punkteabfragen“: Der Moderator erklärt die verschiedenen Achsen des Fadenkreuzes, dessen unterschiedliche Pole und die Bedeutung der Werte. Die Teilnehmer antworten auf eine Fragestellung, indem sie auf die Flipchart einen Klebepunkt an die entsprechende Stelle der Skala kleben. Nachdem alle Teammitglieder „gepunktet“ haben, kann der Moderator eine Deutung des Ergebnisses anregen: „Wie würden Sie dieses Ergebnis deuten?“, „Welche Gründe mutmaßen Sie für das Ergebnis?“, „Welche Schlüsse ziehen Sie aus diesem Ergebnis?“.

Bei dem folgenden Beispiel könnte die Frage lauten: „Wie beurteilen Sie die letzte Aktion hinsichtlich der vier Kriterien?“. Es werden vier Klebepunkte pro Person vergeben, die auf den jeweiligen Achsen verteilt werden.

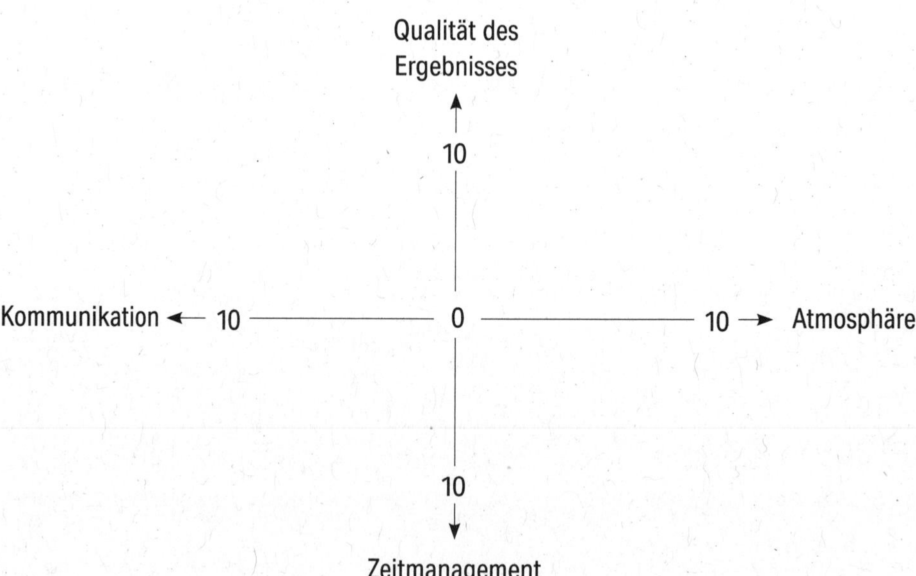

Eine andere, ausführlichere Methode ist die schriftliche Arbeit mit Fadenkreuzen. Der Moderator stellt die Aspekte vor, die beleuchtet werden sollen. Daraufhin sammelt er entweder die Punkte für die entsprechenden Felder und schreibt die Beiträge stichwortartig mit. Er kann aber auch die Teilnehmer bitten, ihre Beiträge auf Moderationskarten zu schreiben, sie dem Plenum mit kurzen Erklärungen zu präsentieren und dann in die entsprechenden Felder hängen zu lassen.

Die Fadenkreuze können unterschiedliche Ecken beinhalten, beispielsweise:

| Was mir bei der letzten Übung gestunken hat ... | Mein Vorschlag zur zukünftigen Änderung ist ... |
|---|---|
| | |
| Mein eigener Beitrag dazu ist ... | |
| | |

**Oder:**

| Aufgetretene Probleme bei der Übung: | Unsere gefundenen Lösungen: |
|---|---|
| | |
| Parallelen zur Arbeit: | Erste Schritte für die Lösung der Probleme daheim: |
| | |

Kommentar / Diskussionsanregungen: –

Variationen: unzählige

Quelle: aus den Methoden der Moderation

# Narren und Hüte

Ort: im Seminarraum oder draußen

Schwerpunkt: Verarbeitung und Vertiefung der Lernerfahrungen aus verschiedenen Blickwinkeln

Material: evtl. sechs verschiedenfarbige Hüte – weiß, blau, grün, rot, schwarz, gelb

Vorbereitung: –

Beschreibung: Eine Möglichkeit, die Auswertung aus verschiedenen Blickwinkeln strukturiert zu betrachten, bieten explizite Rollenverschreibungen wie z. B. die vier Rollen: Narren, Weise, Hüter der Gerechtigkeit und die guten Geister des Mutes. Den Teilnehmern werden die vier Rollen vorgestellt, die sie dann übernehmen und aus deren Perspektive sie den erlebten Prozess betrachten können. Die Teilnehmer teilen sich hierfür in Kleingruppen auf und besprechen das Erlebte aus diesem speziellen Blickwinkel. Bei der Präsentation ihrer Schlussfolgerungen können sie die Ergebnisse entweder in bildlicher, szenischer oder einfach mündlicher Form darstellen.

Die vier Rollen können sein:

- *Die Narren:* Sie haben die Aufgabe, die erlebten Probleme in einer überzeichneten, ironischen Art darzustellen. Sie liefern sozusagen eine liebevolle Karikatur der Situation.
- *Die Weisen:* Sie kleiden die Aufgabe, die Problemsituation und ihre Widersprüche, aber auch die Lösungsmöglichkeiten in eine Geschichte oder Metapher. Sie stellen die Zusammenhänge, in einer möglichst ganzheitlichen Sichtweise dar, in der die verschiedenen Beziehungen von Problemen und Personen zum Ausdruck kommen.
- *Die Hüter der Gerechtigkeit:* Diese Gruppe kümmert sich um die Würdigung und Wertschätzung aller Beteiligten, vor allem um die der Ausgegrenzten, Vergessenen und Sündenböcke. Sie warnen vor unreflektierten Handlungen und Machtmissbrauch. Sie formulieren vorrangig Fragen, um ihre Perspektive zu vermitteln.

- *Die guten Geister des Mutes:* Die guten Geister betonen die Stärken der Teilnehmer. Sie nehmen eine optimistische Haltung an und betonen die Vorteile der Lernerfahrung. Sie mutmaßen über Ressourcen der Einzelnen, die es zu entdecken gilt.

Eine andere Methode hat Edward De Bono ursprünglich zur systematischen Förderung von Kreativität entwickelt: Die Sechs-Hüte-Methode. Dabei werden Problemstellungen ebenfalls aus verschiedenen Blickwinkeln betrachtet: Entweder fokussiert die Gesamtgruppe die Fragestellung unter dem Zeichen eines Hutes und wechselt dann zu einem anderen oder Einzelne schnappen sich den Hut, unter dessen Aspekt sie etwas zur Diskussion beizutragen haben. Bei De Bono setzten die Diskussionsteilnehmer wirkliche Hüte auf. Notfalls kann man diese aber auch durch Karten ersetzen. Wichtig ist nur, dass die Bedeutungen der verschiedenen Hüte allen klar ist und dass der schwarze Hut nicht zu viele Redeanteile bekommt:

- Der weiße Hut: sammelt und präsentiert die Fakten und Daten, die in Bezug auf die Fragestellung vorliegen. Er präzisiert und ist neutral.
- Der rote Hut: drückt die Emotionen aus, zeigt positive und negative Gefühle, Empfindungen und Erfahrungen.
- Der gelbe Hut: ist optimistisch, betont die belegbaren positiven Aspekte, ist konstruktiv, achtet auf den Nutzen und den Wert von Verhaltensweisen, Prozessen und Ergebnissen.
- Der schwarze Hut: konzentriert sich auf die festgestellten negativen Seiten des Prozesses, des Ergebnisses und darauf, warum etwas nicht funktioniert hat bzw. nicht so funktioniert hat, wie erwartet.
- Der grüne Hut: ist der Ideensammler, der neue Vorschläge, Verbesserungen oder Alternativen einbringt.
- Der blaue Hut: behält die Übersicht, moderiert und fasst zusammen.

Kommentar / Diskussionsanregungen: –

Variationen: –

Quelle: für Narren, Weise ... gefunden in Kriz / Nöbauer: Teamkompetenz, Vandenhoeck & Ruprecht
für sechs Hüte: De Bono: Serious Creativity. Schäffer-Poeschel Verlag

# Schiffsbesatzung

Ort: im Seminarraum oder draußen

Schwerpunkt: Klärung von Rollen im Team

Material: Ein großes Stück Papier (Flipchartpapier), Stifte

Vorbereitung –

Beschreibung: Die Teilnehmer werden als Erstes gebeten, auf das Papier ein Schiff zu malen, mit dem sie als Gruppe zwei Monate über die Meere fahren wollen. Wie liebevoll und detailliert sie diese Aufgabe erfüllen, bleibt ihnen überlassen, lässt aber eventuell auch Rückschlüsse auf die Identifikation mit der Gruppe bzw. auf den Gruppenzustand zu.

Als zweiten Schritt zeichnet sich jeder Teilnehmer auf dem Schiff als Figur ein und berücksichtigt dabei, welche Rolle er bis jetzt in der Gruppe gespielt hat. Er kann dabei entscheiden, ob er sich mit der bisherigen Rolle eintragen möchte oder mit einer gewünschten.

Als Rollen kommen infrage: Kapitän, Steuermann, Maschinist, Ausguck, Matrose, Bootsjunge, blinder Passagier, Stewardess, Passagier, Kabinenservice, Smutje (Koch) etc. Bei diesem Schritt soll nicht gesprochen werden.

Im dritten Schritt erklärt jeder Einzelne, warum er welche Rolle für sich gewählt hat und die anderen geben ihm dazu Rückmeldung.

Kommentar / Diskussionsanregungen:

- Was löst der Gedanke, dass Sie mit dieser Gruppe zwei Monate lang auf einem Boot „zusammengepfercht" sind, bei Ihnen aus?
- Welche Probleme würden Sie befürchten?
- Wie könnten sie gelöst werden?
- Wie fühlen Sie sich in der Rolle, die Sie übernommen haben?
- Welche Rollen sind unbesetzt geblieben und warum?
- Welche Rollen sind doppelt besetzt?
- Wo gibt es Unterschiede in Ihrer Selbstwahrnehmung und der Fremdwahrnehmung der anderen?

Variationen: –

Quelle: mir unbekannt

# Standard

Ort: im Seminarraum oder draußen

Schwerpunkt: Verarbeitung und Vertiefung der Lernerfahrungen

Material: –

Vorbereitung –

Beschreibung: Eine Standardreflexionsrunde besteht aus fünf Schritten:

1. Was ist geschehen? – Hier werden Wahrnehmungen und Beobachtungen zum Ablauf geschildert.
2. Welche Gefühle hat das bei Ihnen ausgelöst?
3. Was haben Sie daraus gelernt? Welche Fragen wurden aufgeworfen? – Bei diesem Schritt identifizieren die Teilnehmer ihre Erkenntnisse und berichten über die Schlussfolgerungen, die sie aus der Lernerfahrung ziehen.
4. Welche Transferbezüge gibt es? – An dieser Stelle überlegen und diskutieren die Teilnehmer miteinander, welche Parallelen des Erlebten es zu ihren Teamprozessen am Arbeitsplatz gibt.
5. Welche Verhaltensveränderungen und Maßnahmen können diese Lernerfahrung sicherstellen? – Bei diesem Schritt dreht sich der Fokus um realistische Ziele und Konsequenzen, die für die zukünftige Teamarbeit erarbeitet werden.

Am Beispiel einer Auswertung der Planungsphase von einer Teamübung könnte das bedeuten:

1. Wie verlief die Planungsphase, Entscheidungsfindung?
2. Wie zufrieden sind Sie mit dem Prozess? Welche Gefühle verbinden Sie mit der Planungs- / Umsetzungsphase?
3. Wie erklären Sie sich das Beschriebene? Welche Schlüsse ziehen Sie aus dem Gesagten? Welche Themen stecken für Sie dahinter?
4. Kommt Ihnen die erlebte Situation, das Geschehen und die Beschreibung bekannt vor? Gibt es ähnliche Prozesse in Ihrer wechselseitigen Zusammenarbeit am Arbeitsplatz, die vergleichbar sind?
5. Wie werden Sie sich in ähnlichen Situationen in Zukunft verhalten? Was ist Ihr eigener Beitrag dazu?

Kommentar / Diskussionsanregungen: –

Variationen: –

Quelle: mir unbekannt

# Streichholzreflexion

Ort: im Seminarraum

Schwerpunkt: Reflexionsimpuls

Material: Streichhölzer

Vorbereitung: –

Beschreibung: Jedes Teammitglied bekommt ein Streichholz. Dann startet die Reflexionsrunde mit einer Frage wie zum Beispiel: „Ist Ihnen bei der letzten Aktion irgendetwas besonders eindrücklich klar geworden? Ist Ihnen zu einem bestimmten Thema sozusagen ein Licht aufgegangen? Und wenn ja, welche neuen Erkenntnisse haben Sie bei der letzten Aktion gewonnen? Oder gibt es einen anderen Beitrag, den Sie gerne loswerden möchten?"

Die Teilnehmer antworten nacheinander auf diese Frage, ihre Antwortzeit ist jedoch auf die Zeit beschränkt, die das Zündholz in ihrer Hand brennt. Jeder muss sich vorher gut überlegen, was er sagen will und dies in eine knappe und präzise Form bringen.

Kommentar / Diskussionsanregungen:

Diese Form der Auswertung eignet sich eher am Anfang, wenn es wichtig erscheint, dass jeder Teilnehmer in den Reflexionsrunden wenigstens einmal kurz zu Wort kommt. Eingehendere Auswertungen oder gar Diskussionen, die sich jedoch anschließen können, brauchen andere Settings.

Variationen: –

Quelle: erzählt bekommen von Claudia Riedle, riedle@anderwerk.de

# Team mit Vision

Ort: im Seminarraum

Schwerpunkt: Reflexion der Fähigkeiten und Stärken des eigenen Teams

Material: Flipchartpapier
Stifte

Vorbereitung: –

Beschreibung: Die Aufgabe der Gruppe besteht darin, innerhalb von eineinhalb Stunden eine Präsentation zu folgendem Thema zu erstellen:
Das Szenario besteht in der Annahme, dass das Team sechs Monate Zeit hat, Vorbereitungen zu treffen, um auf dem freien Markt zu bestehen. Die diesbezüglichen Überlegungen sollen attraktiv dargestellt werden.

Die dabei zu erledigenden Arbeitsschritte sind:

- Analyse der bisherigen Erfahrungen, hinsichtlich Fähigkeiten und Risikofaktoren
- Ableitung und Definition von Entwicklungszielen für das Team, z. B. durch beobachtbare Merkmale
- ggf. Entwicklung einer Teammetapher
- Planung von der Vorbereitungszeit bis zur „Marktreife" (sechs Monate Entwicklungszeit bis zum Ziel), Vorschläge geeigneter Maßnahmen zur Erreichung der Entwicklungsziele
- Vereinbarung konkreter Maßnahmen: wer, was, mit wem, bis wann, Erfolgskriterien
- Arbeitsschritte zur Erstellung der Präsentation und Aufgabenverteilung; Zeitplan und Zeitpunkt der Präsentation im Plenum festlegen

Kommentar / Diskussionsanregungen:

Beispielhafte Ergebnisse könnten sein:

- bei Fähigkeiten: Selbstmotivation, flexibel, jung und dynamisch, schnelle Lernfähigkeit, Hilfsbereitschaft, eine Wellenlänge, Konsensfähigkeit, offene Gesprächskultur, starke Persönlichkeiten, ergebnisorientiert, zielorientiert
- bei Risikofaktoren: Zeitplanproblematik, andere Sicht zu schnell subjektiv bewerten, Chaos bei Zeitdruck, Demotivation bei Frustration, kein frühzeitiges Informieren, nicht schnell genug auf den Punkt kommen, kein Feedback, schlechte Moderation, inhomogenes Verständnis der Kulturregeln
- bei Entwicklungszielen: Feedback, konsequentes Zeitmanagement, Einhaltung der Kommunikationsregeln, rechtzeitiges Informieren bei Abweichungen vom Commitment, Erlernen von Konfliktlösungstechniken, gemeinsames Verständnis der Kulturregeln, starke Moderation, mehr Raum für Kreativität, mehr Lob ...
- bei der Maßnahmenkontrolle: Rituale für Feedback, Konzeptentwurf für konkrete Maßnahmen, Moderationsschulung, Recherchen und Vorschläge, Patenschaften

Variationen: –

Quelle: gelesen bei Francis, D.; Young, D. (1996): Mehr Erfolg im Team gesehen bei Pit Forster, Geschäftsführer der Trainingsfirma „Forum Momentum", www.forummomentum.com

# Teamkultur

Ort: im Seminarraum

Schwerpunkt: Reflexion der Werte und Muster im Team

Material: –

Vorbereitung: –

Beschreibung: Die Gruppe teilt sich in Paare auf. In 20 Minuten diskutiert und entwickelt jedes Paar für das folgende Szenario Lösungen:

„Ein guter Freund von Ihnen, der fachlich hoch qualifiziert ist, hat bei Ihrem Vorgesetzten das offizielle Bewerbungsverfahren bereits erfolgreich durchlaufen. Nun ist der Moment gekommen, bei dem er sich dem Team vorstellt, dem das letztendliche Vetorecht bei Einstellungen vorbehalten ist. Sie halten Ihren Freund für außerordentlich geeignet und legen großen Wert darauf, dass er bei Ihrem Team gut ankommt. Welche Tipps würden Sie Ihrem Freund deshalb geben? Wie soll er sich verhalten? Worauf soll er besonders achten? Was sollte er (ver-) meiden?"

Im Plenum trägt der Sprecher des Paares die gefundenen Ratschläge einem „Bewerber" vor, der nicht dem Team angehört. Dies könnte beispielsweise der Trainer sein. Nachdem der „Bewerber" von allen Paare die Tipps gehört hat, fasst er seinen Eindruck bzw. das Gehörte laut zusammen. Das Plenum kann im Anschluss darüber diskutieren, wie die Zusammenfassung auf sie wirkt, ob es Veränderungsbedarf in bestimmten Verhaltensweisen gibt etc.

Kommentar / Diskussionsanregungen: –

Variationen: Die Teilnehmer überlegen in Dreier- oder Vierergruppen, warum ein fachlich hoch qualifizierter Mensch, Lust haben könnte, in ihrem Team zu arbeiten / mit ihnen zusammenzuarbeiten (in ca. 30 min). Dabei können die nachstehenden Fragen als Orientierung verwendet werden. Anschließend werden die Ergebnisse im Plenum diskutiert.

- „Welche Werte und Qualitäten im Umgang miteinander pflegen wir bereits und wie werden diese erkennbar, spürbar, sichtbar, hörbar?"
- „Welche Werte und Qualitäten würde ein „Dreamteam" noch zusätzlich pflegen und leben und an welchen Verhaltensweisen würden diese erkennbar, spürbar und sichtbar werden? Also wo liegt bei Ihnen noch Klärungsbedarf, sind Wünsche, Hoffnungen diesbezüglich noch offen?"

Mögliche Ergebnisse dieser Diskussion könnten sein:

- In unserem Team herrscht bereits ein hohes Maß an Anerkennung und Wertschätzung von Leistungen – Erfolge werden explizit gefeiert.
- Es wird auch ein persönliches Interesse der Teammitgliedern untereinander wahrgenommen, z. B. begrüßt der Abteilungsleiter die Mitarbeiter am Morgen persönlich.
- Wir bräuchten hingegen noch mehr Disziplin, vor allem bei Besprechungen. Die Tagesordnung wird vorher verschickt und jeder kommt vorbereitet und pünktlich zu den Sitzungen etc.

Quelle: mir unbekannt

# Was bleibt hängen?

Ort: im Seminarraum oder draußen

Schwerpunkt: Reflexion und Ausklang eines Trainings

Material: eine Wäscheleine
Wäscheklammern
Moderationskarten
Stifte

Vorbereitung: Die Wäscheleine kreuz und quer im Raum oder zwischen Bäumen verspannen.

Beschreibung: Die Teilnehmer schreiben nach einer Aktivität oder nach dem Seminar in knackigen Stichworten auf die Moderationskarten, was bei ihnen als wichtig / lehrreich / hilfreich von dem Seminar oder der Aktivität „hängen bleibt". Die Karten befestigen sie mithilfe der Wäscheklammern an der Wäscheleine. Danach findet eine Art Ausstellung statt, bei der sich alle Teilnehmer die Stichworte ansehen können. Jeder Teilnehmer stellt kurz seine Karten vor und antwortet auf Nachfragen.

Kommentar / Diskussionsanregungen: –

Variationen: –

Quelle: WUP Seminar Veranstaltungsdesign, 21.–24.9.98, Tutzing, Rainer Kittelberger

# Welche Rolle?

Ort: im Seminarraum oder draußen

Schwerpunkt: Klärung von Rollen, Vergleich Fremd- und Selbstwahrnehmung

Material: pro Teilnehmer ein „Rollenbogen"

**Welche Rolle?**

In Bezug auf die vergangenen Übungen sollen Sie bewerten, in welcher Rolle Sie das jeweilige Gruppenmitglied primär erlebt haben. Selbstverständlich können einige in den verschiedenen Übungen unterschiedliche Rollen angenommen haben bzw. können sich die Rollen bei manchen Personen überschnitten haben. Es geht hier um die am häufigsten gewählte Rolle des jeweiligen Gruppenmitgliedes.

**Name:** ........................................

| | |
|---|---|
| Koordinator | |
| Herausforderer | |
| Macher | |
| Denker | |
| Unterstützer | |

Vorbereitung: –

Beschreibung: Die Teilnehmer sitzen in einem Kreis, jeder erhält einen „Rollenbogen". Danach präsentiert der Seminarleiter folgende Thesen:

„In jedem Team nehmen die verschiedenen Gruppenmitglieder unterschiedliche Rollen ein. Die Kombination der verschiedenen Rollen ist für den Erfolg oder Misserfolg des Teams ausschlaggebend.

**Der Koordinator**
Er beteiligt Teammitglieder, indem er sie dazu ermuntert, eigene Ideen und Kommentierungen einzubringen und berücksichtigt diese Beiträge.
Er erklärt dem Team die Zielsetzung für die Aufgabe.
Er setzt sich auch einmal in die Nesseln, indem er die Probleme und solche Sachverhalte zur Sprache bringt, die das Team im Auge behalten und angehen muss.
Er hört sich die Meinungen der Teammitglieder an und stellt sicher, dass diese verstanden wurden.
Er steuert die Diskussion zu einer einvernehmlichen Entscheidung, indem er Teammitglieder dazu ermuntert, das zu sagen, was sie denken und einem Aktionsplan ehrlich zustimmen.
Er entscheidet, was getan werden muss, wenn in schwierigen Situationen kein Konsens mehr gefunden werden kann oder wenn die Zeit zu knapp ist.
Ein effektiver Koordinator kümmert sich sowohl um die zu bewältigende Aufgabe – dem „Was" – als auch um den Entscheidungsfindungsprozess – dem „Wie" –. Ein effektiver Koordinator bedient sich dabei einer Reihe unterschiedlicher Stile, die von teilnehmendem über beratendem gelegentlich bis zu autoritärem Verhalten reichen können, je nachdem, was die Situation erfordert.

**Der Herausforderer**
Er hinterfragt Ineffektivität und übernimmt die Führung darin, Verbesserungen und die Fertigstellung der Ergebnisse zu fordern.

**Macher**
Er arbeitet, drängt die Gruppe mit der eigentlichen Arbeit weiterzumachen. Er will Ergebnisse sehen.

**Denker**
Er produziert sorgfältig durchdachte Ideen und erwägt und verbessert die Ideen anderer. Er verliert sich aber manchmal auch in der Entwicklung der besten Strategie.

**Unterstützer / Mitläufer**
Er löst Spannungen innerhalb der Gruppe und bemüht sich stets um eine harmonische Atmosphäre. Er ist ein Gruppenmitglied, das bereit ist, Hand anzulegen."

Nach diesen Erklärungen schreibt jedes Gruppenmitglied seinen Namen auf einen Bogen und legt diesen in die Mitte des Kreises. Die Zettel werden gemischt und jeder Teilnehmer nimmt sich einen Bogen. Nachdem er den Namen auf dem Bogen gelesen hat, macht er sich darüber Gedanken, welcher Kategorie er die betreffende Person am ehesten zuordnen würde. Dort macht er einen Strich, legt den Zettel wieder umgedreht zurück in die Mitte des Kreises und nimmt sich den nächsten Zettel mit einem neuen Namen. Wenn jeder auf jedem Zettel, außer dem eigenen, einen Strich gemacht, werden die Bogen an ihre „Besitzer" zurückgegeben.
Im Plenum können Eindrücke und Schlussfolgerungen aus den gegebenen Rückmeldungen veröffentlicht werden.

Kommentar / Diskussionsanregungen:

Selbstverständlich gibt es die verschieden Rollen- und Persönlichkeitstheorien, z. B. von Belbin, von Ned Hermann, HDI, den MBTI, das TMS etc. Hier geht es nicht darum, Rollentheorien zu validieren, sondern einen Reflexionsansatz zu bieten, der auf einfache und knappe Art und Weise Anlass zum Überdenken der eigenen Performance bietet. Jeder kann für sich überprüfen, in welcher Rolle ihn die übrige Gruppe tendenziell wahrnimmt und kann diese Einschätzung mit seiner Eigenwahrnehmung vergleichen. Bei Unklarheiten kann er beim Plenum rückfragen.

Variationen: –

Quelle: Kleisa, C.: Erlebnispädagogik für Manager, Diplomarbeit München

# 4. Literaturverzeichnis

*Besser, R.:* Transfer (2004): Damit Seminare Früchte tragen. Beltz-Verlag, Weinheim und Basel

*CRM* – internes Trainer-Manual, aviation forum, Mödling

*De Bono, E. (1996):* Serious Creativity. Schäffer-Poeschel Verlag

*DuMont* Taschenbücher, Nr. 93 (1980): Das Hexenspiel

*Francis, D. / Young, D.(1996):* Mehr Erfolg im Team. Windmühlen Verlag

*Frör, H.(1982):* Spielend bei der Sache. Kaiser Taschenbücher

*Frör, H.(1987):* Spiel und Wechselspiel. Kaiser Taschenbücher

*Funke, A. / Rachow, A. (2002):* So bringen Sie Spiele ins Laufen. managerSeminare, Heft 58

*Gass, M. A. (1995):* Book of Metaphors. Kendall Hunt Publishing Company

*Gellert, M. / Nowak, C. (2002):* Teamarbeit – Teamentwicklung – Teamberatung. Limmer Verlag

*Gilsdorf, R. / Kistner G.:* Kooperative Abenteuerspiele 1 (1995) und 2. (2001) Kallmeyerscher Verlag

*Hauser, E. (1968):* Erst die Lösung zeigt das Problem. Systemische Organisationsberatung in der Praxis. In: Systema 8 (1)

*Hartmann / Rieger / Luoma (2001):* Zielgerichtet moderieren. Beltz-Verlag, Weinheim und Basel

*Heckmair, B. / Michl, W. (2018):* Erleben und Lernen. Einstieg in die Erlebnispädagogik. Ernst Reinhard Verlag, München (8. Auflage)

*Katzenbach, J. R. / Smith D. K. (1998):* Teams. Heyne Business

*Kölsch, H. / Wagner F.-J. (1998):* Erlebnispädagogik in Aktion. Luchterhand Verlag

*Kriz, W. C. / Nöbauer, B. (2002):* Teamkompetenz. Vandenhoeck & Ruprecht

*Kunt, B. / Müllert, N. (2000):* Moderationsfibel – Zukunftswerkstätten. Ökotopia Verlag

*Nefiodow, L.A. (2001):* Der sechste Kondratieff. Rhein-Sieg Verlag

*Paffrath, F. H. (2017):* Einführung in die Erlebnispädagogik. ZIEL-Verlag (2. Auflage)

*Priest S. / Rohnke K. (2000):* The Best 101 Corporate Team-Building Activities We Know! Kendall Hunt Publishing Company

*Rabenstein R. / Reichel R. / Thanhoffer, M. (1999):* Das Methodenset. Ökotopia Verlag

*Reiners, A. (1995):* Erlebnis und Pädagogik. ZIEL-Verlag

*Reiners, A. (2019):* Praktische Erlebnispädagogik – Neue Sammlung motivierender Interaktionsübungen – Band 1. ZIEL-Verlag (10. Auflage)

*Rohnke, K.:* Cowtails and Cobras II. Kendall Hunt Publishing Company 1989

*Rohnke, K.:* The Bottomless Bag Again!? Kendall Hunt Publishing Company 1994

*Schlippe, A. v., Schweitzer, J.:* Lehrbuch der systemischen Therapie und Beratung. Vandenhoeck & Ruprecht 2003

*Senge, P.:* Die fünfte Disziplin. Klett-Cotta 2001

*Sikes, S.:* Feeding the Zircon Gorilla. Kendall Hunt Publishing Company 1995

*Simon F. / Rech-Simon, C.:* Zirkuläres Fragen. Systemische Therapie in Fallbeispielen. Carl-Auer-Systeme Verlag 2004

*Wagner, M.:* Transfer 1: Wer hat den Affen auf der Schulter sitzen? – Die Verantwortung für den Transfer. In: Schad / Michl (Hrsg.): Outdoor-Training 2002

*Zeitschrift e&l* 2 / 2000. ZIEL-Verlag

Bild: www.fotonis.de, Fotostudio Achldorf

**Annette Reiners**

- Teamentwicklung
- Führungsberatung
- Kreative Konfliktlösungen
- Spieledesign
- Seminardokumentation in Bild und Film

Meggendorferstr. 78
80993 München
mail@annette-reiners.de
www.annette-reiners.de

***Ich freue mich über neue Anregungen oder Spiele für den Band „Praktische Erlebnispädagogik 3" ! – DANKE***